¶
alinea

也稱pilcrow，是一個古老的編輯符號——¶，標示出新的段落，
同時指引讀者從此將要開始新的討論或新的思緒。
以alinea命名的書系，就是要回歸到編輯的古典角色，
以我們對於閱讀的眞誠與專業熱情，
不斷爲讀者打開一個又一個不同流俗的新視野。

03

Mortimer J. Adler
Charles Van Doren

# 如何閱讀一本書

# How to Read a Book

莫提默・艾德勒、查理・范多倫———著
郝明義、朱衣———譯

編者的話

# 享受「為自己而讀」的盛宴

閱讀的能力，並不是與生俱來的，而是人類幾千年文明發展中逐漸形成的美好資產。

閱讀能力始自文字。人發明了文字，取得跨越時空保留經驗與感受的神奇突破。今日此地遭遇的事、觸發的情感、說出的話，用文字寫下來，就能去到彼處、去到未來，對不在場、不可能在場的人複製重現。

不過，文字不是完美的記錄工具。得要先學會文字蘊含的意義、指涉的事物、組構的法則，才能將經驗與感受轉寫為文字。更重要的，從文字中接收跨越時空的經驗與感受時，不只要懂得文字，還要動用自己曾有過的經驗與感受，才能讓文字記錄變得鮮活有效。

換句話說，閱讀的重點不在客觀的文字，而在讀者主動主觀解讀文字的過程。同樣的文字，不同的讀者會讀出不一樣的收穫。幾乎毫無例外，自身內在經驗與感受愈是豐沛，在閱讀上愈是有準備的讀者，就會在文字中得到愈多愈美的體會。

因而，從一個方向看，有閱讀習慣、有閱讀能力的人，很容易將由文字中得來的閱讀能力，運用在生活的其他面向上。可以用閱讀一本書的態度閱讀一幅畫、一首音樂作品、一張照片、一個建築空間、甚至一個人。閱讀意味著我們不是被動地接收訊息與刺激而已，我們積極地動用自身的經驗、感受，與被閱讀的事物對照、互證，專注好奇地叩問被閱讀事物內在或外延的意義。

閱讀一個人，我們就不只是看看他長什麼樣子，查查他的頭銜，我們將眼前所看到的人視為一組符礙，讓我們能夠循線追問：這是一個什麼樣的人？什麼樣的因素使得他形成這樣一個人，社會的、心理的、偶然的、宿命的種種因素？這樣的人和我之間存在著怎樣的異同，透過探索他、了解他，我會因而對自己增加了怎樣的認識？

換另一個方向看，會閱讀或不會閱讀，是不是願意經常動用閱讀的態度來對待周遭的世界，決定性地影響了一個人的生活。閱讀、啟動閱讀模式過日子時，主動、積極、張開記憶與感官敏銳度的方式，人就會活得格外豐富濃稠，living intensively。

為什麼我們願意讓自己渾渾噩噩單薄平板地過，而不豐富濃稠地過呢？為什麼不閱讀，為什麼不精進自己的閱讀能力呢？

正因為閱讀不是與生俱來的，閱讀可以靠著練習來精進。精進閱讀時，首要的關鍵是開發思考、感覺與想像，堅持要將書或其他閱讀對象「讀進去」，意思是觸動自己、改變自己。

在我們的社會上，很多人不喜歡閱讀，更多人不會閱讀。最大的問題在我們常常被教導「為別人而讀」，為父母讀、為老師讀、為分數讀、為畢業證書讀、為求職或升遷讀……卻鮮少「為自己而讀」。「為自己而讀」，是將閱讀當作目的，而不是工具、手段；「為自己而讀」，讀了之後得到的效果，不是去換來任何身外的東西，而是使得閱讀前和閱讀後的自己，變得不一樣。

所以，精進閱讀的第一步，其實是認清楚閱讀有多重要，閱讀能對一個人發揮的作用有多大。接下來，則是找到一些可以克服閱讀障礙的方法，深化閱讀和生活和體驗之間的關係。然後，還可以進而從不同的傑出閱讀者身上，看到種種閱讀的可能性，引發讓我們心嚮往之的追求動機。

《自己的國文課——略讀與精讀的祕訣》以大家熟悉的國文內容為領域，開展閱讀導覽。明確地將「略讀」與「精讀」區分出來，又敏感於文言與白話的不同閱讀挑戰，這樣一本書對於培養、掌握中文基礎解讀、體會能力，有著特殊的作用。當我們絕大多數時候都依靠中文來閱讀時，很明顯地，對中文愈嫻熟，閱讀中能得到的收穫，必定隨之而愈多愈厚。

《波赫士的魔幻圖書館》則呈現了「一代奇讀者」的大師閱讀精華。波赫士不只讀得多又讀得精，還總能在許多大家都讀過的書中讀出不可思議的華麗奇幻感想。進而他將他的書，他對於書的體會，書中所展現的人間視野，綜合交織成一座知識迷宮，在那裡面，你一方面被波赫士的奇想折服，另一方面又驚異於支撐他奇想的龐大人類思考，以至於自願流連於迷宮中，享受地做一個永遠的讀者，再也不想出來了。

《如何閱讀一本書》具體、分層地提出了閱讀方法的建議，循序漸進，引導我們進入閱讀的世界。在這個世界裡，讀者和作者一樣重要，以什麼態度讀一本書決定了能從書中得到什麼。作者們對於閱讀經驗的同理認知，既深且近，而且充滿了說服的熱忱，雄辯滔滔地羅列了人與書的不同關係法則。

《閱讀地圖——人類為書癡狂的歷史》以生動的方式訴說了幾千年的人類閱讀經歷，鑑古知今，讓我們領略了閱讀並非理所當然，走到能充分掌握閱讀能力、以閱讀容易且方便地豐富自己，還有一段漫長曲折的路途。路上有很多挫折、障礙，很多不經意的轉彎，當然也有各種或精巧或壯麗的奇景，以及眾多或睿智或瘋狂或愚迷的人。

我們以籌備一場盛宴的心情聚集了這四本書，邀請所有願意給閱讀一個機會，讓閱讀提升豐富生活質地的朋友們一起來享受！

# 目次

# 譯序

我是在一九九九年春節期間，第一次讀《如何閱讀一本書》，離這本書的初版（一九四〇年），有六十年了。

會知道這本書，極為偶然。

前一年，也就是一九九八年年底，我和一位譯者討論稿件之後，聊天聊到一部叫作《益智遊戲》（*Quiz Show*）的電影。電影是真實故事，主角是一九五〇年代，美國哥倫比亞大學一位英姿煥發的年輕教授，查理・范多倫（Charles Van Doren）。查理・范多倫書香門第，父親馬克・范多倫（Mark Van Doren）不但是名教授，在美國文學史上也有其地位（《如何閱讀一本書》裡就提到他的一些著作）。查理・范多倫由於博覽群書，才氣過人，就參加當年風行美國的電視益智節目，結果連續拿下十四週冠軍（今天網路上還可以找到當年的題目，難度非同小可）。查理・范多倫固然因而成了英雄，但是他終究不敵良知的煎熬，最後坦承主辦單位提供了他一些問題的答案。電影在查理・范多倫得知他被學校解聘的黯然中結束。

那天我在聊天中得知他後來如何又蒙艾德勒（Mortimer J. Adler）收留，以及他們兩人後來的故事。

艾德勒在美國學界和出版界都是個傳奇性的人物。早年因為想當記者，所以輟學去報社打工，後來為了改善寫作，去上大學的夜間部課程。這時他讀到了一本書，改變了他的一生。這本書就是十九世紀英國重要的思想家彌爾（John Stuart Mill）的自傳。（有關彌爾的一些生平介紹，請參閱本書第三七四頁。）艾德勒讀到彌爾竟然是在五歲就讀了柏拉圖的書之後，不但從此為哲學所著迷，也開始了他在大學的正式求學。（不過因為他拒絕上體育課，所以沒能拿到學士文憑。但是他留校任教，最後拿到了博士學位。）

艾德勒除了任教，寫過第一版的《如何閱讀一本書》之外，還以主編過《西方世界的經典名著》（*Great Books of the Western World*），以及擔任一九七四年第十五版《大英百科全書》的編輯指導而聞名於世。

查理・范多倫和艾德勒一起工作後，一方面襄助艾德勒編輯《大英百科全書》，一方面把《如何閱讀一本書》原來內容大幅修編增寫，因此，今天我們讀到的《如何閱讀一本書》，作者是由艾德勒和查理・范多倫共同領銜的。（其間一些補充說明，請參考本書作者序。）

我因為對范多倫故事的好奇，而去買了《如何閱讀一本書》。而最後滿足的不只是我的好奇心，還有對閱讀及出版的重新認識。

一氣讀完後，有兩種強烈的感覺。

先是羞恥。我是個做出版工作的人，成日與書為伍，結果到那個春節前的兩個月才知道這本書，到自己四十四歲這一年才讀這本書，幾乎可說無地自容。之外，也不免深感懊惱：如果在我初高中青少年時期，就能讀到這本有關如何讀書的書，那我會節省多少閱讀的冤枉路？

但，另一個感觸則是：何其有幸。在出版業工作了二十多年之後才讀到這一本書，與其說是不幸，不如說是有幸。這麼多年來，我在閱讀的路上，思索固然很多，困惑也多，想清楚的有一些，想得模糊的更多。就如同書名《如何閱讀一本書》所言，這本書幫我就讀書這件事情的思索和困惑，做了許多印證和總結。如果沒有經歷這麼多年的尋覓與顛簸，發現與失落，我讀這本書的感受不會這麼深刻，收穫也不會這麼豐富。因此不論就讀者還是出版者的身分，我相信這本書都深遠影響我的未來。

因此，我必須謝謝介紹這本書給我的汪怡先生。謝謝他那天下午在來來飯店（現已改名為喜來登大飯店）的指點。

讀這本書的時候，我還在臺灣商務印書館工作，所以一方面決定出版這本書，一方面也決定自己動手翻譯。

但是一旦開始翻譯之後，就知道實際的時間多麼不夠。尤其後來我的工作異動，有些新的計畫要出發，再加上當時還在同時進行另一本《二〇〇一：太空漫遊》的翻譯，所以，另找一位譯者，也就是朱衣來一起合作，成了不得不的選擇。

事實上，這本書幾乎全部都是朱衣翻譯的。我的工作，則是把她的全部譯稿再仔細校閱一遍。這樣我們經過很長一段時間的琢磨，才完成了全部工作。如果讀者發現翻譯上的疏失（一定不免），責任由我們共同承擔。

我進出版業的第一份文稿，就是朱衣幫我做的校閱。多年後能有機會和她一起合作這本書，覺得非常榮幸。而由於我們翻譯的遲延，導致許多讀者一再查詢出書時間之不便，也在此一併致歉。

這本書的序言，是艾德勒在一九七二年，《如何閱讀一本書》新版出版時所寫。三十一年後再讀，仍然不能不嘆服兩位作者對教育閱讀用心之深、視野之廣。二〇〇三年三月三十一日亞馬遜網路書店（Amazon）的排行榜上，《如何閱讀一本書》排名第五百六十九名，歷久彌新，由此可見。

現在，就請好好享受這頓知識的盛宴。

郝明義

# 自序

《如何閱讀一本書》的第一版是在一九四〇年初出版的。很驚訝，我承認也很高興的是，這本書立刻成為暢銷書，高踞全美暢銷書排行榜首有一年多時間。從一九四〇年開始，這本書繼續廣泛的印刷發行，有精裝本也有平裝本，而且還被翻譯成其他語言——法文、瑞典文、德文、西班牙文與義大利文。所以，為什麼還要為目前這一代的讀者再重新改寫、編排呢？

要這麼做的原因，是近三十年來，我們的社會，與閱讀這件事的本身，都起了很大的變化。今天，完成高中教育及四年大學教育的年輕男女多了許多。儘管（或者說甚至因為）收音機及電視普及，識字的人也更多了。閱讀的興趣，有一種由小說類轉移到非小說類的趨勢。美國的教育人士都承認，教導年輕人閱讀，以最基本的閱讀概念來閱讀，成了最重要的教育問題。曾經指出七〇年代是閱讀年代的現任健康、教育及福利部部長，提供了大筆大筆聯邦政府經費，支持各式各樣改進基本閱讀技巧的努力，其中許多努力在啟發兒童閱讀的這種層次上也的確有了些成果。此外，許多成人則著迷於速讀課程過麗的保證——增進他們閱讀理解與閱讀速度的保證。

然而，過去三十年來，有些事情還是沒有改變。其中一項是：要達到閱讀的所有目的，就必須在閱讀不同書籍的時候，運用適當的不同速度。不是所有的書都可以用最快的速度來閱讀。法國學者巴斯卡（Pascal）在三百年前就說過：「讀得太快或太慢，都一無所獲。」現在既然速讀已經形成全國性的狂熱，新版的《如何閱讀一本書》就針對這個問題，提出不同速度的閱讀法才是解決之道。我們的目標是要讀得更好，永遠更好，不過，有時候要讀得慢一點，有時候要讀得快一點。

很不幸的，另外有一件事也沒有改變，那就是指導閱讀的層次，仍然逗留在基本水平。我們教育體系裡的人才、金錢與努力，大多花在小學六年的閱讀指導上。超出這個範圍，可以帶引學生進入更高層次，需要不同閱讀技巧的正式訓練，則幾乎少之又少。一九三九年，哥倫比亞大學教育學院的詹姆斯・墨塞爾（James Mursell）教授在《大西洋月刊》上發表了一篇文章：〈學校教育的失敗〉。現在我引述他當時所寫的兩段話，仍然十分貼切：

> 學校是否有效地教導過學生如何閱讀母語？可以說是，也可以說不是。到五、六年級之前，整體來說，閱讀是被有效地教導過，也學習過了。在這之前，我們發現閱讀的學習曲線是穩定而普遍進步的，但是過了這一點之後，曲線就跌入死寂的水平。這不是說一個人到了六年級就達到個人學習能力的自然極限，因為證據一再顯示，只要經過特殊的教導，成人及大一點的孩童，都能有顯著的進步。同時，這也不表示大多數六年級學生在閱讀各種實用書籍的時候，都已經有足夠的理解能力。許許多多學生進入中學之後成績很差，就是因為讀不懂書中的意義。他們可以改進，他們也需要改進，但他們就不這麼做。
>
> 中學畢業的時候，學生都讀過不少書了。但如果他要繼續唸大學，那就得還要唸更多的書，不過這個時候他卻很可能像是一個可憐而根本不懂得閱讀的人（請注意：這裡說的是一般學生，而不

是受過特別矯正訓練的學生）。他可以讀一點簡單的小說，享受一下。但是如果要他閱讀結構嚴謹的細緻作品，或是精簡扼要的論文，或是需要運用嚴密思考的章節，他就沒有辦法了。舉例來說，有人證明過，要一般中學生掌握一段文字的中心思想是什麼，或是論述文的重點及次要重點在哪裡，簡直就是難上加難。不論就哪一方面來說，就算進了大學，他的閱讀能力也都只會停留在小學六年級的程度。

如果三十年前社會對《如何閱讀一本書》有所需求，就像第一版所受到歡迎的意義，那麼今天就更需要這樣的一本書了。但是，回應這些迫切的需求，並不是重寫這本書的唯一動機，甚至也不是主要的動機。對於學習「如何閱讀」這個問題的新觀點；對於複雜的閱讀藝術更深的理解與更完整的分析理念；對於如何彈性運用基本規則做不同型態的閱讀（事實上可引伸到所有種類的讀物上）；對於新發明的閱讀規則；對於讀書應如金字塔——基礎厚實、頂端尖銳等等概念，都是三十年前我寫這本書時沒有適當說明，或根本沒提到的概念。所有這些，都在催促我加以闡述並重新徹底改寫，呈現現在所完成，也出版的這個面貌。

《如何閱讀一本書》出版一年後，出現了博君一粲的模仿書《如何閱讀兩本書》（*How to Read Two Books*），而理察教授（I. A. Richards）則寫了一篇嚴肅的論文〈如何閱讀一頁書〉（How to Read a Page）。提這些後續的事，是要指出這兩部作品中所提到的一些閱讀的問題，無論是好笑還是嚴肅的問題，都在我重寫的書中談到了，尤其是針對如何閱讀一系列相關的書籍，並清楚掌握其針對同一主題相互補充與衝突的問題。

在重寫《如何閱讀一本書》的種種理由當中，我特別強調了閱讀的藝術，也指出對這種藝術更高水準的要求。這是第一版中我們沒有談到或詳細說明的部分。任何人想要知道增補了些什麼，只要比較新版與原版的目錄，很快就會明白。在本書的四篇之中，只有第二篇，詳述「分析閱讀」（Analytical Reading）規則的那一篇，與原版很相近，但事實上也經過大幅度的改寫。第一篇，介紹四種不同層次的閱讀——基礎閱讀（Elementary Reading）、檢視閱讀（Inspectional Reading）、分析閱讀（Analytical Reading）、主題閱讀（Syntopical Reading）——是本書在編排與內容上最基本也最決定性的改變。第三篇是全書增加最多的部分，詳加說明了以不同閱讀方法接觸不同讀物之道——如何閱讀實用性與理論性作品、想像的文學（抒情詩、史詩、小說、戲劇）、歷史、科學與數學、社會科學與哲學，以及參考書、報章雜誌，甚至廣告。最後，第四篇，主題閱讀的討論，則是全新的章節。

在重新增訂這本書時，我得到查理・范多倫的幫助。他是我在哲學研究院（Institute for Philosophical Research）多年的同事。我們一起合寫過其他的書，最為人知的是一九六九年由大英百科全書出版公司出版的二十冊《美國編年史》（*Annals of America*）。至於我們為什麼要合作，共同掛名作者來進行改寫本書的工作，也許有個更相關的理由是：過去八年來，我和范多倫共同密切合作主持過許多經典著作的討論會，以及在芝加哥、舊金山、科羅拉多州的阿斯本舉行的許多研討會。由於這些經驗，我們獲得了許多新觀點來重寫這本書。

我很感激范多倫先生在我們合作中的貢獻。對於建設性的批評與指導，他和我都想表達最深的謝意。也要謝謝我們的朋友，亞瑟・魯賓（Arthur L. H. Rubin）的幫助——他說服我們在新版中提出許多重大的改變，使這本書得以與前一版有不同的生命，也成為我們所希望更好、更有用的一本書。

莫提默・艾德勒

一九七二年三月二十六日寫於波卡格蘭德（Boca Grande）

第一篇

# 閱讀的層次

# 第一章 閱讀的活力與藝術

這是一本為閱讀的人，或是想要成為閱讀的人而寫的書。尤其是想要閱讀書的人。說得更具體一點，這本書是為那些想把讀書的主要目的當作是增進理解能力的人而寫。

這裡所謂「閱讀的人」（readers），是指那些今天仍然習慣於從書寫文字中汲取大量資訊，以增進對世界了解的人，就和過去歷史上每一個深有教養、智慧的人別無二致。當然，並不是每個人都能做到這一點。即使在收音機、電視（網路）沒有出現以前，許多資訊與知識也是從口傳或觀察而得。但是對智能很高又充滿好奇心的人來說，這樣是不夠的。他們知道他們還得閱讀，而他們也真的身體力行。

現代的人有一種感覺，讀書這件事好像已經不再像以往那樣必要了。收音機，特別是電視，取代了以往由書本所提供的部分功能，就像照片取代了圖畫或藝術設計的部分功能一樣。我們不得不承認，電視有部分的功能確實很驚人，譬如對新聞事件的影像處理，就有極大的影響力。收音機最大的特點在當我們手邊正在做某件事（譬如開車）的時候，仍然能提供我們資訊，為我們節省不少的時間。但在這中間還是有一個嚴肅的議題：到底這些新時代的傳播媒體是否真能增進我們對自己世界的了解？

或許我們對這個世界的了解比以前的人多了，在某種範圍內，知識（knowledge）也成了理解（understanding）的先決條件。這些都是好事。但是，「知識」是否那麼必然是「理解」的先決條件，可能和一般人的以為有相當差距。我們為了「理解」（understand）一件事，並不需要「知道」（know）

和這件事相關的所有事情。太多的資訊就如同太少的資訊一樣，都是一種對理解力的阻礙。換句話說，現代的媒體正以壓倒性的氾濫資訊阻礙了我們的理解力。

會發生這個現象的一個原因是：我們所提到的這些媒體，經過太精心的設計，使得思想形同沒有需要了（雖然只是表相如此）。如何將知識分子的態度與觀點包裝起來，是當今最有才智之人在做的最活躍的事業之一。電視觀眾、收音機聽眾、雜誌讀者所面對的是一種複雜的組成——從獨創的華麗辭藻到經過審慎挑選的資料與統計——目的都在讓人不需要面對困難或努力，很容易就整理出「自己」的思緒。但是這些精美包裝的資訊效率實在太高了，讓觀眾、聽眾或讀者根本用不著自己做結論。相反的，他們直接將包裝過後的觀點裝進自己的腦海中，就像錄影機願意接受錄影帶一樣自然。他只要按一個「倒帶」的鈕，就能找到他所需要的適當言論。他根本不用思考就能表現得宜。

## 主動的閱讀

我們在一開始就說過，我們是針對發展閱讀書的技巧而寫的。但是如果你真的跟隨並鍛鍊這些閱讀的技巧，你便可以將這些技巧應用在任何印刷品的閱讀上——報紙、雜誌、小冊子、文章、短訊，甚至廣告。

既然任何一種閱讀都是一種活動，那就必須要有一些主動的活力。完全被動，就閱讀不了——我們不可能在雙眼停滯、頭腦昏睡的狀況下閱讀。既然閱讀有主動、被動之對比，那麼我們的目標就是：第一提醒讀者，閱讀可以是一件多少主動的事。第二要指出的是，閱讀越主動，效果越好。這個讀者比另一個讀者更主動一些，他在閱讀世界裡面的探索能力就更強一些，收穫更多一些，因而也更高明一些。讀者對他自己，以及自己面前的書籍，要求得越多，獲得的就越多。

雖然嚴格說來，不可能有完全被動閱讀這回事，但還是有許多人認為，比起充滿主動的寫跟說，讀與聽完全是被動的事。寫作者及演說者起碼必須要花一點力氣，聽眾或讀者卻什麼也不必做。聽眾或讀者被當作是一種溝通接收器，「接受」對方很賣力地在「給予」、「發送」的訊息。這種假設的謬誤，在認為這種「接收」類同於被打了一拳，或得到一項遺產，或法院的判決。其實完全相反，聽眾或讀者的「接收」，應該像是棒球賽中的捕手才對。

捕手在接球時所發揮的主動是跟投手或打擊手一樣的。投手或打擊手是負責「發送」的工作，他的行動概念就是在讓球動起來的這件事上。捕手或外野手的責任是「接收」，他的行動就是要讓球停下來的這件事上。兩者都是一種活動，只是方式有點不同。如果說有什麼是被動的，就是那只球了。球是毫無感覺的，可以被投手投出去，也可以被捕手接住，完全看打球的人如何玩法。作者與讀者之間的關係也很類似。寫作與閱讀的東西就像那只球一樣，是被主動、有活力的雙方所共有的，是由一方開始，另一方終結的。

我們可以把這個類比的概念往前推。捕手的藝術就在能接住任何球的技巧——快速球、曲線球、變化球、慢速球等等。同樣的，閱讀的藝術也在盡可能掌握住每一種訊息的技巧。

值得注意的是，只有當捕手與投手密切合作時，才會成功。作者與讀者的關係也是如此。作者不會故意投對方接不到的球，儘管有時候看來如此。在任何案例中，成功的溝通都發生於作者想要傳達給讀者的訊息，剛好被讀者掌握住了。作者的技巧與讀者的技巧融合起來，便達到共同的終點。

事實上，作者就很像是一位投手。有些作者完全知道如何「控球」：他們完全知道自己要傳達的是什麼，也精準正確地傳達出去了。因此很公平地，比起一個毫無「控球」能力的「暴投」作家，他們是比較容易被讀者所「接住」的。

這個比喻有一點不恰當的是：球是一個單純的個體，不是被完全接住，就是沒接住。而一本作品，卻是一個複雜的物件，可能被接受得多一點，可能少一點；從只接受到作者一點點概念到接受了整體意念，都有可能。讀者想「接住」多少意念完全看他在閱讀時多麼主動，以及他投入不同心思來閱讀的技巧如何。

主動的閱讀包含哪些條件？在這本書中我們會反覆談到這個問題。此刻我們只能說：拿同樣的書給不同的人閱讀，一個人卻讀得比另一個人好這件事，首先在於這人的閱讀更主動，其次，在於他在閱讀中的每一種活動都參與了更多的技巧。這兩件事是息息相關的。閱讀是一個複雜的活動，就跟寫作一樣，包含了大量不同的活動。要達成良好的閱讀，這些活動都是不可或缺的。一個人越能運作這些活動，閱讀的效果就越好。

## 閱讀的目標：為獲得資訊而讀，以及為求得理解而讀

你有一個頭腦。現在讓我再假設你有一本想要讀的書。這本書是某個人用文字書寫的，想要與你溝通一些想法。你要能成功的閱讀這本書，完全看你能接獲多少作者想要傳達的訊息。

當然，這樣說太簡單了。因為在你的頭腦與書本之間可能會產生兩種關係，而不是一種。閱讀的時候有兩種不同的經驗可以象徵這兩種不同的關係。

這是書，那是你的頭腦。你在閱讀一頁頁的時候，對作者想要說的話不是很了解，就是不了解。如果很了解，你就獲得了資訊（但你的理解不一定增強）。如果這本書從頭到尾都是你明白的，那麼這個作者跟你就是兩個頭腦卻在同一個模子裡鑄造出來的。這本書中的訊息只是將你還沒讀這本書之前，你們便共同了解的東西傳達出來而已。

讓我們來談談第二種情況。你並不完全了解這本書。讓我們假設——不幸的是並非經常如此——你對這本書的了解程度，剛好讓你明白其實你並不了解這本書。你知道這本書要說的東西超過你所了解的，因此認為這本書包含了某些能增進你理解的東西。

那你該怎麼辦？你可以把書拿給某個人，你認為他讀得比你好的人，請他替你解釋看不懂的地方。（「他」可能代表一個人，或是另一本書——導讀的書或教科書。）或是你會決定，不值得為任何超越你頭腦理解範圍之外的書傷腦筋，你理解得已經夠多了。不管是上述哪一種狀況，你都不是本書所說的真正的在閱讀。

只有一種方式是真正的在閱讀。不要有任何外力的幫助，你就是要讀這本書。你什麼都沒有，只憑著內心的力量，玩味著眼前的字句，慢慢地提升自己，從只有模糊的概念到更清楚的理解為止。這樣的一種提升，是在閱讀時的一種腦力活動，也是更高的閱讀技巧。這種閱讀就是讓一本書向你既有的理解力做挑戰。

這樣我們就可以粗略地為所謂的閱讀藝術下個定義：這是一個憑藉著頭腦運作，除了玩味讀物中的一些字句之外，不假任何外助，以一己之力來提升自我的過程。①你的頭腦會從粗淺的了解推進到深入的理解。而會產生這種結果的運作技巧，就是由許多不同活動所組合成的閱讀的藝術。

憑著你自己的心智活動努力閱讀，從只有粗淺的了解推進到深入的體會，就像是自我的破繭而出。感覺上確實就是如此。這是最主要的作用。當然，這比你以前的閱讀方式要多了很多活動，而且不只是有更多的活動，還有要完成這些多元化活動所需要的技巧。除此之外，當然，通常需要比較高難度閱讀要求的讀物，都有其相對應的價值，以及相對應水平的讀者。

為獲得資訊而閱讀，與為增進理解而閱讀，其間的差異不能以道里計。我們再多談一些。我們必須要考慮到兩種閱讀的目的。因為一種是讀得懂的東西，另一種是必須要讀的東西，二者之間的界線通常是很模糊的。在我們可以讓這兩種閱讀目的區分開來的範圍內，我們可以將「閱讀」這個詞，區分成兩種不同的意義。

第一種意義是我們自己在閱讀報紙、雜誌，或其他的東西時，憑我們的閱讀技巧與聰明才智，一下子便能融會貫通了。這樣的讀物能增加我們的資訊，卻不能增進我們的理解力，因為在開始閱讀之前，我們的理解力就已經與他們完全相當了。否則，我們一路讀下來早就應該被困住或嚇住了——這是說如果我們夠誠實、夠敏感的話。

---

①有一種情況是在閱讀困難的書時，可以找外界幫助的。這個例外我們將在第十八章時討論到。

第二種意義是一個人試著讀某樣他一開始並不怎麼了解的東西。這個東西的水平就是比閱讀的人高上一截。這個作者想要表達的東西，能增進閱讀者的理解力。這種雙方水準不齊之下的溝通，肯定是會發生的，否則，無論是透過演講或書本，誰都永遠不可能從別人身上學習到東西了。這裡的「學習」指的是理解更多的事情，而不是記住更多的資訊——和你已經知道的資訊在同一水平的資訊。

對一個知識分子來說，要從閱讀中獲得一些和他原先熟知的事物相類似的新資訊，並不是很困難的事。一個人對美國歷史已經知道一些資料，也有一些理解的角度時，他只要用第一種意義的閱讀，就可以獲得更多的類似資料，並且繼續用原來的角度去理解。但是，假設他閱讀的歷史書不只是提供給他更多資訊，而且還在他已經知道的資訊當中，給他全新的或更高層次的啟發。也就是說，他從中獲得的理解超越了他原有的理解。如果他能試著掌握這種更深一層的理解，他就是在做第二種意義的閱讀了。他透過閱讀的活動間接地提升了自己，當然，不是作者有可以教他的東西也達不到這一點。

在什麼樣的狀況下，我們會為了增進理解而閱讀？有兩種狀況：第一是**一開始時不相等的理解程度**。在對一本書的理解力上，作者一定要比讀者來得「高竿」，寫書時一定要用可讀的形式來傳達他有而讀者所無的洞見。其次，**閱讀的人一定要把不相等的理解力克服到一定程度之內**，雖然不能說全盤了解，但總是要達到與作者相當的程度。一旦達到相同的理解程度，就完成了清楚的溝通。

簡單來說，我們只能從比我們「更高竿」的人身上學習。我們一定要知道他們是誰，如何跟他們學習。有這種想法的人，就是能認知閱讀藝術的人，就是我們這本書主要關心的對象。而任何一個可以閱讀的人，都有能力用這樣的方式來閱讀。只要我們努力運用這樣的技巧在有益的讀物上，每個人都能讀得更好，學得更多，毫無例外。

我們並不想給予讀者這樣的印象：事實上，運用閱讀以增加資訊與洞察力，與運用閱讀增長理解力是很容易區分出來的。我們必須承認，有時候光是聽別人轉述一些訊息，也能增進很多的理解。在這裡我們想要強調的是：這本書是關於閱讀的藝術，是為了增強理解力而寫的。幸運的是，只要你學會了這一點，為獲取資訊而閱讀的另一點也就不是問題了。

當然，除了獲取資訊與理解外，閱讀還有一些其他的目標，就是娛樂。無論如何，本書不會談論太多有關娛樂消遣的閱讀部分。那是最沒有要求，也不需要太多努力就能做到的事。而且那樣的閱讀也沒有任何規則。任何人只要能閱讀，想閱讀，就能找一份讀物來消遣。

事實上，任何一本書能增進理解或增加資訊時，也就同時有了消遣的效果。就像一本能夠增進我們理解力的書，也可以純粹只讀其中所包含的資訊一樣。（這個情況並不是倒過來也成立：並不是每一種拿來消遣的書，都能當作增進我們的理解力來讀。）我們也絕不是在鼓勵你絕不要閱讀任何消遣的書。重點在，如果你想要讀一本有助於增進理解力的好書，那我們是可以幫得上忙的。因此，如果增進理解力是你的目標，我們的主題就是閱讀好書的藝術。

## 閱讀就是學習：指導型的學習，以及自我發現型的學習之間的差異

吸收資訊是一種學習，同樣的，對你以前不了解的事開始理解了，也是一種學習。但是在這兩種學習當中，卻有很重要的差異。

所謂吸收資訊，就只是知道某件事發生了。想要被啟發，就是要去理解，搞清楚這到底是怎麼回事：為什麼會發生，與其他的事實有什麼關聯，有什麼類似的情況，同類的差異在哪裡等等。

如果用你記得住什麼事情，和你解釋得了什麼事情之間的差異來說明，就會比較容易明白。如果你記得某個作者所說的話，就是你在閱讀中學到了東西。如果他說的都是真的，你甚至學到了有關這個世界的某種知識。但是不管你學到的是有關這本書的知識或有關世界的知識，如果你運用的只是你的記憶力，其實你除了那些訊息之外一無所獲。你並沒有被啟發。要能被啟發，除了知道作者所說的話之外，還要明白他的意思，懂得他為什麼會這麼說。

當然，你可以同時記得作者所說的話，也能理解他話中的含義。吸收資訊是要被啟發的前一個動作。無論如何，重點在不要止於吸收資訊而已。

法國作家蒙田說：「初學者的無知在於未學，而學者的無知在於學後。」第一種的無知是連字母都沒學過，當然無法閱讀。第二種的無知卻是讀錯了許多書。英國詩人亞歷山大・頗普（Alexander Pope）稱這種人是書呆子、無知的閱讀者。總有一些書呆子讀得太廣，卻讀不通。希臘人給這種集閱讀與愚蠢於一身的人一種特別稱呼，這也可運用在任何一種年紀，好讀書卻讀不懂的人身上。他們就叫「半瓶醋」（Sophomores）。

要避免這樣的錯誤——以為讀得多就是讀得好的錯誤——我們必須要區分出各種不同的閱讀型態。這種區分對閱讀的本身，以及閱讀與一般教育的關係都有很重大的影響。

在教育史上，人們總是將經由指導的學習，與自我發現的學習區別出來。一個人用言語或文字教導另一個人時，就是一種被引導的學習。當然，沒有人教導，我們也可以學習。否則，如果每一位老師都必須要人教導過，才能去教導別人，就不會有求知的開始了。因此，自我發現的學習是必要的——這是經由研究、調查或在無人指導的狀況下，自己深思熟慮的一種學習過程。

自我發現的學習方式就是沒有老師指導的方式，而被引導的學習就是要旁人的幫助。不論是哪一種方式，只有真正學習到的人才是主動的學習者。因此，如果說自我發現的學習是主動的，指導性的學習是被動的，很可能會造成謬誤。其實，任何學習都不該沒有活力，就像任何閱讀都不該死氣沉沉。

這是非常真確的道理。事實上，要區分得更清楚一些的話，我們可以稱指導型的學習是「輔助型的自我發現學習」。用不著像心理學家做深入的研究，我們也知道教育是非常特殊的藝術，與其他兩種學術——農業與醫學——一樣，都有極為重要的特質。醫生努力為病人做許多事，但最終的結論是這個病人必須要自己好起來——變得健康起來。農夫為他的植物或動物做了許多事，結果是這些動植物必須要長大，變得更好。同樣的，老師可能用盡了方法來教學生，學生卻必須要自己能學習才行。當他學習到了，知識就會在他腦中生根發芽。

指導型的學習與自我發現型的學習之間的差異——或是我們寧可說是在輔助型，及非輔助型的自我發現學習之間的差異——一個最基本的不同點就在學習者所使用的教材上。當他被指導時——在老師的幫助下自我發現時——學習者的行動立足於傳達給他的訊息。他依照教導行事，無論是書寫或口頭的教導。他學習的方式就是閱讀或傾聽。在這裡要注意閱讀與傾聽之間的密切關係。如果拋開這兩種接收訊息方式之間的微小差異性，我們可以說閱讀與傾聽是同一種藝術——被教導的藝術。然而，當學習者在沒有任何老師指導幫助下開始學習時，學習者則是立足於自然或世界，而不是教導來行動。這種學習的規範就構成了非輔助型的自我發現的學習。如果我們將「閱讀」的含義放寬鬆一點，我們可以說自我發現型的學習——嚴格來說，非輔助型的自我發現學習——是閱讀自我或世界的學習。就像指導型的學習（被教導，或輔助型的學習）是閱讀一本書，包括傾聽，從講解中學習的一種藝術。

那麼思考呢？如果「思考」是指運用我們的頭腦去增加知識或理解力，如果說自我發現型的學習與指導型的學習是增加知識的唯二法門時，那麼思考一定是在這兩種學習當中都會出現的東西。在閱讀與傾聽時我們必須要思考，就像我們在研究時一定要思考。當然，這些思考的方式都不相同——就像兩種學習方式之不同。

為什麼許多人認為，比起輔助型學習，思考與非輔助型（或研究型）的自我發現學習更有關聯，是因為他們假定閱讀與傾聽是絲毫不需要花力氣的事。比起一個正在做研究發明的人，一個人在閱讀資訊或消遣時，確實可能思考得較少一些。而這些都是比較被動的閱讀方式。但對比較主動的閱讀——努力追求理解力的閱讀——來說，這個說法就不太正確了。沒有一個這樣閱讀的人會說，那是絲毫不需要思考就能完成的工作。

思考只是主動閱讀的一部分。一個人還必須運用他的感覺與想像力。一個人必須要觀察、記憶，在看不到的地方運用想像力。我們要再提一次，這就是在非輔助型的學習中經常想要強調的任務，而在被教導型的閱讀，或傾聽學習中被遺忘或忽略的過程。譬如許多人會假設一位詩人在寫詩的時候一定要運用到他的想像力，而他們在讀詩時卻用不著。簡單的來說，閱讀的藝術包括了所有非輔助型自我發現學習的技巧：敏銳的觀察、靈敏可靠的記憶、想像的空間，再來當然就是訓練有素的分析、省思能力。會這麼說的理由在於：閱讀也就是一種發現——雖然那是經過幫助，而不是未經幫助的一個過程。

## 老師的出席與缺席

一路談來，我們似乎把閱讀與傾聽都當作是向老師學習的方式。在某種程度上，這確實是真的。兩種方式都是在被指導，同樣都需要被教導的技巧。譬如聽一堂課就像讀一本書一樣，而聽人唸一首詩就跟親自讀到那首詩是一樣的。在本書中所列舉的規則跟這些經驗都有關。但特別強調閱讀的重要性，而將傾聽當作第二順位的考量，有很充分的理由。因為傾聽是從一位出席在你眼前的老師學習——一位活生生的老師——而閱讀卻是跟一位缺席的老師學習。

如果你問一位活生生的老師一個問題，他可能會回答你。如果你還是不懂他說的話，你可以再問他問題，省下自己思考的時間。然而，如果你問一本書一個問題，你就必須要自己回答這個問題。在這樣的情況下，這本書就跟自然或世界一樣。當你提出問題時，只有等你自己做了思考與分析之後，才會在書本上找到答案。

當然，這並不是說，如果有一位活生生的老師能回答你的問題，你就用不著再多做功課。如果你問的只是一件簡單的事實陳述，也許如此。但如果你追尋的是一種解釋，你就必須要去理解它，否則沒有人能向你解釋清楚。更進一步來說，一位活生生的老師出現在你眼前時，你從了解他所說的話，來提升理解力。而如果一本書就是你的老師的話，你就得一切靠自己了。

在學校的學生通常會跟著老師或指導者閱讀比較困難的書籍。但對我們這些已經不在學校的人來說，當我們試著要讀一本既非主修也非選修的書籍時，也就是我們的成人教育要完全依賴書籍本身的時候，我們就不能再有老師的幫助了。因此，如果我們打算繼續學習與發現，我們就要懂得如何讓書本來教導我們。事實上，這就是本書最主要的目的。

# 第二章 閱讀的層次

在前一章裡，我們說明了一些差異性的問題，這對接下來要說的事很重要。一位讀者要追求的目標──為了消遣、獲得資訊或增進理解力──會決定他閱讀的方式。至於閱讀的效果則取決於他在閱讀上花了多少努力與技巧。一般來說，閱讀的規則是：努力越多，效果越好。至少在閱讀某些超越我們能力的書時，花一點力氣就能讓我們從不太了解晉升到多一些了解的狀態。最後，指導型與自我發現型學習（或輔助型與非輔助型自我發現學習）之間的區別之所以重要，因為我們大多數人在閱讀時，都經常是沒有人在旁邊幫助的。閱讀，就像是非輔助型的自我發現學習，是跟著一位缺席的老師在學習。只有當我們知道如何去讀時，我們才可能真正讀懂。

雖然這些差異性很重要，但是這一章我們比較著墨不多。本章所談的重點在閱讀的層次問題。想要增進閱讀的技巧之前，一定要先了解閱讀層次的不同。

一共有四種層次的閱讀。我們稱之為層次，而不稱為種類的原因是，嚴格來說，種類是樣樣都不相同的，而層次卻是再高的層次也包含了較低層次的特性。也就是說，閱讀的層次是漸進的。第一層次的閱讀並沒有在第二層次的閱讀中消失，第二層又包含在第三層中，第三層又在第四層中。事實上，第四層是最高的閱讀層次，包括了所有的閱讀層次，也超過了所有的層次。

第一層次的閱讀，我們稱之為**基礎閱讀**。也可以用其他的名稱，如初級閱讀、基本閱讀或初步閱讀。

不管是哪一種名稱，都指出一個人只要熟練這個層次的閱讀，就擺脫了文盲的狀態，至少已經開始認字了。在熟練這個層次的過程中，一個人可以學習到閱讀的基本藝術，接受基礎的閱讀訓練，獲得初步的閱讀技巧。我們之所以喜歡「基礎閱讀」這個名稱，是因為這個閱讀層次的學習通常是在小學時完成的。

小孩子首先接觸的就是這個層次的閱讀。他的問題（也是我們開始閱讀時的問題）是要如何認出一頁中的一個個字。孩子看到的是白紙上的一堆黑色符號（或是黑板上的白色符號——如果他是從黑板上認字的話），而這些黑色符號代表著：「貓坐在帽子上。」一年級的孩子並不真的關心貓是不是坐在帽子上，或是這句話對貓、帽子或整個世界有什麼意義。他關心的只是寫這句話的人所用的語言。

在這個層次的閱讀中，要問讀者的問題是：「這個句子在說什麼？」當然，這個問題也有複雜與困難的一面，不過，我們在這裡所說的只是最簡單的那一面。

對幾乎所有閱讀這本書的讀者來說，這個層次的閱讀技巧應該早已經在多年前就學會了。但是，不論我們身為讀者有多精通這樣的閱讀技巧，我們在閱讀的時候還是一直會碰上這個層次的閱讀問題。譬如，我們打開一本書想讀的時候，書中寫的卻是我們不太熟悉的外國文字，這樣的問題就發生了。這時我們要做的第一步努力就是去弄清楚這些字。只有當我們完全明白每個字的意思之後，我們才能試著去了解，掙扎著去體會這些字到底要說的是什麼。

其實就算一本書是用本國語言寫的，許多讀者仍然會碰上這個閱讀層次的各種不同的困難。大部分的困難都是技術性的問題，有些可以追溯到早期閱讀教育的問題。克服了這些困難，通常能讓我們讀得更快一些。因此，大部分的速讀課程都著眼在這個層次的閱讀上。在下一章我們會詳細討論基礎閱讀，而速讀會在第四章談到。

第二個層次的閱讀我們稱之為**檢視閱讀**。特點在強調時間。在這個閱讀層次，學生必須要在規定的時間內完成一項閱讀的功課。譬如他可能要用十五分鐘讀完一本書，或是同樣時間內唸完兩倍厚的書。

因此，用另一種方式來形容這個層次的閱讀，就是在一定的時間之內，抓出一本書中的重點——通常是很短，而且總是（就定義上說）過短，很難掌握一本書所有重點的時間。

這個層次的閱讀仍然可以用其他的稱呼，譬如略讀或預讀。我們並不是說略讀就是隨便或隨意瀏覽一本書。檢視閱讀是**系統化略讀**（skimming systematically）的一門藝術。

在這個層次的閱讀上，你的目標是從表面去觀察這本書，學習到光是書的表象所教給你的一切。這筆交易通常是很划得來的。

如果第一層次的閱讀所問的問題是：「這個句子在說什麼？」那麼在這個層次要問的典型問題就是：「這本書在談什麼？」這是個表象的問題。還有些類似的問題是：「這本書的架構如何？」或是：「這本書包含哪些部分？」

用檢視閱讀讀完一本書之後，無論你用的是多短的時間，你都該回答得出這樣的問題：「這是哪一類的書——小說、歷史，還是科學論文？」

第四章我們還會詳細討論這個層次的閱讀，現在就不作進一步的說明了。我們想要強調的是，大多數人，即使是許多優秀的閱讀者，都忽略了檢視閱讀的價值。他們打開一本書，從第一頁開始讀起，孜孜不倦，甚至連目錄都不看一眼。因此，他們在只需要粗淺翻閱一本書的時候，卻拿出了仔細閱讀、理解一本書的時間。這就加重了閱讀的困難。

第三種層次的閱讀，我們稱之為**分析閱讀**。比起前面所說的兩種閱讀，這要更複雜、更系統化。隨內文難讀的程度有所不同，讀者在使用這種閱讀法的時候，多少會相當吃力。

分析閱讀就是全盤的閱讀、完整的閱讀，或是說優質的閱讀——你能做到的最好的閱讀方式。如果說檢視閱讀是在有限的時間內，最好也最完整的閱讀，那麼分析閱讀就是在無限的時間裡，最好也最完整的閱讀。

一個分析型的閱讀者一定會對自己所讀的東西提出許多有系統的問題。我們並不想在這裡強調這個問題，因為這本書主要就是在談這個層次的閱讀：本書的第二篇就是告訴你如何這麼做的一些規則。我們要在這裡強調的是，分析閱讀永遠是一種專注的活動。在這個層次的閱讀，讀者會緊抓住一本書——這個比喻蠻恰當的——一直要讀到這本書成為他自己為止。法蘭西斯・培根（Francis Bacon）曾經說過：「有些書可以淺嘗即止，有些書是要生吞活剝，只有少數的書是要咀嚼與消化的。」分析閱讀就是要咀嚼與消化一本書。

我們還要強調的是，如果你的目標只是獲得資訊或消遣，就完全沒有必要用到分析閱讀。**分析閱讀就是特別在追尋理解的**。相對的，除非你有相當程度的分析閱讀的技巧，否則你也很難從對一本書不甚了解，進步到多一點的理解。

第四種，也是最高層次的閱讀，我們稱之為**主題閱讀**。這是所有閱讀中最複雜也最系統化的閱讀。對閱讀者來說，要求也非常多，就算他所閱讀的是一本很簡單、很容易懂的書也一樣。

也可以用另外的名稱來形容這樣的閱讀，如比較閱讀（comparative reading）。在做主題閱讀時，閱讀者會讀很多書，而不是一本書，並列舉出這些書之間相關之處，提出一個所有的書都談到的主題。但只是書本字裡行間的比較還不夠。主題閱讀涉及的遠不止此。藉助他所閱讀的書籍，主題閱讀者要能夠架構出一個可能在哪一本書裡都沒提過的主題分析。因此，很顯然的，主題閱讀是最主動、也最花力氣的一種閱讀。

我們會在第四篇討論主題閱讀。此刻我們只粗淺的說，主題閱讀不是個輕鬆的閱讀藝術，規則也並不廣為人知。雖然如此，主題閱讀卻可能是所有閱讀活動中最有收穫的。就是因為你會獲益良多，所以絕對值得你努力學習如何做到這樣的閱讀。

第三章

# 閱讀的第一個層次：基礎閱讀

我們生活在對閱讀有很高興趣與關心的年代。官方宣稱一九七〇年代是「讀書的年代」。暢銷書告訴我們為什麼強尼會唸書或不會唸書。在初步閱讀的教學領域中，也有越來越多的人在做研究與實驗。

我們的年代會產生這樣的狂熱，是因為三個歷史性的趨勢或演變剛好聚合起來了。第一是美國在繼續推行全民教育，這就是說，當然，最少要做到全國沒有文盲。多年來美國一直在做這樣的努力，甚至從國家草創時期就開始，成為民主生活的基石，而且也成果顯著。美國比任何其他國家都更早達到幾乎全民教育，因而也幫助美國成為今天高度開發的現代工業化社會。但是其中也產生了許多問題。總括而言，要教育少數具有高度學習動機的孩子閱讀（通常他們的父母都是知識分子），和教育一些不管動機有多微弱，或家庭有多貧困的孩子閱讀，是完全不同的兩碼子事——一百年前如此，今天依然如此。

第二個歷史因素是閱讀教育的本身起了變化。遲至一八七〇年，大家所受的閱讀教育，跟早期希臘或羅馬學校沒什麼兩樣。在美國，至少所謂的ＡＢＣ教學法仍然掌控了整個十九世紀。孩子要學著分別以每一個字母來發音——這也是這個教學法名稱的由來——然後再組合成音節，先是第一、二個字母，再來是三跟四，而不管這樣拼出來的字是否有意義。因此，那些想要精通語言的人，就會勤練像是ab、ac、ad、ib、ic這樣的音節。當一個孩子能記住所有組合的音節時，他就可以說是懂得ＡＢＣ了。

這樣的閱讀教學法在十九世紀中葉受到嚴厲的批評，於是產生了兩種變革。一種是ＡＢＣ教學法的改變，變成了發音法（phonic method）。這樣，認字不是由字母來認，而是由發音來辨識了。為了呈現某個字母所代表的各種發音，尤其是母音，得動用許多複雜又獨創的印刷技術。如果你已經五十歲以上，在學校裡所學的很可能就是這一類的發音法。

另外有一種完全不同，著重分析，而非人為的教學法。起源於德國，由賀瑞斯・曼（Horace Mann）與其他的教育專家在一八四〇年所提倡。這個教學法強調在注意到每一個字母或發音之前，先以視覺認知整個單字。後來，這種所謂的視覺法（sight method）先看整個句子與其中的含義，然後才學習認識單字，最後才是字母。這種方法在一九二〇年到一九三〇年間非常盛行，那段時期也正是強調從口語閱讀轉變成默讀的轉變時期。研究發現，口語閱讀的能力在默讀時並非必要，因此如果是以默讀為目標的話，口語閱讀的教學法也不一定適用了。因此，從一九二〇年到一九二五年，默讀理解的閱讀法幾乎成為一家獨尊的潮流。不過，後來潮流又轉向了，發音法又受到了重視——事實上，發音法從來沒有遭到淘汰過。

所有這些不同的基礎閱讀教學法，對某些學生來說很有用，對另外一些學生卻可能不管用。在過去的二三十年中，失敗的案例總是引起更多的注意。結果第三次歷史性的變動又興起了。在美國，批判學校是一種傳統。許多世紀以來，父母、自命專家的人與教育者都在攻擊與控訴教育系統。在對學校所有的批評中，閱讀教育受到最嚴厲的批評。現在所使用的教科書已經有長長的世系背景，而每次革新，都會帶來一堆懷疑論者，與一些很難說服的觀察者。

這些批評可能對，也可能不對。但是，不論如何，隨著全民教育進入新的一頁，高中和大專學生日益增多，問題也呈現了新的尖銳面貌。一個不懂得如何閱讀的年輕男子或年輕女子，在他追求美國夢的途中就會受到阻礙。如果他不在學校裡，那主要是他個人的大問題。但如果他還在高中或大專求學，那就會成為他的老師和同學都關心的問題。

因此，目前教育研究者非常的活躍，他們的工作成果表現在許多新的閱讀教學法上。在一些比較重要的新教學法中，包括了折衷教學法（eclectic approach）、個別閱讀教學法（individualized reading approach）、語言經驗教學法（language-experience approach），許多根據語言學的原則而來的教學法，以及其他一些和某種特定教育計畫多少掛鉤的教學法。除此之外，一些新的媒介，如初期教學字母（Initial Teaching Alphabet）也被引進，有時候其中又包含了新的教學法。另外還有一些教學法如「全神貫注教學法」（total immersion method）、「外國語言學校教法」（foreign-language-school method），以及眾所周知的「看說」（see-say）、「看與說」（look-and-say）或「看到就說」（look-say）等等。毫無疑問的，這些教學法都被實驗證明了各有巧妙之處。要判斷哪一種方法才是解決所有閱讀問題的萬能妙藥，可能還言之過早。

## 學習閱讀的階段

最近有一項非常有用的研究，就是分析學習閱讀的階段。現在大家都廣泛接受了這樣的觀念：在兒童具備純熟的閱讀能力之前，至少會經歷過大約四個截然不同的階段。第一個階段被稱為「閱讀準備階段」（reading readiness）。專家指出，這是從出生就開始，直到六、七歲為止。

閱讀準備階段包括了幾種不同的學習閱讀的準備工作。在身體方面的準備，包括了良好的視力與聽力。在智力方面的準備是要有起碼的認知能力，以便孩子能吸收與記住一個字，與組合成這個字的字母。在語言上的準備包括了口齒清晰，能說出一些正確的句子。個人的準備，則包括能與其他孩童一起學習的能力、保持注意力、服從等等。

閱讀準備的總體是否成熟，要由測驗來評定，也可以由一些經驗豐富、眼光敏銳、很懂得判斷小學生是否可以開始學習閱讀的老師來做評估。最重要的是要記得，三級跳的作法通常會造成失敗。一個孩子如果還沒準備好就要教他閱讀，他可能會不喜歡這樣的學習經驗，一直到以後的學校教育甚至成人階段都會受到影響。儘管有些父母會擔心他們的孩子「反應遲鈍」或「跟不上」同齡的孩子，超過閱讀準備階段，延後接受閱讀指導，其實並不是太嚴重的事。

在第二個階段，孩子會學習讀一些簡單的讀物。至少在美國，閱讀的開始是一些看圖識字。第一年結束時，基本上會認識三百到四百個字。這個時期會介紹一些基本的技巧，像是字句的使用、詞句的含義、字句的發音等等。這個階段要結束時，小學生應該就能自己閱讀簡單的書，而且很喜歡閱讀了。

在這個階段中，還有些附帶的事情值得觀察。那是在這個階段中發生的一些非常神秘，有點像是魔術一樣的事情。在一個孩子發展過程中的某個時刻，面對著書本上一連串的符號，他會覺得毫無意義。但過不了多久——可能只是兩、三週之後——他卻明白這些符號的意義了。他知道這是在說：「貓坐在帽子上。」不論哲學家與心理學家花了超過二千五百年的時間來研究這個奇蹟，還是沒有人真的知道這是怎麼發生的。這些字的意義是從何而來的？法國的小孩是如何讀懂「Le chat s'asseyait sur le chapeau」（貓坐在帽子上）的？事實上，懂得發現一些符號的意義，是人類所表現出來最驚人的聰明技巧，而大多數人在七歲以前就已經表現出來這樣的智能了。

第三個階段的特徵是快速建立字彙的能力，所用的方法是從上下文所提供的線索，「揭發」不熟悉的字眼。除此之外，孩子在這個階段會學會不同目標與不同領域的閱讀法，像是科學、社會學、語言藝術等等。他們學習到除了在學校之外，閱讀還是一項可以自己來做的事——他們可以因為好玩，滿足好奇心，或只是要「擴大視野」而閱讀。

最後，第四個階段的特徵是精練與增進前面所學的技巧。最重要的是，學生開始能消化他的閱讀經驗——從一本書所提出來的一個觀點轉化到另一個觀點，在同一個主題上，對不同的作者所提出來的觀點做比較。這是閱讀的成熟階段，應該是一個青少年就該達到的境界，也是終其一生都該持續下去的。

但是對許多父母與教育者來說，顯然孩子們並沒有達到這樣的目標。失敗的原因很多，範圍也很廣，從被剝奪的家庭環境——經濟、社會，或是智能（包括雙親是文盲）——到個人的各種問題（包括對整個「體制」的反抗）都有。但是其中有一個失敗的原因卻不常被注意到。過分強調閱讀的準備階段，過分注重教導孩子初步閱讀的方法，往往意味著其他更高層次的閱讀可能遭到忽視。這是很可以理解的，想想在第一個層次所可能碰到的各種緊急狀況與問題的程度就會明白了。然而，除非我們在所有的閱讀層次都投下努力，否則我們社會裡有關閱讀的整體問題是不可能有效地解決的。

## 閱讀的階段與層次

我們已經形容過閱讀的四個層次，也以很基礎的方式列舉了學習閱讀的四個階段。這些層次與階段之間，到底有什麼樣的關聯呢？

最重要的是，這裡所列舉的四個階段，都屬於我們在前一章所談的，第一個層次的閱讀。這些階段，都是基礎閱讀，對區分小學教育中的課程很有幫助。基礎閱讀的第一個階段——閱讀準備階段——相當於學前教育或幼稚園的學習經驗。第二階段——認字——相當於一年級學生典型的學習經驗（儘管相當多正常的孩子在某方面來說並非都很「典型」）。這個階段的成果是，孩子學會了我們稱之為第二階段的閱讀技巧，或是一年級的閱讀能力，或最初級的讀寫能力。基礎閱讀的第三個階段——字彙的增長及對課文的運用——通常是（但非全面性，就算正常孩子也一樣）在四年級結束時就學會的方法，這個階段的成果可以稱作是「四年級讀寫能力」（fourth grade literacy）或是「功能性讀寫能力」（functional literacy）——也就是有能力很輕易地閱讀交通號誌或圖片說明、填寫政府有關的簡單表格等等。基礎閱讀的第四個階段，也就是最後一個階段，到這個時期，學生要從小學或初中畢業了。這個階段有時候稱之為八年級、九年級或十年級的讀寫能力。在某方面來說，這個孩子已經是一個「成熟」的閱讀者，他幾乎可以閱讀所有的讀物了，但是卻還不夠老練。簡單來說，他的成熟度是可以上高中的課程了。

無論如何，他還不是我們這本書中所說的「成熟的」閱讀者。但他已經精通第一層次的閱讀，如此而已。他可以自己閱讀，也準備好要學習更多的閱讀技巧。但是他還是不清楚要如何超越基礎閱讀，做更進一步的閱讀。

我們會提到這些，是因為這跟本書要傳達的訊息有密切的關係。我們假設，我們也必須假設你——我們的讀者——已經有九年級的讀寫能力，也熟練了基礎閱讀，換句話說，你已經成功地通過我們所形容的四個閱讀階段。如果你想到這一點，就會了解我們的假設並不離譜。除非一個人能閱讀，否則沒有人能從一本教他如何如何的書中學到東西。特別就一本教人如何閱讀的書來說，它的讀者必須要有某種程度的閱讀能力才行。

輔助型與非輔助型自我發現閱讀的區別，在這裡就有了關聯。一般來說，基礎閱讀的四個階段都有一位老師在旁指導。當然，每個孩子的能力並不相同，有些人需要比別人多一點的幫助。不過，在基礎教育的幾年當中，通常都會有一位老師出現在課堂，回答問題，消除在這個階段會出現的難題。只有當一個孩子精通了基礎閱讀的四個階段，才是他準備好往更高層次的閱讀邁進的時候。只有當他能自己閱讀時，才能夠自己開始學習。也只有這樣，他才能變成一個真正優秀的閱讀者。

## 更高層次的閱讀與高等教育

傳統上，美國的高中教育（九到十二年級）只為學生提供一點點閱讀的指導，至於大學，更是一無所有。最近幾年來，情況已經有點改變了。大約兩個世代以前，高中登記入學的人數在短期內大量增加，教育者也開始覺察到，不能再假設所有的學生都能做到有效的閱讀。矯正閱讀的指導教育因此出現，不時有高達百分之七十五以上的學生需要矯正。在最近的十年當中，大學又發生同樣的狀況。譬如在一九七一年秋季，大約四萬名新鮮人進入紐約市立大學，卻有高達一半，也就是超過二萬名年輕人需要接受某種閱讀訓練的矯正課程。

無論如何，這並不表示這些年來，許多美國大學都提供了超越基礎閱讀以上的教育指導課程。事實上，幾乎可以說是完全沒有。在更高層次的閱讀中，矯正閱讀的指導並不算指導。矯正閱讀指導，只是要把學生帶到一個他在小學畢業的時候所該具備的閱讀能力程度。直到今天，大多數高等教育的指導者不是仍然不知道要如何指導學生超越基礎閱讀的層次，就是缺乏設備與人才來做這樣的事。

儘管最近一些四年大學或技術學院設立了速讀，或「有效閱讀法」，或「競讀」之類的課程，我們還是可以如此主張的。大體來說（雖然也有些例外），這些都是矯正閱讀的課程。但這些課程都是為了克服初級教育的失敗而設計的。這些課程不是為了要學生超越第一層次的閱讀而設計的。也並不是在指導他們進入本書所主要強調的閱讀層次與領域。

當然，正常情況應該不是這樣的。一個人文素養優良的高中，就算什麼也沒做，也該培養出能達到分析閱讀的讀者。一個優秀的大學，就算什麼也沒貢獻，也該培育出能進行主題閱讀的讀者。大學的文憑應該代表著一般大學畢業生的閱讀水平，不但能夠閱讀任何一種普通的資料，還能針對任何一種主題做個人的研究（這就是在所有閱讀中，主題閱讀能讓你做到的事）。然而，通常大學生要在畢業以後，再讀三、四年的時間才能達到這樣的程度，並且還不見得一定達到。

一個人不應該花四年的時間留在研究所中只是為了學習如何閱讀。四年研究所時間，再加上十二年的中、小學教育，四年的大學教育，總共加起來是整整二十年的學校教育。其實不該花這麼長的時間來學習如何閱讀。如果真是如此，這中間必然出了大問題。

事情錯了，可以改正。許多高中與大學可以依照本書所提供的方法來安排課程。我們所提供的方法並不神秘，甚至也並非新創。大多數只是普通常識而已。

## 閱讀與民主教育的理念

我們並不只想做個吹毛求疵的批評家。我們知道，不論我們要傳達的訊息多麼有道理，只要碰到成千上萬的新鮮人在學校的樓梯上踩得砰砰作響時，就什麼也聽不見了。看到這批新學子當中有相當大的比率，或是大多數的人都無法達到有效閱讀的基礎水平時，我們應該警覺，當務之急是必須要從最低層次的、最小公約數的閱讀教起。

甚至，此刻我們也不想提是否需要另一種教育方式了。我們的歷史一直強調，無限制的受教育機會是一個社會能提供給人民最有價值的服務——或說得正確一點，只有當一個人的自我期許，能力與需要受限制時，教育機會才會受到限制。我們還沒有辦法提供這種機會之前，不表示我們就有理由要放棄嘗試。

但是我們——包括學生、老師與門外漢等——也要明白：就算我們完成了眼前的任務，仍然還沒有完成整個工作。我們一定要比一個人人識字的國家還要更進一步。我們的國人應該變成一個個真正「有能力」的閱讀者，能夠真正認知「有能力」這個字眼中的涵義。達不到這樣的境界，我們就無法應付未來世界的需求。

# 第四章 閱讀的第二個層次：檢視閱讀

檢視閱讀，才算是真正進入閱讀的層次。這和前一個層次（基礎閱讀）相當不同，也跟自然而來的下一個層次（分析閱讀）大有差異。但是，就像我們在第二章所強調的，閱讀的層次是漸進累積的。因此，基礎閱讀是包含在檢視閱讀中的，而事實上，檢視閱讀又包含在分析閱讀中，分析閱讀則包含在主題閱讀中。

事實上，除非你能精通基礎閱讀，否則你沒法進入檢視閱讀的層次。你在閱讀一位作者的作品時要相當順手，用不著停下來檢查許多生字的意思，也不會被文法或文章結構阻礙住。雖然不見得要每句每字都讀得透澈，但你已經能掌握住主要句子與章節的意義了。

那麼，檢視閱讀中究竟包含了些什麼？你要怎樣才能培養檢視閱讀的能力呢？

首先要理解的是，檢視閱讀一共有兩種。本來這是一體兩面的事，但是對一個剛起步的閱讀者來說，最好是將兩者區別為不同的步驟與活動。有經驗的閱讀者已經學會同時運用兩種步驟，不過此刻，我們還是將二者完全區分開來。

## 檢視閱讀一：有系統的略讀或粗讀

讓我們回到前面曾經提過的一些基本狀態。這是一本書，或任何讀物，而那是你的頭腦。你會做的第一件事是什麼？

讓我們再假設在這情況中還有兩個相當常見的因素。第一，你並不知道自己想不想讀這本書。你也不知道這本書是否值得做分析閱讀。但你猜值得，或起碼只要你能挖掘出來書中的資訊及觀點就會對你有用處。

其次，讓我們假設——常會有這樣的狀況——你想要發掘所有的東西，但時間卻很有限。

在這樣的情況下，你一定要做的就是「略讀」（skim）整本書，或是有人說成是粗讀（pre-read）一樣。略讀或粗讀是檢視閱讀的第一個子層次。你腦中的目標是要發現這本書值不值得多花時間仔細閱讀。其次，就算你決定了不再多花時間仔細閱讀這本書，略讀也能告訴你許多跟這本書有關的事。

用這種快速瀏覽的方式來閱讀一本書，就像是一個打穀的過程，能幫助你從糙糠中過濾出真正營養的穀核。當你瀏覽過後，你可能會發現這本書僅只是對你目前有用而已。這本書的價值不過如此而已。但至少你知道作者重要的主張是什麼了，或是他到底寫的是怎樣的一本書。因此，你花在略讀這本書上的時間絕沒有浪費。

略讀的習慣應該用不著花太多時間。下面是要如何去做的一些建議：

(1)**先看書名頁，然後如果有序就先看序**。要很快的看過去。特別注意副標題，或其他的相關說明或宗旨，或是作者寫作本書的特殊角度。在完成這個步驟之後，你對這本書的主題已經有概念了。如果你願意，你會暫停一下，在你腦海中將這本書歸類為某個特定的類型。而在那個類型中，已經包含了那些書。

(2)**研究目錄頁**，對這本書的基本架構做概括性的理解。這就像是在出發旅行之前，要先看一下地圖一樣。很驚訝的是，除非是真的要用到那本書了，許多人是連目錄頁看都不看一眼的。事實上，許多作者花了很多時間來創作目錄頁，想到這些努力往往都浪費了，不免讓人傷心。

通常，一本書，特別是一些論說性的書都會有目錄，但是有時小說或詩集也會寫上一整頁的綱要目錄，分卷分章之後再加許多小節的副標，以說明題旨。譬如寫作《失樂園》（*Paradise Lost*）的時候，彌爾頓（John Milton）為每一章都寫了很長的標題，或他稱為的「要旨」（arguments）。吉朋（Edward Gibbon）出版的《羅馬帝國衰亡史》（*Decline and Fall of the Roman Empire*），為每一章都寫了很長的分析性綱要。目前，雖然偶爾你還是會看到一些分析性的綱要目錄，但已經不普遍了。這種現象衰退的原因是，一般人似乎不再像以前一樣喜歡閱讀目錄綱要了。同時，比起一本目錄完全開誠布公的書，出版商也覺得越少揭露內容綱要，對讀者越有吸引力。至於閱讀者，他們覺得，一本書的章節標題有幾分神秘性會更有吸引力——他們會想要閱讀這本書以發現那些章節到底寫了些什麼。雖然如此，目錄綱要還是很有價值的，在你開始閱讀整本書之前，你應該先仔細閱讀目錄才對。

談到這裡，如果你還沒看過本書的目錄頁，你可能會想要翻回去看一下了。我們盡可能地將目錄頁寫得完整又說明清楚。檢視一下這個目錄頁，你就會明白我們想要做的是什麼了。

(3)**如果書中附有索引，也要檢閱一下**——大多數論說類的書籍都會有索引。快速評估一下這本書涵蓋了哪些議題的範圍，以及所提到的書籍種類與作者等等。如果你發現列舉出來的哪一條詞彙很重要，至少要看一下引用到這個詞目的某幾頁內文。（我們會在第二部談到詞彙的重要問題。暫時你必須先依靠自己的常識，根據前面所提的第一及第二步驟，判別出一本書裡你認為重要的詞彙。）你所閱讀的段落很可能就是個要點——這本書的關鍵點——或是關係到作者企圖與態度的新方法。

就跟目錄頁一樣，現在你可能要檢查一下這本書的索引。你會辨認出一些我們已經討論過的重要詞目。那你能不能再找出其他一些也很重要的詞目呢？——譬如說，參考一下詞目底下所列被引用頁數的多寡？

(4) 如果那是本包著書衣的新書，不妨**讀一下出版者的介紹**。許多人對廣告文案的印象無非是些吹牛誇張的文字。但這往往失之偏頗，尤其是一些論說性的作品更是如此，大致來說，許多書的宣傳文案都是作者在出版公司企宣部門的協助下親自寫就的。這些作者盡力將書中的主旨正確地摘要出來，已經不是稀奇的事了。這些努力不應該被忽視。當然，如果宣傳文案什麼重點也沒寫到，只是在瞎吹牛，你也可以很容易看穿。不過，這也有助於你對這本書多一點了解，或許這本書根本沒什麼重要的東西可談——而這也正是他們宣傳文案一無可取的原因。

完成這四個步驟，你對一本書已經有足夠的資訊，讓你判斷是想要更仔細地讀這本書，還是根本不想讀下去了。不管是哪一種情況，現在你都可能會先將這本書放在一邊一陣子。如果不是的話，現在你就準備好要真正的略讀一本書了。

(5) 從你對一本書的目錄很概略，甚至有點模糊的印象當中，**開始挑幾個看來跟主題息息相關的篇章來看**。如果這些篇章在開頭或結尾有摘要說明（很多會有），就要仔細地閱讀這些說明。

(6) **最後一步，把書打開來，東翻翻西翻翻，唸個一、兩段，有時候連續讀幾頁，但不要太多**。就用這樣的方法把全書翻過一遍，隨時尋找主要論點的訊號，留意主題的基本脈動。最重要的是，不要忽略最後的兩、三頁。就算最後有後記，一本書最後結尾的兩、三頁也還是不可忽視的。很少有作者能拒絕這樣的誘惑，而不在結尾幾頁將自己認為既新又重要的觀點重新整理一遍的。雖然有時候作者自己的以為不一定正確，但你不應該錯過這個部分。

現在你已經很有系統地略讀過一本書了。你已經完成了第一種型態的檢視閱讀。現在，在花了幾分鐘，最多不過一小時的時間裡，你對這本書已經了解很多了。尤其，你應該了解這本書是否包含你還想繼續挖掘下去的內容，是否值得你再繼續投下時間與注意？你也應該比以前更清楚，在腦海中這本書該歸類為哪一個種類，以便將來有需要時好作參考。

附帶一提的是，這是一種非常主動的閱讀。一個人如果不夠靈活，不能夠集中精神來閱讀，就沒法進行檢視閱讀。有多少次你在看一本好書的時候，翻了好幾頁，腦袋中卻陷入了白日夢的狀態中，等清醒過來，竟完全不明白自己剛看的那幾頁在說些什麼？如果你跟隨著我們提議的步驟來做，就絕不會發生這樣的事——因為你始終有一個可以依循作者思路的系統了。

你可以把自己想成是一個偵探，在找尋一本書的主題或思想的線索。隨時保持敏感，就很容易讓一切狀況清楚。留意我們所提出的建議，會幫助你保持這樣的態度。你會很驚訝地發現自己節省了更多時間，高興自己掌握了更多重點，然後輕鬆地發現原來閱讀是比想像中還更要簡單的一件事。

## 檢視閱讀二：粗淺的閱讀

這一節的標題是故意要挑釁的。「粗淺」這兩個字通常有負面的聯想。但我們可是很認真在用這兩個字。

我們每個人都有這樣的經驗：對一本困難的書抱著高度的期望，以為它能啟發我們，結果卻只是在徒勞無益的掙扎而已。很自然的，我們會下個結論：一開始想讀這本書就是個錯誤。但這並不是錯誤，而只是打從開始就對閱讀一本困難的書期望過高。只要找到對的方向，不論是多困難的書，只要原來就是想寫給大眾讀者看的，那就不該有望之卻步的理由。

什麼叫對的方向？答案是一個很重要又有幫助的閱讀規則，但卻經常被忽略。這個規則很簡單：**頭一次面對一本難讀的書的時候，從頭到尾先讀完一遍，碰到不懂的地方不要停下來查詢或思索。**

只注意你能理解的部分，不要為一些沒法立即了解的東西而停頓。繼續讀下去，略過那些不懂的部分，很快的你會讀到你看得懂的地方。集中精神在這個部分。繼續這樣讀下去。將全書讀完，不要被一個看不懂的章節、註解、評論或參考資料阻撓或洩氣。如果你讓自己被困住了，如果你容許自己被某個頑固的段落綁住了，你就是被打敗了。在大多數情況裡，你一旦和它糾纏，就很難脫困而出。在讀第二遍的時候，你對那個地方的了解可能會多一些，但是在那之前，你必須要至少將這本書先從頭到尾讀一遍才行。

你從頭到尾讀了一遍之後的了解——就算只有百分之五十或更少——能幫助你在後來重讀第一次略過的部分時，增進理解。就算你不重讀，對一本困難度很高的書了解了一半，也比什麼都不了解來得要好些——如果你讓自己在一碰上困難的地方就停住，最後就可能對這本書真的一無所知了。

我們大多數人所受的教育，都說是要去注意那些我們不懂的地方。我們被教導說，碰到生字，就去查字典。我們被教導說，讀到一些不明白的隱喻或論說，就去查百科全書或其他相關資料。我們被教導說，要去查註腳、學者的註釋或其他的二手資料以獲得幫助。但是如果時候不到就做這些事，卻只會妨礙我們的閱讀，而非幫助。

譬如，閱讀莎士比亞的戲劇，會獲得極大的快樂。但是一代代的高中生被逼著要一幕一幕地唸、一個生字接一個生字地查、一個學者註腳接註腳地讀《凱撒大帝》（*Julius Caesar*）、《皆大歡喜》（*As You Like It*）或《哈姆雷特》（*Hamlet*），這種快樂就被破壞了。結果是他們從來沒有真正讀過莎士比亞的戲本。等他們讀到最後的時候，已經忘了開始是什麼，也無法洞察全劇的意義了。與其強迫他們接受這種裝模作樣的做學問的讀法，不如鼓勵他們一次讀完全劇，然後討論他們在第一次快速閱讀中所獲得的東西。只有這樣，他們才算是做好接下來仔細又專心研究這個劇本的準備。因為他們已經有了相當的了解，可以準備再學一點新的東西了。

這個規則也適用於論說性的作品。事實上，第一次看這樣一本書的時候要粗淺閱讀的這個規則，在你違反的時候正可以不證自明。拿一本經濟學的基礎書來說吧，譬如亞當・史密斯（Adam Smith）的經典作品《國富論》（*The Wealth of Nations*）（我們會選這一本做例子，因為這不光只是一本教科書，或是為經濟學家寫的書，這也是一本為一般讀者所寫的書），如果你堅持要了解每一頁的意義，才肯再往下讀，那你一定讀不了多少。在你努力去了解那些細微的重點時，就會錯過史密斯說得那麼清楚的一些大原則：關於成本中包含的薪水、租金、利潤與利息種種因素，市場在定價中的角色，壟斷專賣的害處，自由貿易的理由等等。這樣你在任何層次的閱讀都不可能很好。

## 閱讀的速度

在第二章，我們談過檢視閱讀是一種在有限的時間當中，充分了解一本書的藝術。本章我們要更進一步談這件事，沒有理由去改變這個定義。檢視閱讀的兩個方式都需要快速的閱讀。一個熟練的檢視閱讀者想要讀一本書時，不論碰到多困難或多長的書，都能夠很快的運用這兩種方式讀完。

關於這個方式的定義，不可避免的一定會引起一個問題：那麼速讀又算什麼呢？現在不論是商業界或學術界都有速讀的課程，那麼在閱讀的層次與眾多速讀課程之間有什麼關聯呢？

我們已經談過那些課程基本上是為了矯正用的——因為他們所提供的就算不是全部，也主要都是基礎閱讀層次的指導。不過這要再多談一點。

首先我們要了解的是，我們都同意，大多數人應該有能力比他們現在讀的速度還更快一點。更何況有很多東西根本不值得我們花那麼多時間來讀。如果我們不能讀快一點，簡直就是在浪費時間。的確沒錯，許多人閱讀的速度太慢，應該要讀快一點。但是，也有很多人讀得太快了，應該要把速度放慢才行。一個很好的速讀課程應該要教你不同的閱讀速度，而不是一味求快，而忽略了你目前能掌握的程度。應該是依照讀物的性質與複雜程度，而讓你用不同的速度來閱讀。

我們的重點真的很簡單。許多書其實是連略讀都不值得的，另外一些書只需要快速讀過就行了。有少數的書需要用某種速度，通常是相當慢的速度，才能完全理解。一本只需要快速閱讀的書卻用很慢的速度來讀，就是在浪費時間，這時速讀的技巧就能幫你解決問題。但這只是閱讀問題中的一種而已。要了解一本困難的書，其間的障礙，非一般所謂的生理或心理障礙所能比擬甚或涵蓋。會有這些障礙，主要是因為閱讀者在面對一本困難——值得讀——的書時，完全不知道如何是好。他不知道閱讀的規則，也不懂得運用心智的力量來做這件事。不論他讀得多快，也不會獲得更多，因為事實上，他根本不知道自己在尋找什麼，就算找到了，也不清楚是不是自己想要的東西。

所謂的閱讀速度，理想上來說，不只是要能讀得快，還要能用不同的速度來閱讀——要知道什麼時候用什麼樣的速度是恰當的。檢視閱讀是一種訓練有素的快速閱讀，但這不只是因為你讀的速度快——雖然你真的讀得很快——而是因為在檢視閱讀時，你只讀書中的一小部分，而且是用不同的方式來讀，不一樣的目標來讀。分析閱讀通常比檢視閱讀來得慢一些，但就算你拿到一本書要做分析閱讀，也不該用同樣的速度讀完全書。每一本書，不論是多麼困難的書，在無關緊要的間隙部分就可以讀快一點。而一本好書，總會包含一些比較困難，應該慢慢閱讀的內容。

## 逗留與倒退

半個多世紀以來，速讀的課程讓我們有了一個最重大的發現：許多人會從最初學會閱讀之後，多年一直使用「半出聲」（sub-vocalize）的方式來閱讀。此外，拍攝下來的眼睛在活動時的影片，顯示年輕或未受過訓練的閱讀者，在閱讀一行字的時候會在五、六個地方發生「逗留」（fixate）現象。（眼睛在移動時看不見，只有停下來時才能看見。）因此，他們在讀這一行字的時候，只能間隔著看到一個個單字或最多兩、三個字的組合。更糟的是，這些不熟練的閱讀者在每看過兩、三行之後，眼睛就自然地「倒退」（regress）到原點——也就是說，他們又會倒退到先前讀過的句子與那一行去了。

所有這些習慣不但浪費而且顯然降低了閱讀的速度。之所以說是浪費，因為我們的頭腦跟眼睛不一樣，並不需要一次只「讀」一個字或一個句子。我們的頭腦是個驚人的工具，可以在「一瞥」之間掌握住一個句子或段落——只要眼睛能提供足夠的資訊。因此，主要的課題——所有的速讀課程都需要認知這一點——就是要矯正許多人在閱讀時會「逗留」、會「倒退」，因而使他們的速度慢下來的習慣。幸運的是，要矯正這樣的習慣還蠻容易的。一旦矯正過了，學生就能跟著腦部運作的快速度來閱讀，而不是跟著眼部的慢動作來閱讀了。

要矯正眼睛逗留於一點的工具有很多種，有些很複雜又很昂貴。無論如何，任何複雜的工具其實都比不上你的一雙手來得有用，你可以利用雙手訓練自己的眼睛，跟著章節段落移動得越來越快。你可以自己做這樣的訓練：將大拇指與食指、中指合併在一起，用這個「指針」順著一行一行的字移動下去，速度要比你眼睛感覺的還要快一點。強迫自己的眼睛要跟著手部的動作移動。一旦你的眼睛能跟著手移動時，你就能讀到那些字句了。繼續練習下去，繼續增快手的動作，等到你發覺以前，你的速度已經可以比以前快兩、三倍了。

## 理解的問題

不過，在你明顯地增進了閱讀的速度之後，你到底獲得了什麼呢？沒錯，你是省下了一些時間，但是理解力（comprehension）呢？同樣地增進了，還是在這樣的進展中一無所獲？

就我們所知，沒有一種速讀課程不是聲明在閱讀速度加快時，理解力也同時增進。整體來說，這樣的聲明確實是有點根據的。我們的手（或其他工具）就像是個計時器，不只負責增進你的閱讀速度，也能幫助你專注於你所閱讀的東西上。一旦你能跟隨自己的手指時，就很難打瞌睡或做白日夢，胡思亂想。到目前為止，一切都很不錯。專心一致也就是主動閱讀的另一種稱呼。一個優秀的閱讀者就是讀得很主動，很專心。

但是專心並不一定等於理解力——如果大家對「理解力」並沒有誤解的話。理解力，是比回答書本內容一些簡單問題還要多一點的東西。那種有限的理解力，不過是小學生回答「這是在說什麼？」之類問題的程度而已。一個讀者要能夠正確地回答許多更進一步的問題，才表示有更高一層的理解力，而這是速讀課程所不要求的東西，也幾乎沒有人指導要如何回答這類的問題。

為了說得更清楚一些，用一篇文章來做例子。我們用《獨立宣言》為例。你手邊可能有這篇文章，不妨拿出來看看。這篇文章印出來還不到三頁的篇幅。你能多快讀完全文？

《獨立宣言》的第二段結尾寫著：「為了證明這一點，提供給這個公正的世界一些事實吧。」接下來的兩頁是一些「事實」。看起來有些部分似乎還蠻可疑的，不妨快一點讀完。我們沒有必要去深入了解傑佛遜所引述的事實到底是些什麼，當然，除非你是個學者，非常在意他所寫的歷史環境背景如何，自然又另當別論。就算是最後一段，結尾是著名的公正的聲明，幾位歌者「互誦我們的生命，財富與神聖的榮耀。」這也可以快快的讀過。那是一些修辭學上的華麗詞藻，就只值得在修辭學上的注意力。但是，讀《獨立宣言》的前兩段，需要的卻絕不只是快速地閱讀一遍。

我們懷疑有人能以超過一分鐘二十個字的速度來閱讀前兩段文字。的確，在著名的第二段裡的一些字句，如「不可剝奪的」、「權利」、「自由」、「幸福」、「同意」、「正義的力量」，值得再三玩味、推敲、沉思。要完全了解《獨立宣言》的前兩段，正確的讀法是需要花上幾天，幾星期，甚至好幾年的時間。

這麼說來，速讀的問題就出在理解力上。事實上，這裡所謂的理解力是超越基礎閱讀層次以上的理解力，也是造成問題的根源。大多數的速讀課程都沒有包括這方面的指導。因此，有一點值得在這裡強調的是，本書之所以想要改進的，正是這一種閱讀的理解力。沒有經過分析閱讀，你就沒法理解一本書。正如我們前面所言，分析閱讀，是想要理解（或了解）一本書的基本要件。

## 檢視閱讀的摘要

以下簡短的幾句話是本章的摘要。閱讀的速度並非只有單一的一種，重點在如何讀出不同的速度感，知道在閱讀某種讀物時該用什麼樣的速度。超快的速讀法是引人懷疑的一種成就，那只是表現你在閱讀一種根本不值得讀的讀物。更好的秘方是：**在閱讀一本書的時候，慢不該慢到不值得，快不該快到有損於滿足與理解**。不論怎麼說，閱讀的速度，不論是快還是慢，只不過是閱讀問題一個微小的部分而已。

略讀或粗讀一本書總是個好主意。尤其當你並不清楚手邊的一本書是否值得細心閱讀時（很常發生這種情況），必須要先略讀一下。略讀過後，你就會很清楚了。一般來說，就算你想要仔細閱讀的書也要先略讀一下，從基本架構上先找到一些想法。

最後，在第一次閱讀一本困難的書時，不要企圖了解每一個字句。這是最最重要的一個規則。這也是檢視閱讀的基本概念。不要害怕，或是擔憂自己似乎讀得很膚淺。就算是最難讀的書也快快的讀一遍。當你再讀第二次時，你就已經準備好要讀這本書了。

我們已經完整地討論過第二層次的閱讀——檢視閱讀。我們會在第四篇時再討論同一個主題，我們會提到檢視閱讀在主題閱讀中占有多麼重要的角色。主題閱讀是第四層次，也是最高層次的閱讀。

無論如何，你應該記住，當我們在本書第二篇討論第三層次的閱讀——分析閱讀時，檢視閱讀在那個層次中仍然有很重要的功能。檢視閱讀的兩個步驟都可以當作是要開始做分析閱讀之前的預備動作。第一階段的檢視閱讀——我們稱作有系統的略讀或粗讀——幫助閱讀者分析在這個階段一定需要回答的問題。換句話說，有系統略讀，就是準備要了解本書的架構。第二階段的檢視閱讀——我們稱之為粗淺的閱讀——幫助閱讀者在分析閱讀中進入第二個階段。粗淺的閱讀，是閱讀者想要了解全書內容的第一個必要步驟。

在開始討論分析閱讀之前，我們要暫停一下，再想一下閱讀的本質是一種活動。想要讀得好，一個主動、自我要求的讀者，就得採取一些行動。下一章，我們會談。

# 第五章 如何做一個自我要求的讀者

在閱讀的時候，讓自己昏昏入睡比保持清醒要容易得多。爬上床，找個舒適的位置，讓燈光有點昏暗，剛好能讓你的眼睛覺得有點疲勞，然後選一本非常困難或極端無聊的書——可以是任何一個主題，是一本可讀可不讀的書——這樣幾分鐘之後，你就會昏昏入睡了。

不幸的是，要保持清醒並不是採取相反的行動就會奏效。就算你坐在舒適的椅子裡，甚至躺在床上，仍然有可能保持清醒。我們已經知道許多人因為深夜還就著微弱的燈光閱讀，而傷害了眼睛的事。到底是什麼力量，能讓那些膾炙人口的秉燭夜讀的人仍然保持清醒？起碼有一點是可以確定的——他們有沒有真正在閱讀手中的那本書，造成了其間的差異，而且是極大的差異。

在閱讀的時候想要保持清醒，或昏昏入睡，主要看你的閱讀目標是什麼。如果你的閱讀目標是獲得利益——不論是心靈或精神上的成長——你就得保持清醒。這也意味著在閱讀時要盡可能的保持主動，同時還要做一番努力——而這番努力是會有回饋的。

好的書，小說或非小說，都值得這樣用心閱讀。把一本好書當作是鎮靜劑，完全是極度浪費。不論睡著，還是花了好幾小時的時間想要從書中獲得利益——主要想要理解這本書——最後卻一路胡思亂想，都絕對無法達成你原來的目標。

不過悲哀的是，許多人儘管可以區分出閱讀的獲益與取樂之不同——其中一方是理解力的增進，另一方則是娛樂或只是滿足一點點的好奇心——最後仍然無法完成他們的閱讀目標。就算他們知道那本書該用什麼樣的方式來閱讀，還是失敗。原因就在他們不知道如何做個自我要求的閱讀者，如何將精神集中在他們所做的事情上，而不會一無所獲。

## 主動的閱讀基礎：一個閱讀者要提出的四個基本問題

本書已經數度討論過主動的閱讀。我們說過，主動閱讀是比較好的閱讀，我們也強調過檢視閱讀永遠是充滿主動的。那是需要努力，而非毫不費力的閱讀。但是我們還沒有將主動閱讀的核心做個簡要的說明，那就是：**你在閱讀時要提出問題來——在閱讀的過程中，你自己必須嘗試著去回答的問題**。

有問題嗎？沒有。只要是超越基礎閱讀的閱讀層次，閱讀的藝術就是要以適當的順序提出適當的問題。關於一本書，你一定要提出四個主要的問題。②

(1)**整體來說，這本書到底在談些什麼？**你一定要想辦法找出這本書的主題，作者如何依次發展這個主題，如何逐步從核心主題分解出從屬的關鍵議題來。

(2)**作者細部說了什麼，怎麼說的？**你一定要想辦法找出主要的想法、聲明與論點。這些組合成作者想要傳達的特殊訊息。

---

②——譯這四個問題接下來會逐步討論，對論說性或非小說類的書特別有用。無論如何，一旦你掌握住提問題的技巧後，用在小說或詩集上也一樣有用。我們會在第十四章與第十五章再討論應用這些技巧的條件。

(3)**這本書說得有道理嗎？是全部有道理，還是部分有道理？**除非你能回答前兩個問題，否則你沒法回答這個問題。在你判斷這本書是否有道理之前，你必須先了解整本書在說些什麼才行。然而，等你了解了一本書，如果你又讀得很認真的話，你會覺得有責任為這本書做個自己的判斷。光是知道作者的想法是不夠的。

(4)**這本書跟你有什麼關係？**如果這本書給了你一些資訊，你一定要問問這些資訊有什麼意義。為什麼這位作者會認為知道這件事很重要？你真的有必要去了解嗎？如果這本書不只提供了資訊，還啟發了你，就更有必要找出其他相關的、更深的含義或建議，以獲得更多的啟示。

在本書的其他篇章我們還會再回到這四個問題，做更深入的討論。換句話說，這四個問題是閱讀的基本規則，也是本書第二篇要討論的主要議題。這四個重點以問題的方式出現在這裡有一個很好的理由。任何一種超越基礎閱讀的閱讀層次，核心就在你要努力提出問題（然後盡你可能的找出答案）。這是絕不可或忘的原則。這也是有自我要求的閱讀者，與沒有自我要求的閱讀者之間，有天壤之別的原因。後者提不出問題——當然也得不到答案。

前面說的四個問題，概括了一個閱讀者的責任。這個原則適用於任何一種讀物——一本書、一篇文章，甚至一個廣告。檢視閱讀似乎對前兩個問題要比對後兩個更能提出正確的答案，但對後兩個問題一樣會有幫助。而除非你能回答後面兩個問題，否則即使用了分析閱讀也不算功德圓滿——你必須能夠以自己的判斷來掌握這本書的整體或部分道理與意義，才算真正完成了閱讀。尤其最後一個問題——這本書跟你有什麼關係？——可能是主題閱讀中最重要的一個問題。當然，在想要回答最後一個問題之前，你得先回答前三個問題才行。

光是知道這四個問題還不夠。在閱讀的當中，你要記得去提出這些問題，要養成這樣的習慣，才能成為一個有自我要求的閱讀者。除此之外，你還要知道如何精準、正確地回答問題。如此訓練而來的能力，就是閱讀的藝術。

人們在讀一本好書的時候會打瞌睡，並不是他們不想努力，而是因為他們不知道要如何努力。你掛念著想讀的好書太多了。（如果不是掛念著，也算不上是你覺得的好書。）而除非你能真正起身接觸到它們，把自己提升到同樣的層次，否則你所掛念的這些好書只會使你厭倦而已。並不是起身的本身在讓你疲倦，而是因為你欠缺有效運用自我提升的技巧，在挫敗中產生了沮喪，因而才感到厭倦。要保持主動的閱讀，你不只是要有意願這麼做而已，還要有技巧——能戰勝最初覺得自己能力不足部分，進而自我提升的藝術。

## 如何讓一本書真正屬於你自己

如果你有讀書時提出問題的習慣，那就要比沒有這種習慣更能成為一個好的閱讀者。但是，就像我們所強調的，僅僅提出問題還不夠。你還要試著去回答問題。理論上來說，這樣的過程可以在你腦海中完成，但如果你手中有一枝筆會更容易做到。在你閱讀時，這枝筆會變成提醒你的一個訊號。

俗話說：「你必須要讀出言外之意，才會有更大的收穫。」而所謂閱讀的規則，就是用一種比較正式的說法來說明這件事而已。此外，我們也鼓勵你「寫出言外之意」。不這麼做，就難以達到最有效的閱讀的境界。

你買了一本書，就像是買了一項資產，和你付錢買衣服或家具是一樣。但是就一本書來說，付錢購買的動作卻不過是真正擁有這本書的前奏而已。要真正完全擁有一本書，必須要把這本書變成你自己的一部分才行，而要讓你成為書的一部分最好的方法——書成為你的一部分和你成為書的一部分是同一件事——就是要去寫下來。

為什麼對閱讀來說，在書上做筆記是不可或缺的事？第一，那會讓你保持清醒——不只是不昏睡，還是非常清醒。其次，閱讀，如果是主動的，就是一種思考，而思考傾向於用語言表達出來——不管是用講的還是寫的。一個人如果說他知道他在想些什麼，卻說不出來，通常是他其實並不知道自己在想些什麼。第三，將你的感想寫下來，能幫助你記住作者的思想。

閱讀一本書應該像是你與作者之間的對話。有關這個主題，他知道的應該比你還多，否則你根本用不著去跟這本書打交道了。但是了解是一種雙向溝通的過程，學生必須要向自己提問題，也要向老師提問題。一旦他了解老師的說法後，還要能夠跟老師爭辯。在書上作筆記，其實就是在表達你跟作者之間相異或相同的觀點。這是你對作者所能付出的最高的敬意。

做筆記有各式各樣、多采多姿的方法。以下是幾個可以採用的方法：

(1)**畫底線**——在主要的重點，或重要又有力量的句子下畫線。

(2)**在畫底線處的欄外再加畫一道線**——把你已經畫線的部分再強調一遍，或是某一段很重要，但要畫底線太長了，便在這一整段外加上一個記號。

(3)**在空白處做星號或其他符號**——要慎用，只用來強調書中十來個最重要的聲明或段落即可。你可能想要將做過這樣記號的地方每頁折一個角，或是夾一張書籤。這樣你隨時從書架上拿起這本書，打開你做記號的地方，就能喚醒你的記憶。

(4)**在空白處編號**——作者的某個論點發展出一連串的重要陳述時，可以做順序編號。

(5)**在空白處記下其他的頁碼**——強調作者在書中其他部分也有過同樣的論點，或相關的要點，或是與此處觀點不同的地方。這樣做能讓散布全書的想法統一集中起來。許多讀者會用 Cf 這樣的記號，表示比較或參照的意思。

(6)**將關鍵字或句子圈出來**——這跟畫底線是同樣的功能。

(7)**在書頁的空白處做筆記**——在閱讀某一章節時，你可能會有些問題（或答案），在空白處記下來，這樣可以幫你回想起你的問題或答案。你也可以將複雜的論點簡化說明在書頁的空白處。或是記下全書所有主要論點的發展順序。書中最後一頁可以用來做為個人的索引頁，將作者的主要觀點依序記下來。

對已經習慣做筆記的人來說，書本前面的空白頁通常是非常重要的。有些人會保留這幾頁以蓋上藏書印章。但是那不過表示了你在財務上對這本書的所有權而已。書前的空白頁最好是用來記載你的思想。你讀完一本書，在最後的空白頁寫下個人的索引後，再翻回前面的空白頁，試著將全書的大綱寫出來，用不著一頁一頁或一個重點一個重點的寫（你已經在書後的空白頁做過這件事了），試著將全書的整體架構寫出來，列出基本的大綱與前後篇章秩序。這個大綱是在測量你是否了解了全書，這跟藏書印章不同，卻能表現出你在智力上對這本書的所有權。

## 三種做筆記的方法

在讀一本書時，你可能會有三種不同的觀點，因此做筆記時也會有三種不同的方式。你會用哪一種方式做筆記，完全依你閱讀的層次而定。

你用檢視閱讀來讀一本書時，可能沒有太多時間來做筆記。檢視閱讀，就像我們前面所說過的，所花的時間永遠有限。雖然如此，你在這個層次閱讀時，還是會提出一些重要的問題，而且最好是在你記憶猶新時，將答案也記下來——只是有時候不見得能做得到。

在檢視閱讀中，要回答的問題是：第一，這是什麼樣的一本書？第二，整本書在談的是什麼？第三，作者是藉著怎樣的整體架構，來發展他的觀點或陳述他對這個主題的理解？你應該要做一下筆記，把這些問題的答案寫下來。尤其如果你知道終有一天，或許是幾天或幾個月之後，你會重新拿起這本書做分析閱讀時，就更該將問題與答案先寫下來。要做這些筆記最好的地方是目錄頁，或是書名頁，這些是我們前面所提的筆記方式中沒有用到的頁數。

在這裡要注意的是，這些筆記主要的重點是全書的架構，而不是內容——至少不是細節。**因此我們稱這樣的筆記為結構筆記**（structural note-making）。

在檢視閱讀的過程中，特別是又長又困難的書，你有可能掌握到作者對這個主題所要表達的一些想法。但是通常你做不到這一點。而除非你真的再仔細讀一遍全書，否則就不該對這本書立論的精確與否、有道理與否遽下結論。之後，等你做分析閱讀時，關於這本書準確性與意義的問題，你就要提出答案了。在這個層次的閱讀裡，你做的筆記就不再是跟結構有關，而是跟概念有關了。這些概念是作者的觀點，而當你讀得越深越廣時，便也會出現你自己的觀點了。

結構筆記與**概念筆記**（conceptual note-making）是截然不同的。而當你同時在讀好幾本書，在做主題閱讀——就同一個主題，閱讀許多不同的書時，你要做的又是什麼樣的筆記呢？同樣的，這樣的筆記也應該是概念性的。你在書中空白處所記下的頁碼不只是本書的頁碼，也會有其他幾本書的頁碼。

對一個已經熟練同時讀好幾本相同主題書籍的專業閱讀者來說，還有一個更高層次的記筆記的方法。那就是**針對一場討論情境的筆記**——這場討論是由許多作者所共同參與的，而且他們可能根本沒有覺察自己的參與。在第四篇我們會詳細討論這一點，我們喜歡稱這樣的筆記為**辯證筆記**（dialectical note-making）。因為這是從好多本書中摘要出來的，而不只是一本，因而通常需要用單獨的一張紙來記載。這時，我們會再用上概念的結構——就一個單一主題，把所有相關的陳述和疑問順序而列。我們會在第二十章時再回來討論這樣的筆記。

## 培養閱讀的習慣

所謂的藝術或技巧，只屬於那個能養成習慣，而且能依照規則來運作的人。這也是藝術家或任何領域的工匠與眾不同之處。

要養成習慣，除了不斷的運作練習之外，別無他法。這也就是我們通常所說的，從實際去做中學習到如何去做的道理。在你養成習慣的前後，最大的差異就在閱讀能力與速度的不同。經過練習後，同一件事，你會做得比剛開始時要好很多。這也就是俗話說的熟能生巧。一開始你做不好的事，慢慢就會得心應手，像是自然天生一樣。你好像生來就會做這件事，就跟你走路或吃飯一樣自然。這也是為什麼說習慣是第二天性的道理。

知道一項藝術的規則，跟養成習慣是不同的。我們談到一個有技術的人時，我們並不是在說他知道該如何去做那件事，而是他已經養成去做那件事的習慣了。當然，對於規則是否了解得夠清楚，是能不能擁有技巧的關鍵。如果你不知道規則是什麼，就根本不可能照規則來行事了。而你不能照規則來做，就不可能養成一種藝術，或任何技能的習慣。藝術就跟其他有規則可循的事一樣，是可以學習、運作的。就跟養成其他事情的習慣一樣，只要照著規則練習，就可以培養出習慣來。

順便一提，並不是每個人都清楚做一個藝術家是要照規則不斷練習的。人們會指著一個高原創性的畫作或雕塑說：「他不按規矩來。他的作品原創性非常高，這是前人從沒有做過的東西，根本沒有規矩可循。」其實這些人是沒有看出這個藝術家所遵循的規則而已。嚴格來說，對藝術家或雕塑家而言，世上並沒有最終的、不可打破的規則。但是準備畫布，混合顏料，運用顏料，壓模黏土或焊接鋼鐵，絕對是有規則要遵守的。畫家或雕塑家一定要依循這些規則，否則他就沒辦法完成他想要做的作品了。不論他最後的作品如何有原創性，不論他淘汰了多少傳統所知的「規則」，他都必須要有做出這樣成品的技巧。這就是我們在這裡所要談論的藝術——或是說技巧或手藝。

## 由許多規則中養成一個習慣

閱讀就像滑雪一樣，做得很好的時候，像一個專家在做的時候，滑雪跟閱讀一樣都是很優美又和諧的一種活動。但如果是一個新手上路，兩者都會是笨手笨腳、又慢又容易受挫的事。

學習滑雪是一個成人最難堪的學習經驗（這也是為什麼要趁年輕時就要學會）。畢竟，一個成人已經習慣於走路一段很長的時間。他知道要如何落腳，要如何一步一步往某個方向走。但是他一把雪橇架在腳上，就像他得重新學走路一樣。他摔倒又滑倒，跌倒了還很難站起來。等好不容易站起來，雪橇又打橫了，又跌倒了。他看起來——或感覺——自己就像個傻瓜。

就算一個專業的指導員，對一個剛上路的新手也一籌莫展。滑雪教練所滑出的優美動作是他口中所說的簡單動作，而對一個新學者來說不只是天方夜譚，還是近乎侮辱了。你要怎樣才能記住教練所說的每一個動作？屈膝，眼睛往下面的山丘看，重心向下，保持背部挺直，還得學著身體往前傾。要求似乎沒完沒了——你怎能記住這麼多事，同時還要滑雪呢？

當然，滑雪的重點在不該將所有的動作分開來想，而是要連貫在一起，平滑而穩定的轉動。你只要顧著往山下看，不管你會碰撞到什麼，也不要理會其他的同伴，享受冰涼的風吹在臉頰上，往山下滑行時身體流動的快感。換句話說，你一定要學會忘掉那些分開的步驟，才能表現出整體的動作，而每一個單一的步驟都還要確實表現得很好。但是，**為了要忘掉這些單一的動作，一開始你必須要先分別學會每一個單一的動作**。只有這樣，你才能將所有的動作連結起來，變成一個優秀的滑雪高手。

這就跟閱讀一樣，或許你已經閱讀了很長的一段時間，現在卻要一切重新開始，實在有點難堪。但是閱讀就跟滑雪一樣，除非你對每一個步驟都很熟練之後，你才能將所有不同的步驟連結起來，變成一個複雜卻和諧的動作。你無法壓縮其中不同的部分，好讓不同的步驟立刻緊密連結起來。你在做這件事時，每一個分開來的步驟都需要你全神貫注的去做。在你分別練習過這些分開來的步驟後，你不但能放下你的注意力，很有效地將每個步驟做好，還能將所有的動作結合起來，表現出一個整體的順暢行動。

這是學習一種複雜技巧的基本知識。我們會這麼說，僅僅是因為我們希望你知道學習閱讀，至少跟學習滑雪、打字或打網球一樣複雜。如果你能回想一下過去所學習的經驗，就比較能忍受一位提出一大堆閱讀規則的指導者了。

一個人只要學習過一種複雜的技巧，就會知道要學習一項新技巧，一開始的複雜過程是不足為懼的。也知道他用不著擔心這些個別的行動，因為只有當他精通這些個別的行動時，才能完成一個整體的行動。

規則的多樣化，意味著要養成一個習慣的複雜度，而非表示要形成許多個不同的習慣。在到達一個程度時，每個分開的動作自然會壓縮、連結起來，變成一個完整的動作。當所有相關動作都能相當自然地做出來時，你就已經養成做這件事的習慣了。然後你就能想一下如何掌握一個專家的動作，滑出一個你從沒滑過的動作，或是讀一本以前你覺得對自己來說很困難的書。一開始時，學習者只會注意到自己與那些分開來的動作。等所有分開的動作不再分離，漸漸融為一體時，學習者便能將注意力轉移到目標上，而他也具備了要達成目標的能力了。

我們希望在這幾頁中所說的話能給你一些鼓勵。要學習做一個很好的閱讀者並不容易。而且不單單只是閱讀，還是分析式的閱讀。那是非常複雜的閱讀技巧——比滑雪複雜多了。那更是一種心智的活動。一個初學滑雪的人必須要先考慮到身體的動作，之後他才能放下這些注意力，做出自然的動作。相對來說，考慮到身體的動作還是比較容易做到的。考慮到心智上的活動卻困難許多，尤其是在剛開始做分析閱讀時更是如此，因為他總是在想著自己的想法。大多數人都不習慣這樣的閱讀。雖然如此，但仍然是可以訓練出來的。而一旦學會了，你的閱讀技巧就會越來越好。

第二篇

# 閱讀的第三個層次：分析閱讀

# 第六章　一本書的分類

在本書的一開頭，我們就已經說過了，這些閱讀的規則適用於任何你必須讀或想要讀的讀物。然而，在說明分析閱讀，也就是這第二篇的內容中，我們卻似乎要忽略這個原則。我們所談的閱讀，就算不全是，也經常是只指「書」而言。為什麼呢？

答案很簡單。閱讀一整本書，特別是又長又困難的一本書，要面對的是一般讀者很難想像，極為艱困的問題。閱讀一篇短篇故事，總是比讀一本小說來得容易。閱讀一篇文章，總比讀一整本同一個主題的書籍來得輕鬆。但是如果你能讀一本史詩或小說，你就能讀一篇抒情詩或短篇故事。如果你能讀一本理論的書——一本歷史、哲學論述或科學理論——你就可以讀同一個領域中的一篇文章或摘要。

因此，我們現在要說的閱讀技巧，也可以應用在其他類型的讀物上。你要了解的是，當我們提到讀書的時候，所說明的閱讀規則也同樣適用於其他比較易於閱讀的資料。雖然這些規則程度不盡相當，應用在後者身上時，有時候作用不盡相同，但是只要你擁有這些技巧，懂得應用，總可以比較輕鬆。

## 書籍分類的重要性

分析閱讀的第一個規則可以這麼說：**規則一，你一定要知道自己在讀的是哪一類的書，而且要越早知道越好。最好早在你開始閱讀之前就先知道。**

譬如，你一定要知道，在讀的到底是虛構的作品——小說、戲劇、史詩、抒情詩——還是某種論說性的書籍？幾乎每個讀者在看到一本虛構的小說時都會認出來，所以就會認為要分辨這些並不困難——其實不然。像《波諾的怨言》（*Portnoy's Complaint*），是小說還是心理分析的論著？《裸體午餐》（*Naked Lunch*）是小說，還是反對藥物氾濫的勸導手冊，像那些描述酒精的可怕，以幫助讀者戒酒之類的書？《飄》（*Gone with the Wind*）是愛情小說，還是美國內戰時期的南方歷史？《大街》（*Main Street*）與《憤怒的葡萄》（*The Grapes of Wrath*），一本都會經驗，一本農村生活，到底是純文學，還是社會學的論著？

當然，這些書都是小說，在暢銷書排行榜上，都是排在小說類的。但是問這些問題並不荒謬。光是憑書名，像《大街》或《憤怒的葡萄》，很難猜出其中寫的是小說，還是社會科學論述。在當代的許多小說中，有太多社會科學的觀點，而社會科學的論著中也有很多小說的影子，實在很難將二者區別開來。但是還有另一些科學——譬如物理及化學——出現在像是科幻小說《天外病菌》（*The Andromeda Strain*），或是羅伯特・海萊因（Robert Heinlein）、亞瑟・克拉克（Arthur C. Clarke）的書中。而像是《宇宙與愛因斯坦》（*The Universe and Dr. Einstein*）這本書，明明不是小說，卻幾乎跟有「可讀性」的小說一模一樣。或許就像福克納（William Faulkner）所說的，這樣的書比其他的小說還更有可讀性。

一本論說性的書主要的目的是在傳達知識。「知識」在這樣的書中被廣泛的解說著。任何一本書，如果主要內容是由一些觀點、理論、假設、推斷所組成，並且作者多少表示了這些主張是有根據的、有道理的，那這種傳達知識的書，就是一本論說性（expository）的書。就跟小說一樣，大多數人看到論說性的書也一眼就能辨識出來。然而，就像要分辨小說與非小說很困難一樣，要區別出如此多樣化的論說性書籍也並非易事。我們要知道的不只是那一類的書是帶給我們指導，還要知道是用什麼方法指導。歷史類的書與哲學類的書，所提供的知識與啟發方式就截然不同。在物理學或倫理學上，處理同一個問題的方法可能也不盡相同。更別提各個不同作者在處理這麼多不同問題時所應用的各種不同方法了。

因此，分析閱讀的第一個規則，雖然適用於所有的書籍，卻特別適合用來閱讀非小說、論說性的書。你要如何運用這個規則呢？尤其是這個規則的最後那句話？

之前我們已經建議過，一開始時，你要先檢視這本書——用檢視閱讀先瀏覽一遍。你讀讀書名、副標題、目錄，然後最少要看看作者的序言、摘要介紹及索引。如果這本書有書衣，要看看出版者的宣傳文案。這些都是作者在向你傳遞訊號，讓你知道風朝哪個方向吹。如果你不肯停、看、聽，那也不是他的錯。

## 從一本書名中你能學到什麼

對於作者所提出的訊號視而不見的讀者，比你想像中還要多得多。我們跟學生在一起，就已經一再感覺如此了。我們問他們這本書在說些什麼？我們要他們用最簡單的通常用語，告訴我們這本書是哪一類的書。這是很好的，也是要開始討論一本書幾乎必要的方式。但是，我們的問題，卻總是很難得到任何答案。

我們舉一兩個這種讓人困擾的例子吧！一八五九年，達爾文（Charles Darwin）出版了一本很有名的書。一個世紀之後，所有的英語國家都在慶賀這本書的誕生。這本書引起無止境的爭論，不論是從中學到一點東西，還是沒學到多少東西的評論者，一致肯定其影響力。這本書談論的是人類的進化，書名中有個「種」（species）字。到底這個書名在說些什麼？

或許你會說那是《物種起源》（*The Origin of Species*），這樣說你就對了。但是你也可能不會這樣說，你可能會說那是《人種起源》（*The Origin of the Species*）。最近我們問了一些年紀在二十五歲左右，受過良好教育的年輕人，到底達爾文寫的是哪一本書，結果有一半以上的人說是《人種起源》。會出這樣的錯是很明顯的，他們可能從來沒有讀過那本書，只是猜想那是一本談論人類種族起源的書。事實上，這本書跟這個主題只有一點點關聯，甚至與此毫無關係。達爾文是在後來才又寫了一本與此有關的書《人類始祖》（*The Descent of Man*）。《物種起源》，就像書名所說的一樣，書中談的是自然世界中，大量的植物、動物一開始是從少量的族群繁衍出來的，因此他聲明了「物競天擇」的原理。我們會指出這個普遍的錯誤，是因為許多人以為他們知道這本書的書名，而事實上只有少之又少的人真的用心讀過書名，也想過其中的含義。

再舉一個例子。在這個例子中，我們不要你記住書名，但去想想其中的含意。吉朋寫了一本很有名的書，而且還出名的長，是一本有關羅馬帝國的書，他稱這本書為《羅馬帝國衰亡史》。幾乎每個人拿到那本書都會認得這個書名，還有很多人即使沒看到書，也知道這個書名。事實上，「衰亡」已經變成一個家喻戶曉的用語了。雖然如此，當我們問到同樣一批二十五歲左右，受過良好教育的年輕人，為什麼第一章要叫做：〈安東尼時代的帝國版圖與武力〉時，他們卻毫無頭緒。他們並沒有看出來整本書的書名既然叫作「衰亡史」，敘事者當然就應該從羅馬帝國極盛時期開始寫，一直到帝國衰亡為止。他們無意識地將「衰亡」兩個字轉換成「興亡」了。他們很困惑於書中並沒有提到羅馬共和國，那個在安東尼之前一個半世紀就結束的時代。如果他們將標題看清楚一點，就算以前不知道，他們也可以推斷安東尼時代就是羅馬帝國的顛峰時期。閱讀書名，換句話說，可以讓閱讀者在開始閱讀之前，獲得一些基本的資訊。但是他們不這麼做，甚至更多人連不太熟悉的書也不肯看一下書名。

許多人會忽略書名或序言的原因之一是，他們認為要將手邊閱讀的這本書做分類是毫無必要的。他們並沒有跟著分析閱讀的第一個規則走。如果他們試著跟隨這個規則，那就會很感激作者的幫忙。顯然，作者認為，讓讀者知道他在寫的是哪一類的書是很重要的。這也是為什麼他會花那麼多精神，不怕麻煩地在前言中做說明，通常也試著想要讓他的書名——至少副標題——是讓人能理解的。因此，愛因斯坦與英費爾德（Infeld）在他們所寫的《物理之演進》（*The Evolution of Physics*）一書的前言中告訴讀者，他們寫的是一本「科學的書，雖然很受歡迎，但卻不能用讀小說的方法來讀」。他們還列出內容的分析表，提醒讀者進一步了解他們概念中的細節。總之，列在一本書前面那些章節的標題，可以進一步放大書名的意義。

如果讀者忽略了這一切，卻答不出「這是一本什麼樣的書」的問題，那他只該責怪自己了。事實上，他只會變得越來越困惑。如果他不能回答這個問題，如果他從沒問過自己這個問題，他根本就不可能回答隨之而來的，關於這本書的其他問題。

閱讀書名很重要，但還不夠。除非你能在心中有一個分類的標準，否則世上再清楚的書名，再詳盡的目錄、前言，對你也沒什麼幫助。

如果你不知道心理學與幾何學都是科學，或者，如果你不知道這兩本書書名上的「原理」與「原則」是大致相同的意思（雖然一般而言不盡相同），你就不知道歐幾里得（Euclid）的《幾何原理》（*Elements of Geometry*）與威廉・詹姆斯（William James）的《心理學原則》（*Principles of Psychology*）是屬於同一種類的書——此外，除非你知道這兩本書是不同類型的科學，否則就也無法進一步區分其間的差異性。相同的，以亞里斯多德的《政治學》（*The Politics*）與亞當・史密斯的《國富論》為例，除非你了解一個現實的問題是什麼，以及到底有多少不同的現實問題，否則你就無法說出這兩本書相似與相異之處。

書名有時會讓書籍的分類變得比較容易一些。任何人都會知道歐幾里得的《幾何原理》、笛卡兒的《幾何學》（*Geometry*）與希伯特（Hilbert）的《基礎幾何》（*Foundations of Geometry*）都是數學的書，彼此多少和同一個主題相關。但這不是百試百中。光是從書名，也可能並不容易看出過古斯汀的《上帝之城》（*The City of God*）、霍布斯的《利維坦》（*Leviathan*）與盧梭的《社約論》（*Social Contract*）都是政治的論述——雖然，如果仔細地閱讀這三本書的章名，會發現一些它們都想探討的共同問題。

再強調一次，光是將書籍分類到某一個種類中還是不夠的。要跟隨第一個閱讀步驟，你一定要知道這個種類的書到底是在談些什麼？書名不會告訴你，前言等等也不會說明，有時甚至整本書都說不清楚，只有當你自己心中有一個分類的標準，你才能做明智的判斷。換句話說，如果你想簡單明白地運用這個規則，那就必須先使這個規則更簡單明白一些。只有當你在不同的書籍之間能找出區別，並且定出一些合理又經得起時間考驗的分類時，這個規則才會更簡單明白一些。

我們已經粗略地談過書籍的分類了。我們說過，主要的分類法，一種是虛構的小說類，另一種是傳達知識、說明性的論說類。在論說性的書籍中，我們可以更進一步將歷史從哲學中分類出來，也可以將這二者從科學與數學中區分出來。

到目前為止，我們都說得很清楚。這是一個相當清楚的書籍分類法，大多數人只要想一想這個分類法，就能把大多數書都做出適當的分類了。但是，並不是所有的書都可以。

問題在我們還沒有一個分類的原則。在接下來更高層次的閱讀中，我們會談更多有關分類的原則。現在，我們要確定的是一個基本的分類原則，這個原則適用於所有的論說性作品。這也就是用來區分理論性與實用性作品的原則。

## 實用性 vs. 理論性作品

所有的人都會使用「實用」跟「理論」這兩個字眼，但並不是每個人都說得出到底是什麼意思——像那種既現實又堅決的人，當然就更如此，他們最不信任的就是理論家，特別是政府裡的理論家。對這樣的人來說，「理論」意味著空想或不可思議，而「實用」代表著某種有效的東西，可以立即換成金錢回來。這裡面確實有一些道理。實用是與某種有效的做法有關，不管是立即或長程的功效。而理論所關注的卻是去明白或了解某件事。如果我們仔細想想這裡所提出來的粗略的道理，就會明白知識與行動之間的區別，正是作者心目中可能有的兩種不同的概念。

但是，你可能會問，我們在看論說性的作品時，不就是在接受知識的傳遞嗎？這樣怎麼會有行動可言？答案是，當然有，明智的行動就是來自知識。知識可以用在許多方面，不只是控制自然，發明有用的機器或工具，還可以指導人類的行為，在多種技術領域中校正人類的運作技巧。這裡我們要舉的例子是純科學與應用科學的區別，或是像通常非常粗糙的那種說法，也就是科學與科技之間的區別。

有些書或有些老師，只對他們要傳達的知識本身感興趣。這並不是說他們否定知識的實用性，或是他們堅持只該為知識而知識。他們只是將自己限制在某一種溝通或教學方式中，而讓其他人去用別的方式。其他這些人的興趣則在追求知識本身以外的事上，他們關切的是那些知識能幫忙解決的人生問題。他們也傳遞知識，但永遠帶著一種強調知識的實際應用的觀點。

要讓知識變成實用，就要有操作的規則。我們一定要超越「**知道這是怎麼回事**」，進而明白「**如果我們想做些什麼，應該怎麼利用它**」。概括來說，這也就是知與行的區別。理論性的作品是在教你這是什麼，實用性的作品在教你如何去做你想要做的事，或你認為應該做的事。

本書是實用的書，而不是理論的書。任何一本指南類的書都是實用的。任何一本書告訴你要該做什麼，或如何去做，都是實用的書。因此，你可以看出來，所有說明某種藝術的學習技巧，任何一個領域的實用手冊，像是工程、醫藥或烹飪，或所有便於分類為「教導性」（moral）的深奧論述，如經濟、倫理或政治問題的書，都是實用的書。我們在後面會說明為什麼這類書，一般稱作「規範性」（normative）的書，會在實用類的書中做一個很特別的歸類。

或許沒有人會質疑我們將藝術的學習技巧，或實用手冊、規則之類的書歸類為論說性的書籍。但是我們前面提過那種現實型的人，可能會反對我們將倫理、或經濟類的書也歸類為實用的書。他會說那樣的書並不實用，因為書中所說的並沒有道理，或者行不通。

事實上，就算一本經濟的書沒有道理，是本壞書，也不影響這一點。嚴格來說，任何一本教我們如何過生活，該做什麼，不該做什麼，同時說明做了會有什麼獎賞，不做會有什麼懲罰的倫理的書，不論我們是否同意他的結論，都得認定這是一本實用的書。（有些現代的社會學研究只提供人類的行為觀察，而不加以批判，既非倫理也無關實用，那就是理論型的書——科學作品。）

在經濟學中也有同樣的狀況。經濟行為的研究報告，數據分析研究，這類工作是理論性的，而非實用的。除此之外，一些通常教導我們如何認知經濟生活環境（個別的或社會整體的），教導我們該做不該做的事，如果不做會有什麼懲罰等，則是實用的書。再強調一次，我們可能不同意作者的說法，但是我們的不同意，並不能將這類書改變為非實用的書。

康德寫了兩本有名的哲學著作，一本是《純粹理性批判》（*The Critique of Pure Reason*），另一本是《實踐理性批判》（*The Critique of Practical Reason*）。第一本是關於知，我們何以知（不是指如何知，而是我們為何就是知），以及什麼是我們能知與不能知的事。這是一本精彩絕倫的理論性書籍。《實踐理性批判》則是關於一個人應該如何自我管理，而哪些是對的、有道德的品行。這本書特別強調責任是所有正確行為的基礎，而他所強調的正是現代許多讀者所唾棄的想法。他們甚至會說，如果相信責任在今天仍然是有用的道德觀念，那是「不實際的」想法。當然，他們的意思是，從他們看來，康德的基本企圖就是錯誤的。但是從我們的定義來看，這並不有損於這是一本實用的書。

除了實用手冊與（廣義的）道德論述之外，另一種實用型的作品也要提一下。任何一種演說，不論是政治演說或道德規勸，都是想告訴你該做些什麼，或你該對什麼事有什麼樣的反應。任何人就任何一個題目寫得十分實用的時候，都不只是想要給你一些建議，而且還想說服你跟隨他的建議。因此在每一種道德論述的文字中，都包含了雄辯或規勸的成分。這樣的狀況也出現在教導某種藝術的書本中，如本書便是。因此，除了想要教你如何讀得更好之外，我們試著，也將一直繼續嘗試說服你做這樣的努力。

雖然實用的書都是滔滔雄辯又忠告勉勵，但是滔滔雄辯又忠告勉勵的書卻不見得都實用。政治演說與政治論文大有不同，而經濟宣傳文告與經濟問題的分析也大有出入。《共產主義宣言》（*The Communist Manifesto*）是一篇滔滔雄辯，但馬克思的《資本論》（*Capital*）卻遠不止於此。

有時你可以從書名中看出一本書是不是實用的。如果標題有「……的技巧」或「如何……」之類的字眼，你就可以馬上歸類。如果書名的領域你知道是實用的，像是倫理或政治，工程或商業，還有一些經濟、法律、醫學的書，你都可以相當容易地歸類。

書名有時能告訴你的資訊還不止於此。洛克（John Locke）寫了兩本書名很相近的書：《論人類悟性》（*An Essay Concerning Human Understanding*）及《論文明政府的起源、擴張與終點》（*A Treatise Concerning the Origin, Extent, and End of Civil Government*），哪一本是理論的，哪一本又是實用的書呢？

從書名，我們可以推論說第一本是理論的書，因為任何分析討論的書都是理論的書，第二本則是實用的書，因為政府的問題就是他們的實際問題。但是運用我們所建議的檢視閱讀，一個人可以超越書名來做判斷。洛克為《論人類悟性》寫了一篇前言介紹，說明他企圖探索的是「人類知識的起源、真理與極限」，和另一本書的前言很相似，卻有一個重要的不同點。在第一本書中，洛克關心的是知識的確實性或有效性，另一本書所關心的卻是政府的終點或目的。質疑某件事的有效性是理論，而質疑任何事的目的，卻是實用。

在說明檢視閱讀的藝術時，我們提醒過你在讀完前言或索引之後，不要停下來，要看看書中的重點摘要部分。此外也要看看這本書的開頭跟結尾，以及主要的內容。

有時候，從書名或前言等還是無法分辨出一本書的類型時，就很必要從一本書的主要內容來觀察。這時候，你得倚賴在主體內文中所能發現的蛛絲馬跡。只要注意內容的文字，同時將分類的基本條件放在心中，你不必讀太多就應該能區分出這是哪一類的書了。

一本實用的書會很快就顯露它的特質，因為它經常會出現「應該」和「應當」、「好」和「壞」、「結果」和「意義」之類的字眼。實用書所用到的典型陳述，是某件事應該做完（或做到）；這樣做（或製造）某個東西是對的；這樣做會比那樣做的結果好；這樣選擇要比那樣好，等等。相反的，理論型的作品卻常常說「是」，沒有「應該」或「應當」之類的字眼。那是在表示某件事是真實的，這些就是事實，不會說怎樣換一個樣子更好，或者按照這個方法會讓事情變得更好等等。

在談論有關理論性書籍的話題之前，讓我們先提醒你，那些問題並不像你分辨該喝咖啡或牛奶那樣簡單。我們只不過提供了一些線索，讓你能開始分辨。等你對理論與實用的書之區別懂得越多，你就越能運用這些線索了。

首先，你要學習去懷疑一切。在書籍分類上，你要有懷疑心。我們強調過經濟學的書基本上通常是實用性的書，但仍然有些經濟學的書是純理論的。同樣的，雖然談理解力的書基本上通常是理論性的書，仍然有些書（大部分都很恐怖）卻要教你「如何思想」。你也會發現很多作者分不清理論與實用的區別，就像一個小說家搞不清楚什麼是虛構故事，什麼是社會學。你也會發現一本書有一部分是這一類，另一部分卻是別一類，史賓諾莎的《倫理學》（*Ethics*）就是這樣。然而，這些都在提醒你身為一個讀者的優勢，透過這個優勢，你可以發現作者是如何面對他要處理的問題。

## 理論性作品的分類

照傳統的分法，理論性的作品會被分類為歷史、科學和哲學等等。所有的人都約略知道其間的差異性。但是，如果你要做更仔細的劃分與更精確的區隔時，困難就來了。此刻，我們先避過這樣的危險，做一個大略的說明吧。

以歷史書來說，秘訣就在書名。如果書名中沒有出現「歷史」兩個字，其他的前言等等也會告訴我們這本書所談的東西是發生在過去——不一定是遠古時代，當然，也很可能是發生在昨天的事。歷史的本質就是口述的故事。歷史是某個特殊事件的知識，不只存在於過去，而且還歷經時代的不同有一連串的演變。歷史家在描述歷史時，通常會帶有個人色彩——個人的評論、觀察或意見。

歷史就是紀事（Chronotopic）。在希臘文中，chronos 的意思是時間，topos 的意思是地點。歷史就是在處理一些發生在特定時間、特定地點的真實事件。「紀事」這兩個字就是要提醒你這一點。

科學則不會太在意過去的事，它所面對的是可能發生在任何時間、地點的事。科學家尋求的是定律或通則。他要知道在所有的情況或大多的情況中，事情是如何發生的，而不像歷史學家要知道為什麼某個特定的事件，會發生在過去某個特定的時間與地點。

科學類的書名所透露的訊息，通常比歷史類的書要少。有時會出現「科學」兩個字，但大部分出現的是心理學、幾何學或物理學之類的字眼。我們必須要知道這本書所談論的主題是哪一類的，像幾何學當然就是科學，而形上學就是哲學的。問題在很多內容並不是一清二楚的，在很多時候，許多科學家與哲學家都將物理學與心理學納入自己研究的範圍。碰到「哲學」與「科學」這兩個詞時，麻煩就會出現了，因為他們已經被運用得太廣泛了。亞里斯多德稱自己的作品《物理學》（*Physics*）是科學論述，但如果以目前的用法，我們該歸類為哲學類。牛頓將自己偉大的作品定名為《自然哲學的數學原理》（*Mathematical Principles of Natural Philosophy*），而我們卻認為是科學上的偉大著作。

哲學比較像科學，不像歷史，追求的是一般的真理，而非發生在過去的特定事件，不管那個過去是近代或較遠的年代。但是哲學家所提出的問題跟科學家又不一樣，解決問題的方法也不相同。

既然書名或前言之類的東西並不能幫助我們確定一本書是哲學或科學的書，那我們該怎麼辨？有一個判斷依據我們認為永遠有效，不過你可能要把一本書的內容讀了相當多之後才能應用。如果一本理論的書所強調的內容，超乎你日常、例行、正常生活的經驗，那就是科學的書。否則就是一本哲學的書。

這樣的區別可能會讓你很驚訝。讓我們說明一下。（記住，這只適用於科學或哲學的書，而不適用於其他類型的書。）伽利略的《兩種新科學》（*Two New Sciences*）要你發揮想像力，或在實驗室中以斜面重複某種實驗。牛頓的《光學》（*Opticks*）則提到以稜鏡、鏡面與特殊控制的光線，在暗室中做實驗。這些作者所提到的特殊經驗，可能並不是他們自己真的在實驗室中完成的。達爾文所寫的《物種起源》是他自己經過多年實地觀察才得到的報告。雖然這些事實可以，也已經由其他的觀察家在做過同樣的努力之後所證實，但卻不是一般人在日常生活中所能查證的。

相對的，哲學家所提出來的事實或觀察，不會超越一般人的生活經驗。一個哲學家對讀者所提及的事，都是自己正常及普通的經驗，以證明或支持他所說的話。因此，洛克的《論人類悟性》是心理學中的哲學作品。而佛洛伊德的作品卻是科學的。洛克所討論的重點都來自我們生活中所體驗的心路歷程，而佛洛伊德提出的卻是報告他在精神分析診所中所觀察到的臨床經驗。

另一個偉大的心理學家，威廉・詹姆斯，採取的是有趣的中間路線。他提出許多細節，只有受過訓練的細心專家才會注意到，但他也常向讀者查證，由他們自己的經驗來看，他的理論是否正確。所以詹姆斯的作品《心理學原則》是科學也是哲學的，雖然基本上仍然以科學為主。

如果我們說科學家是以實驗為基礎，或仰賴精確的觀察研究，而哲學家只是坐在搖椅上的思考者，大部分人都能接受這樣的差異比較，不會有什麼意見。這種對比的說法，應該不致令人不快。確實有某些問題，非常重要的問題，一個懂得如何利用人類共通經驗來思考的人，可以坐在搖椅上就想出解決的方案。也有些其他的問題，卻絕不是坐在搖椅中思考就能解決的。要解決那樣的問題必須要做研究調查——在實驗室中做實驗或做實地考察——要超越一般例行的生活經驗才行。在這樣的情況中，特殊的經驗是必要的。

這並不是說哲學家就是純粹的思考者，而科學家只是個觀察者。他們都同樣需要思考與觀察，只是他們會就不同的觀察結果來思考。不論他們如何獲得自己想要證明的結論，他們證明的方法就是各不相同：科學家會從他特殊經驗的結果做舉證，哲學家卻會以人類的共通性做例證。

哲學或科學的書中，經常會出現這種方法的差異性，而這也會讓你明白你在讀的是什麼樣的書。如果你能把書中所提到的經驗類別當作了解內容的條件，那麼你就會明白這本書是哲學或科學的作品了。

明白這一點是很重要的。因為哲學家與科學家除了所依賴的經驗不同之外，他們思考的方式也並不全然相同。他們論證問題的方式也不同。你一定要有能力在這些不同種類的論證中，看得出是哪些關鍵的詞目或命題構成了其間的差異——這裡我們談得有點遠了。

在歷史書方面的狀況也類似。歷史學家的說法跟科學家、哲學家也不相同。歷史學家論證的方式不同，說明事實的方式也不一樣。何況典型的歷史書都是以說故事的形態出現。不管說的是事實或小說，說故事就是說故事。歷史學家的文詞必須要優美動人，也就是說他要遵守說一個好故事的規則。因此，無論洛克的《論人類悟性》或牛頓的《自然哲學的數學原理》有多傑出偉大，卻都不是很好的故事書。

你可能會抗議我們對書籍的分類談得太瑣碎了，至少，對一個還沒開始讀的人來說太多了。這些事真的有那麼重要嗎？

為了要消除你的抗議，我們要請你想一件事情。如果你走進一間教室，老師正在講課或指導學生，你會很快的發現這間教室是在上歷史、科學或哲學課。這跟老師講課的方式有關，他使用的詞句，討論的方式，提出的問題，期望學生做出的答案，都會表現出他隸屬的是哪個學科。如果你想繼續很明白地聽下去，先了解這一點是很重要的。

簡單來說，不同的課程有不同的教法，任何一個老師都知道這一點。因為課程與教法的不同，哲學老師會覺得以前沒有被其他哲學老師教過的學生比較好教，而科學老師卻會希望學生已經被其他科學老師有所訓練過。諸如此類。

就像不同的學科有不同的教法一樣，不同的課程也有不同的學習方法。學生對老師的教法，多少要有一些相對的回應。書本與閱讀者之間的關係，跟老師和學生之間的關係是相同的。因此，既然書本所要傳達給我們的知識不同，對我們的指導方式也會不同。如果我們要跟隨這些書本的指導，那就應該學習以適當的態度來閱讀不同的書。

# 第七章 透視一本書

每一本書的封面之下都有一套自己的骨架。做為一個分析閱讀的讀者，你的責任就是要找出這個骨架。

一本書出現在你面前時，肌肉包著骨頭，衣服裹著肌肉，可說是盛裝而來。你用不著揭開它的外衣，或是撕去它的肌肉，才能得到在柔軟表皮下的那套骨架。但是你一定要用一雙X光般的透視眼來看這本書，因為那是你了解一本書，掌握其骨架的基礎。

知道掌握一本書的架構是絕對需要的，這能帶引你發現閱讀任何一本書的第二及第三個規則。我們說的是「任何一本書」。這些規則適用於詩集，也適用於科學書籍，或任何一種論說性作品。當然，根據書本的不同，這些規則在應用時會各不相同。一本小說和一本政治論述的書，整體結構不同，組成的篇章不同，次序也不同。但是，任何一本值得讀的書，都會有一個整體性與組織架構。否則這本書會顯得亂七八糟，根本沒法閱讀。而爛書就是如此。

我們會盡量簡單地敘述這兩個規則。然後我們會加以說明及解釋。

分析閱讀的第二個規則是：**使用一個單一的句子，或最多幾句話（一小段文字）來敘述整本書的內容。**

這就是說你要盡量簡短地說出整本書的內容是什麼。說出整本書在幹什麼，跟說出這本書是什麼類型是不同的（這在規則一已經說明過了）。「幹什麼」這個字眼可能會引起誤解。從某一方面來說，每一本書都有一個「幹什麼」的主題，整本書就是針對這個主題而展開。如果你知道了，就明白了這是什麼樣的書。但「幹什麼」還有另一個層面的意思，就是更口語化的意義。我們會問一個人是幹什麼的，他想做什麼等等。所以，我們也可以揣測一個作者想要幹什麼，想要做什麼。找出一本書在幹什麼，也就是在發現這本書的主題或重點。

一本書是一個藝術作品。（我們又要提醒你了，不要將「藝術」想得太狹隘。我們不想也不只是在強調「純藝術」。一本書是一個有特別技巧的人所做的成品，他創作的就是書，而其中一本我們正在這裡受益。）就一本書就是一件藝術品的立場來說，書除了要外觀的精緻之外，相對應地，還要有更接近完美、更具有滲透力的整體內容。這個道理適用於音樂或美術，小說或戲劇，傳遞知識的書當然也不例外。

對於「整體內容」這件事，光是一個模糊的認知是不夠的，你必須要確切清楚地了解才行。只有一個方法能知道你是否成功了。你必須要能用幾句話，告訴你自己，或別人，這整本書在說的是什麼。（如果你要說的話太多，表示你還沒有將整體的內容看清楚，而只是看到了多樣的內容。）不要滿足於「感覺上的整體」，自己卻說不出口。如果一個閱讀者說：「我知道這本書在談什麼，但是我說不出來。」應該是連自己也騙不過的。

第三個規則可以說成是：**將書中重要篇章列舉出來，說明它們如何按照順序組成一個整體的架構。**

這個規則的理由很明顯。如果一個藝術作品絕對簡單，當然可能沒有任何組成的部分。但這從來就不可能存在。人類所知的物質，或人類的產品中，沒有一樣是絕對簡單的。所有的東西都是複雜的組合體。當你看一個整體組成複雜的東西的時候，如果只看出它「怎樣呈現一體」的面貌，那是還沒有掌握精髓。你必須還要明白它「怎樣呈現多個」的面貌——但不是各自為政，互不相干的「多個」，而是互相融合成有機體的「多個」。如果組成的各個部分之間沒有有機的關聯，一定不會形成一個整體。說得嚴格一點，根本不會有整體，只是一個集合體而已。

這就像是一堆磚頭，跟一棟由磚頭建造起來的房子是有區別的。而一棟單一的房子，與一整組的房子也不相同。一本書就像一棟單一的房子。那是一棟大廈，擁有許多房間，每層樓也都有房間，有不同的尺寸與形狀，不同的外觀，不同的用途。這些房間是獨立的、分離的。每個房間都有自己的架構與裝潢設計，但卻不是完全獨立與分離的。這些房間是用門、拱門、走廊、樓梯串聯起來的，也就是建築師所謂的「動線」（traffic pattern）架構。因為這些架構是彼此連結的，因此每個部分在整體的使用功能上都要貢獻出一己的力量。否則，這棟房子便是不適於居住的。

這樣的比喻簡直是接近完美了。一本好書，就像一棟好房子，每個部分都要很有秩序地排列起來。每個重要部分都要有一定的獨立性。就像我們看到的，每個單一部分有自己的室內架構，裝潢的方式也可能跟其他部分不同。但是卻一定要跟其他部分連接起來——這是與功能相關——否則這個部分便無法對整體的智能架構做出任何貢獻了。

就像一棟房子多少可以居住一樣，一本書多少也可以閱讀一下。可讀性最高的作品是作者達到了建築學上最完整的整體架構。最好的書都有最睿智的架構。雖然他們通常比一些差一點的書要複雜一些，但他們的複雜也是一種單純，因為他們的各個部分都組織得更完善，也更統一。

這也是為什麼最好的書，也是可讀性最高的書的理由之一。比較次級的作品，在閱讀時真的會有一些比較多的困擾。但是要讀好這些書——就它們原本所值得的程度讀好——你就要從中找出它們的規劃，當初如果這些作者自己把規劃弄得更清楚一些，這些書都可能再更好一些。但只要大致還可以，只要內容不僅是集合體，還夠得上是某種程度的整體組合，那其中就必然有一個架構規劃，而你一定要找出來才行。

## 結構與規劃：敘述整本書的大意

讓我們回到第二個規則，也就是要你說出整本書的大意。對這個規則的運用再做一些說明，或許能幫助你確實用上這個技巧。

讓我們從最出名的一個例子來說吧！你在學校大概聽過荷馬的《奧德賽》（*Odyssey*）。就算沒有，你一定也聽過奧德賽——或尤利西斯，羅馬人這麼叫他——的故事。這個男人在特洛伊圍城之戰之後，花了十年時間才回到家鄉，卻發現忠心的妻子潘妮拉被一些追求者包圍著。就像荷馬所說的，這是一個精緻而複雜的故事，充滿了興奮刺激的海上、陸上冒險，有各種不同的插曲與複雜的情節。但整個故事仍然是一個整體，一個主要的情節牽扯著所有的事情連結在一起。

亞里斯多德在他的《詩學》（*Poetics*）中，堅稱這是非常好的故事、小說或戲劇的典範。為了支持他的觀點，他說他可以用幾句話將《奧德賽》的精華摘要出來：

某個男人離家多年。海神嫉妒他，讓他一路嘗盡孤獨和悲傷。在這同時，他的家鄉也瀕臨險境。一些企圖染指他妻子的人盡情揮霍他的財富，對付他的兒子。最後在暴風雨中，他回來了，他讓少數幾個人認出他，然後親手攻擊那些居心不良的人，摧毀了他們之後，一切又重新回到他手中。

「這個，」亞里斯多德說：「就是情節的真正主幹，其他的都是插曲。」

你用這樣的方式來了解一個故事之後，透過整體調性統一的敘述，就能將不同的情節部分放入正確的位置了。你可能會發現這是很好的練習，可以用來重新看你以前看過的小說。找一些好書來看，像是費爾汀（Fielding）的《湯姆瓊斯》（*Tom Jones*）、杜思妥也夫斯基（Dostoevsky）的《罪與罰》（*Crime and Punishment*）或喬艾斯（Joyce）的現代版《尤利西斯》（*Ulysses*）等。以《湯姆瓊斯》的情節為例，可以簡化為一個熟悉的公式：男孩遇到女孩，男孩失掉女孩，男孩又得到女孩。這真的是每一個羅曼史的情節。認清這一點，也就是要明白，為什麼所有的故事情節不過那幾個的道理。同樣的基本情節，一位作者寫出來的是好故事或壞故事，端看他如何妝點這副骨架。

你用不著光靠自己來發掘故事的情節。作者通常會幫助你。有時候，光讀書名就好了。在十八世紀，作者習慣列出詳細的書名，告訴讀者整本書在說些什麼。傑瑞米・柯瑞爾（Jeremy Collier），一位英國的牧師，用了這樣一個書名來攻擊王權復興時期的戲劇之猥褻——或許我們該說是色情——《英國戲劇的不道德與褻瀆之一瞥——從古典的觀點來探討》（*A Short View of the Immorality and Profaneness of the English Stage, together with the Sense of Antiquity upon this Argument*）。比起今天許多人的習慣性反應，他的抨擊倒真的是學養甚佳。從這個書名你可以想像得出來，柯瑞爾一定在書中引述了許多惡名昭彰的不道德的例子，而且從古人的爭論當中找出許多例子來支持他的觀點。譬如柏拉圖說的，舞台使年輕人腐敗墮落；或是早期教會裡的神父所說的，戲劇是肉體與魔鬼的誘惑。

有時候作者會在前言說明他整體內容的設計。就這一點而言，論說性的書籍不同於小說。一位科學或哲學的作者沒有理由讓你摸不著頭腦。事實上，他讓你的疑慮減到越少，你就會越樂意繼續努力閱讀他的思想。就像報紙上的新聞報導一樣，論說性的書開宗明義就會將要點寫在第一段文字中。

如果作者提供幫助，不要因為太驕傲而拒絕。但是，也不要完全依賴他在前言中所說的話。一個作者最好的計畫，就像人或老鼠經常在做的計畫一樣，常常會出錯。你可以藉著作者對內容提示的指引來讀，但永遠要記得，最後找出一個架構是讀者的責任，就跟當初作者有責任自己設定一個架構一樣。只有當你讀完整本書時，才能誠實地放下這個責任。

希羅多德（Herodotus）所寫有關希臘民族與波斯民族戰爭的《歷史》中，有一段引言介紹，可說是相當精華的摘要：

> 這本書是希羅多德所做的研究。他出版這本書是希望提醒人們，前人所做的事情，以免希臘人與巴比倫人偉大的事跡失去了應得的光榮，此外還記錄下他們在這些夙怨中的領土狀態。

對一個讀者來說，這是很棒的開頭，簡要地告訴了你整本書要說的是什麼。

但是你最好不要就停在那裡。在你讀完希羅多德九個部分的歷史之後，你很可能會發現這段說明需要再豐富一些，才能把全書的精神呈現出來。你可能想要再提一下那些波斯國王——西魯士（Cyrus）、大流士（Darius）與薛西斯（Xerxes），以地米斯托克利（Themistocles）為代表的那些希臘英雄，以及許多動人心魄的事件，諸如赫勒斯滂（Hellespont）海峽之橫越，還有像溫泉關之役（Thermopylae）及撒拉密斯之役（Salamis）那些戰役。

其他所有精采絕倫的細節，都是希羅多德為了烘托他的高潮而給你準備的，在你的結構大綱中，大可刪去。注意，在這裡，整個歷史才是貫穿全體的主要脈絡，這跟小說有點相像。既然關心的是整體的問題，在閱讀歷史時跟小說一樣，閱讀的規則在探索的都是同樣的答案。

還要再補充一些說明。讓我們以一本實用的書做例子。亞里斯多德的《倫理學》可以簡述為：

> 這本書是在探索人類快樂的本質，分析在何種狀態下，人類會獲得或失去快樂，並說明在行為與思想上該如何去做，才能變得快樂或避免不幸。雖然其他美好的事物也被認可為幸福快樂的必要條件，像是財富、健康、友誼與生活在公正的社會中，但原則上還是強調以培養道德與心智上的善行為主。

另一本實用的作品是亞當・史密斯的《國富論》。一開始，作者就寫了一篇「本書計畫」的聲明來幫助讀者。但這篇文章有好幾頁長。整體來說可以縮簡為以下的篇幅：

本書在探討國家財富的資源。任何一個以勞力分工為主的經濟體制，都要考慮到新資的給付，資本利潤的回收，積欠地主的租金等關係，這些就是物品價格的基本因素。本書討論到如何更多元化的有效運用資本，並從金錢的起源與使用，談到累積資本及使用資本。本書藉著檢驗不同國家在不同狀況下的富裕發展，比較了不同的政經系統，討論了自由貿易的好處。

如果一個讀者能用這樣的方法掌握住《國富論》的重點，並對馬克思的《資本論》做同樣的觀察，他就很容易看出，過去兩個世紀以來最有影響力的這兩本書之間有什麼關聯了。

達爾文的《物種起源》是另一個好例子，可以幫我們看到科學類理論作品的整體性。這本書可以這麼說：

這本書所敘述的是，生物在數不清世代中所產生的變化，以及新種類的動物或植物如何從其中演變出來。本書討論了動物在畜養狀態下的變化，也討論了動物在自然狀態下的變化，進而說明「物競天擇，適者生存」之類的原理，如何形成並維持一個個族群。此外，本書也主張，物種並不是固定、永恆不變的族群，而是在世代交替中，由比較小的轉變成比較明顯的、固定的特徵。有一些地層中的絕種動物，以及胚胎學與解剖學的比較證據，可以支持這些論點。

這段說明看來好像很難一口消化，但是對許多十九世紀的讀者來說，那本書的本身才更難消化——

部分原因，是他們懶得花精神去找出書中真正的意旨。

最後，讓我們以洛克的《論人類悟性》當作哲學類理論性作品的例子。你大概還記得我們談到洛克自己說他的作品是「探討人類知識的起源、真理與極限，並同時討論信仰、觀點與核准的立場與程度。」作者對自己作品的規劃說明得這麼精彩，我們當然不會和他爭辯什麼，不過，我們想要再加兩點附帶的補充說明，以便把這篇論文第一部分和第三部分的精神也表達清楚。我們會這麼加一段話：本書顯示出人類沒有與生俱來的觀念，人類所有的知識都是由經驗而來的。本書並論及語言是一個傳遞思想的媒介——適當的使用方法與最常出現的濫用，在本書中都有指證。

在繼續討論之前，我們要提醒你兩件事。首先，一位作者，特別是好的作者，會經常想要幫助你整理出他書中的重點。儘管如此，當你要求讀者擇要說出一本書的重點時，大多數人都會一臉茫然。一個原因是今天的人們普遍不會用簡明的語言表達自己，另一個原因，則是他們忽視了閱讀的這一條規則。當然，這也說明太多讀者根本就不注意作者的前言，也不注意書名，才會有這樣的結果。

其次，是要小心，不要把我們提供給你的那些書的重點摘要，當做是它們絕對又唯一的說明。一本書的整體精神可以有各種不同的詮釋，沒有哪一種一定對。當然，某些詮釋因為夠精簡、準確、容易理解，就是比另一些詮釋好。不過，也有些南轅北轍的詮釋，不是高明得不相上下，就是爛得不相上下。

我們在這裡談的一些書的整體重點，跟作者的解釋大不一樣，但並不覺得需要道歉。你的摘要也可以跟我們的大不一樣。畢竟，雖然是同一本書，但對每個閱讀者來說都是不同的。如果這種不同透過讀者的詮釋來表達，毫不足為奇。但，這也不是說就可以愛怎麼說就怎麼說。雖然讀者不同，書的本身還是一樣的，不論是誰做摘要，還是有一個客觀的標準來檢驗其正確與真實性。

## 駕馭複雜的內容：為一本書擬大綱的技巧

現在我們來談另一個結構的規則，這個規則要求我們將一本書最重要的部分照秩序與關係，列舉出來。這是第三個規則，與第二個規則關係很密切。一份說明清楚的摘要會指出全書最重要的構成部分。你看不清楚這些構成部分，就沒法理解全書。同樣的，除非你能掌握全書各個部分之間的組織架構，否則你也無法理解全書。

那麼，為什麼要弄兩個規則，而不是一個？主要是為了方便。用兩個步驟來掌握一個複雜又未劃分的架構，要比一個步驟容易得多。第二個規則在指導你注意一本書的整體性，第三個則在強調一本書的複雜度。要這樣區分還有另一個理由。當你掌握住一本書的整體性時，便會立刻抓住其中一些重要的部分。但是這每個部分的本身通常是很複雜，各有各的內在結構需要你去透視。因此第三個規則所談的，不只是將各個部分排列出來，而且要列出各個部分的綱要，就像是各個部分自成一個整體，各有各的整體性與複雜度。

根據第三個規則，可以有一套運用的公式。這個公式是可以通用的。根據第二個規則，我們可以說出這本書的內容是如此這段。做完這件事之後，我們可以依照第三個規則，將內容大綱排列如下：(1)作者將全書分成五個部分，第一部分談的是什麼，第二部分談的是什麼，第三部分談的是別的事，第四部分則是另外的觀點，第五部分又是另一些事。(2)第一個主要的部分又分成三個段落，第一段落為X，第二段落為Y，第三段落為Z。(3)在第一部分的第一階段，作者有四個重點，第一個重點是A，第二個重點是B，第三個重點是C，第四個重點是D等等。

你可能會反對這樣列大綱。照這樣閱讀豈不是要花上一輩子的時間才能讀完一本書了？當然，這只是一個公式而已。這個規則看起來似乎要你去做一件不可能做到的事。但事實上，一個優秀的閱讀者會習慣性的這麼做，而且輕而易舉。他可能不會全部寫出來，在閱讀時也不會在口頭上說出來。但是如果你問他這本書的整體架構時，他就會寫出一些東西來，而大概就跟我們所說的公式差不多。

「大概」這兩個字可以抒解一下你的焦慮。一個好的規則總是會將最完美的表現形容出來。但一個人可以做一個藝術家，卻不必做個理想的藝術家。如果他大概可以依照這個規則，就會是個很好的練習者了。我們所說明的規則是個理想的標準。如果你能做出一個草稿來，跟這裡所要求的很類似，就該感到滿足了。

就算你已經很熟練閱讀技巧了，你也不一定讀每本書都要用上同樣的力氣。你會發現在某些書上運用這些技巧是個浪費。就是最優秀的閱讀者也只會選少數相關的幾本書，依照這個規則的要求做出近似的大綱來。在大多數情況下，他們對一本書的架構有個粗淺的了解已經很滿意了。你所做的大綱與規則相近的程度，是隨你想讀的書的特質而變化的。但是不管千變萬化，規則本身還是沒有變。不論你是完全照做，或是只掌握一個形式，你都得了解要如何跟著規則走才行。

你要了解，影響你執行這個規則的程度的因素，不光是時間和力氣而已。你的生命是有限的，終有一死。一本書的生命也是有限的，就算不死，也跟所有人造的東西一樣是不完美的。因為沒有一本書是完美的，所以也不值得為任何一本書寫出一個完美的綱要。你只要盡力而為就行了。畢竟，這個規則並沒有要你將作者沒有放進去的東西加在裡面。你的大綱是關於作品的本身的綱要，而不是這本書要談的主題的綱要。或許某個主題的綱要可以無限延伸，但那卻不是你要為這本書寫的綱要——你所寫的綱要對這個主題多少有點規範。不過，你可不要覺得我們在鼓勵你偷懶。因為就算你真想跟隨這個規則，也還是不可能奮戰到底的。

用一個公式將一本書各個部分的秩序與關係整理出來，是非常艱難的。如果舉幾個實例來說明，或許會覺得容易些，不過，要舉例來說明這個規則，還是比舉例說明另一個抓出重點摘要的規則要難多了。畢竟，一本書的重點摘要可以用一、兩個句子，或是幾段話就說明清楚了。但是對一本又長又困難的書，要寫出仔細又適當的綱要，將各部分，以及各部分中不同的段落，各段落中不同的小節，一路細分到最小的結構單位都寫清楚，可是要花上好幾張紙才能完成的工作。

理論上來說，這份大綱可以比原著還要長。中世紀有些對亞里斯多德作品的註釋，都比原著還長。當然，他們所包含的是比大綱還要多的東西，因為他們是一句一句地解釋作者的想法。有些現代的註釋也是如此，像一些對康德《純粹理性批判》一書所做的註釋便是一個例子。莎士比亞的註釋劇本集也是如此，其中包括了詳盡無比的綱要與其他的論述，往往有原著的好幾倍長——甚或十倍之長。如果你想要知道照這條規則可以做到多詳盡的地步，不妨找一些這類的註釋來看看。阿奎那（Aquinas）在註解亞里斯多德的書時，每個註釋的起頭都要針對亞里斯多德在他作品中表達的某個重點，擬一份漂亮的綱要，然後不厭其煩地說明這個重點如何與亞里斯多德的全書融為一體，這個重點和前後文又有多麼密切的關係。

讓我們找一些比亞里斯多德的論述要簡單一點的例子。亞里斯多德的文章是最緊湊簡潔的，要拿他的作品來擬大綱，必然費時又困難。為了要舉一個適當的例子，讓我們都同意一點：就算我們有很長的篇幅可以用，我們還是放棄把這個例子舉到盡善盡美程度的想法吧。

美國聯邦憲法是很有趣又實用的文獻，也是組織整齊的文字。如果你檢驗一下，會很容易找出其中的重要部分來。這些重要部分本來就標示得很清楚，不過你還是得下點功夫做些歸納。以下是這份大綱的建議寫法：

第一：前言，聲明憲法的目的。
第二：第一條，關於政府立法部門的問題。
第三：第二條，關於政府行政部門的問題。
第四：第三條，關於政府司法部門的問題。
第五：第四條，關於州政府與聯邦政府之間的關係。
第六：第五、六、七條，關於憲法修正案的問題，憲法有超越所有法律，提供認可之地位。
第七：憲法修正案的前十條，構成人權宣言。
第八：其他持續累積到今天的修正案。

這些是主要的歸納。現在就用其中的第二項，也就是憲法第一條為例，再列一些綱要。就跟其他的條一樣，這一條（Article）也區分為幾個款（Section）。以下是我們建議的綱要寫法：

二之一：第一款，制定美國國會的立法權，國會分成兩個部分，參議院與眾議院。
二之二：第二、三款，個別說明參議院與眾議院的組成架構，與成員的條件。此外，唯有眾議院有彈劾的權力，唯有參議院有審理彈劾的權力。
二之三：第四、五款，關於國會兩院的選舉，內部的組織與事務。
二之四：第六款，關於兩院所有成員的津貼與薪金的規定，並設定成員使用公民權的限制。
二之五：第七款，設定政府立法與行政部門之間的關係，說明總統的否決權。
二之六：第八款，說明國會的權力。
二之七：第九款，說明第八款國會權力的限制。
二之八：第十款，說明各州的權力限制，以及他們必須要把某些權力交給國會的情況。

然後，我們可以將其他要項也都寫出類似的綱要。都完成之後，再回頭寫每一個小款的綱要。其中有些小款，像是第一條的第八款，需要再用許多不同的主題與次主題來確認。

當然，這只是其中一種方法。還有很多其他擬定綱要的方法。譬如前三項可以合併歸納為一個題目，或者，不要將憲法修正案區分為兩項來談，而是根據所處理問題的性質，將修正案劃分為更多項來談。

我們建議你自己動手，用你的觀點將憲法區分為幾個主要的部分，列出大綱。你可以做得比我們更詳細，在小款中再區分出小點來。你可能讀過憲法很多次了，但是以前可能沒用過這種方法來讀，現在你會發現用這樣的方法來閱讀一份文獻，會看到許多以前你沒看到的東西。

接下來是另外一個例子，也是很短的例子。我們已經將亞里斯多德的《倫理學》做過重點摘要，現在讓我們首次試著將全書的結構做一個近似的說明。全書可以區分為以下的幾個重要部分：一，把快樂當作是生命的終極目標，討論快樂與其他善行的關係。二，討論天生自然的行為，與養成好習慣、壞習慣的關係。三，討論倫理與智性中各種不同的善行與惡行。四，討論非善非惡的道德狀態。五，討論友誼。六，也是最後一個，討論喜悅，並完成一開始所談有關人類快樂的主題。

這個大綱顯然與《倫理學》的十冊內容並不完全相符合。因為第一部分是第一冊中所談論的內容。第二部分包含了第二冊及第三冊的前半部內容。第三部分則從第三冊後半部一直延伸到第六冊。討論享樂的最後一部分則是包含了第七冊的結尾與第十冊的開頭。

我們要舉出這個例子，是要讓你明白，你用不著跟著書上所出現的章節來歸納一本書的架構。當然，原來的結構可能比你區分的綱要好，但也很可能比不上你的綱要。無論如何，你得自己擬綱要就對了。作者擬定了綱要，以寫出一本好書。而你則要擬定你的綱要，才能讀得明白。如果他是個完美的作家，而你是個完美的讀者，那你們兩個人所列的綱要應該是相同的。如果你們兩人之中有人偏離了朝向完美的努力，那結果就免不了產生許多出入。

這並不是說你可以忽略作者所設定的章節與段落的標題，我們在做美國憲法的綱要時，並沒有忽略這些東西，但我們也沒有盲從。那些章節是想要幫助你，就跟書名與前言一樣。不過你應該將這些標題當作是你自己活動的指南，而不是完全被動地仰賴它們。能照自己所列的綱要執行得很完美的作者，寥寥無幾。但是在一本好書裡，經常有許多作者的規劃是你一眼看不出來的。表象可能會騙人的。你一定要深入其間，才能發現真正的架構。

找出真正的架構到底有多重要呢？我們認為非常重要。用另一種方法來說，就是除非你遵循規則三——要求你說明組成整體的各個部分，否則就沒有辦法有效地運用規則二——要求你做全書的重點摘要。你可能有辦法粗略地瞄一本書，就用一、兩個句子說出全書的重點摘要，而且還挺得體。但是你卻無法真的知道到底得體在哪裡。另一個比你仔細讀過這本書的人，就可能知道得體在哪裡，因而對你的說法給予很高的評價。但是對你來說，那只能算是你猜對了，運氣很好罷了。因此說，要完成第二個規則，第三個規則是絕對必要的。

我們會用一個簡單的例子向你說明我們的想法。一個兩歲的孩子，剛開始說話，可能會說出：「二加二等於四。」這樣的句子。的確，這句話是千真萬確的，但我們可能會因此誤下結論，認為這個孩子懂數學。事實上，這個孩子可能根本不知道自己在說些什麼。因此，雖然這句話是正確的，這個孩子還是需要接受這方面的訓練。同樣的，你可能猜對了一本書的主題重點，但你還是需要自我訓練，證明你是「如何」，又「為什麼」這麼說。因此，要求你將書中的重要部分列出綱要，並說明這些部分如何印證、發展出全書的主題，就有助於你掌握全書的重點摘要。

## 閱讀與寫作的互惠技巧

乍看之下，我們前面討論的兩個閱讀規則，看起來就跟寫作規則一樣。的確沒錯。寫作與閱讀是一體兩面的事，就像教書與被教一樣。如果作者跟老師無法將自己要傳達的東西整理出架構，不能整合出要講的各個部分的順序，他們就無法指導讀者和學生去找出他們要講的重點，也沒法發現全書的整體架構。

儘管這些規則是一體兩面，但實行起來卻不相同。讀者是要「發現」書中隱藏著的骨架。而作者則是以製造骨架為開始，但卻想辦法把骨架「隱藏」起來。他的目的是，用藝術的手法將骨架隱藏起來，或是說，在骨架上添加血肉。如果他是個好作者，就不會將一個發育不良的骨架埋藏在一堆肥肉裡，同樣的，也不會瘦得皮包骨，讓人一眼就看穿。如果血肉勻稱，也沒有鬆弛的贅肉，那就可以看到關節，可以從身體各個部位的活動中看出其中透露的言語。

為什麼這麼說呢？為什麼論說性的書，這種本來就想條理井然地傳達一種知識的書，不能光是把主題綱要交代清楚便行？原因是，不僅大多數人都不會讀綱要，而且對一位自我要求較高的讀者來說，他並不喜歡這樣的書，他會認為他可以做自己份內的事，而作者也該做他自己份內的事。還有更多的原因。對一本書來說，血肉跟骨架是一樣重要的。書，真的就跟人或動物是一模一樣的。血肉，就是為綱要所做的進一步詳細解釋，或是我們有時候所說的「解讀」（read out）。血肉，為全書增添了必要的空間與深度。對動物來說，血肉就是增加了生命。因此，根據一個綱要來寫作一本書，不論這個綱要詳盡的程度如何，都在給予這本書一種生命，而這種效果是其他情況所達不到的。

我們可以用一句老話來概括以上所有的概念，那就是一個作品應該有整體感，清楚明白，前後連貫。這確實是優秀寫作的基本準則。我們在本章所討論的兩個規則，都是跟隨這個寫作準則而來的。如果這本書有整體的精神，那我們就一定要找出來。如果全書是清楚明白又前後一貫的，我們就要找出其間的綱要區隔，與重點的秩序來當作回報。所謂文章的清楚明白，就是跟綱要的區隔是否清楚有關，所謂文章的前後一貫，就是能把不同的重點條理有序地排列出來。

這兩個規則可以幫助我們區分好的作品與壞的作品。如果你運用得已經成熟了，卻不論花了多少努力來了解一本書的重點，還是沒法分辨出其間的重點，也找不出彼此之間的關係，那麼不管這本書多有名，應該還是一本壞書。不過你不該太快下這樣的結論，或許錯誤出在你身上，而不是書的本身。無論如何，千萬不要在讀不出頭緒的時候，就總以為是自己的問題。事實上，無論你身為一個讀者的感受如何，通常問題還是出在書的本身。因為大多數的書——絕大多數——的作者，都沒有依照這些規則來寫作，因而就這一點來說，都可以說是很糟。

我們要再強調的是，這兩個規則不但可以用來閱讀一整本論說性的書，也可以用來閱讀其中某個特別重要的部分。如果書中某個部分是一個相當獨立又複雜的整體，那麼就要分辨出這部分的整體性與複雜性，才能讀得明白。傳達知識的書，與文學作品、戲劇、小說之間，有很大的差異。前者的各個部分可以是獨立的，後者卻不能。如果一個人說他把那本小說已經「讀到夠多，能掌握主題了」，那他一定根本不知道自己在說些什麼。這句話一定不通，因為一本小說無論好壞都是一個整體，所有的概念都是一個整體的概念，不可能只讀了一部分就說懂得了整體的概念。但是你讀亞里斯多德的《倫理學》或達爾文的《物種起源》，卻可以光是仔細地閱讀某一個部分，就能得到整體的概念。不過，在這種情況下，你就做不到規則三所說的了。

## 發現作者的意圖

在這一章，我們還想再討論另一條閱讀規則。這個規則可以說得簡短一點，只需要一點解釋，不需要舉例。如果你已經在運用規則二跟規則三了的話，那這一條規則就不過是換種說法而已。但是重複說明這個規則很有幫助，你可以藉此用另一個角度來了解全書與各個重要部分。

這第四個規則可以說是：**找出作者要問的問題**。一本書的作者在開始寫作時，都是有一個問題或一連串的問題，而這本書的內容就是一個答案，或許多答案。

作者可能會，也可能不會告訴你他的問題是什麼，就像他可能會，也可能不會給你他工作的果實，也就是答案。不論他會不會這麼做——尤其是不會的情況——身為讀者，你都有責任盡可能精確地找出這些問題來。你應該有辦法說出整本書想要解答的問題是什麼。如果主要的問題很複雜，又分成很多部分，你還要能說出次要的問題是什麼。你應該不只是有辦法完全掌握住所有相關的問題，還要能明智地將這些問題整合出順序來。哪一個是主要的，哪個是次要的？哪個問題要先回答，哪些是後來才要回答的？

從某方面來說，你可以看出這個規則是在重複一些事情，這些事情在你掌握一本書的整體精神和重要部分的時候已經做過了。然而，這個規則的確可以幫你做好這些事。換句話說，遵守規則四，能讓你和遵守前兩條規則產生前後呼應的效果。

雖然你對這個規則還不像其他兩個規則一樣熟悉，但這個規則確實能幫助你應對一些很困難的書。但我們要強調一點：我們不希望你落入批評家所認為的「蓄意的謬誤」（intentional fallacy）。這種謬誤就是你認為自己可以從作者所寫的作品中看透他的內心。這樣的狀況特別會出現在文學作品中。譬如，想從《哈姆雷特》來分析莎士比亞的心理，就是一個嚴重的錯誤。然而，就真是一本詩集，這個規則也能極有助於你說出作者想要表達的是什麼。對論說性的書來說，這個規則的好處當然就更明顯。但是，大多數讀者不論其他技巧有多熟練，還是會忽略這個規則。結果，他們對一本書的主題或重點就可能很不清楚，當然，所列出的架構也是一團混亂。他們看不清一本書的整體精神，因為他們根本不知道整本書為什麼要有這樣的整體精神。他們所理解的整本書的骨架，也欠缺這個骨架最後想說明的目的。

如果你能知道每個人都會問的一些問題，你就懂得如何找出作者的問題。這個可以列出簡短的公式：某件事存在嗎？是什麼樣的事？發生的原因是什麼？或是在什麼樣的情況下存在？或為什麼會有這件事的存在？這件事的目的是什麼？造成的影響是什麼？特性及特徵是什麼？與其他類似事件，或不相同事件的關聯性是什麼？這件事是如何進行的？以上這些都是**理論性的問題**。有哪些結果可以選擇？應該採取什麼樣的手段才能獲得某種結果？要達到某個目的，應該採取哪些行動？以什麼順序？在這些條件下，什麼事是對的，或怎樣才會更好，而不是更糟？在什麼樣的條件下，這樣做會比那樣做好一些？以上這些都是**實用的問題**。

這些問題還不夠詳盡，但是不論閱讀理論性還是實用性的書，這些都是經常會出現的典型問題。這會幫助你發現一本書想要解決的問題。在閱讀富有想像力的文學作品時，這些問題要稍作調整，但還是非常有用。

## 分析閱讀的第一個階段

我們已經說明也解釋了閱讀的前四個規則。這些是分析閱讀的規則。如果在運用之前能先做好檢視閱讀，會更能幫助你運用這些規則。

最重要的是，要知道這前四個規則是有整體性，有同一個目標的。這四個規則在一起，能提供讀者對一本書架構的認識。當你運用這四個規則來閱讀一本書，或任何又長又困難的東西時，你就完成了分析閱讀的第一個階段。

除非你是剛開始練習使用分析閱讀，否則你不該將「階段」一詞當作一個前後順序的概念。因為你沒有必要為了要運用前四個規則，而將一本書讀完，然後為了要運用其他的規則，再重新讀一遍又一遍。真正實際的讀者是一次就完成所有的階段。不過，你要了解的是，在分析閱讀中，要明白一本書的架構是有階段性的進展的。

換一種說法是，運用這前四個規則，能幫助你回答關於一本書的一些基本問題。你會想起第一個問題是：**整本書在談的是什麼？**你也會想起，我們說這是要找出整本書的主題，以及作者是如何運用一些根本性的次要主題或議題，按部就班來發展這個主題。很明顯的，運用這前四個閱讀規則，能提供你可以回答這個問題的大部分內容——不過這裡要指出一點，等你可以運用其他規則來回答其他問題的時候，你回答這個問題的精確度會提高許多。

既然我們已經說明了分析閱讀的第一個階段，讓我們暫停一下，將這四個規則按照適當的標題，順序說明一下：

**分析閱讀的第一階段，或，找出一本書在談些什麼的四個規則：**

(1) 依照書本的種類與主題做分類。
(2) 用最簡短的句子說出整本書在談些什麼。
(3) 按照順序與關係，列出全書的重要部分。將全書的綱要擬出來之後，再將各個部分的綱要也一一列出。
(4) 找出作者在問的問題，或作者想要解決的問題。

第八章
# 與作者找出共通的詞義

如果你運用了前一章結尾時所談到的前四個規則，你就完成了分析閱讀的第一個階段。這四個規則在告訴你一本書的內容是關於什麼，要如何將架構列成綱要。現在你準備好要進行第二個階段了。這也包括了四個閱讀規則。第一個規則，我們簡稱為「找出共通的詞義」。

在任何一個成功的商業談判中，雙方找出共同的詞義，也就是達成共識（coming to terms），通常是最後一個階段。剩下唯一要做的就是在底線上簽字。但是在用分析閱讀閱讀一本書時，找出共通的詞義卻是第一個步驟。除非讀者與作者能找出共通的詞義，否則想要把知識從一方傳遞到另一方是不可能的事。因為詞義（term）是可供溝通的知識的基本要素。③

## 單字 vs. 詞義

詞義和單字（word）不同——至少，不是一個沒有任何進一步定義的單字。如果詞義跟單字完全相同，你只需要找出書中重要的單字，就能跟作者達成共識了。但是一個單字可能有很多的意義，特別是一個重要的單字。如果一個作者用了一個單字是這個意義，而讀者卻讀成其他的意義，那這個單字就

③—譯註：本章章名 Coming to terms，是雙關語，一個意思是「找出共通的詞義」，一個意思是「達成共識」。接下來的內文碰到這句話的時候，在兩者之中視情況而擇一而譯。term 這個字的本身，本書則視情況譯為「詞義」或「詞彙」。

在他們之間擦身而過，他們雙方沒有達成共識。只要溝通之中還存有未解決的模糊地帶，就表示沒有達成溝通，或者頂多說還未達成最好的溝通。

看一下「溝通」（communication）這個字，字根來自「共通」（common）。我們談一個社群（community），就是一群有共通性的人。而溝通是一個人努力想要跟別人（也可能是動物或機器）分享他的知識、判斷與情緒。只有當雙方對一些事情達成共識，譬如彼此對一些資訊或知識都有分享，溝通才算成功。

當知識溝通的過程中產生模糊地帶時，雙方唯一共有的是那些在講在寫的、在聽在讀的單字。而只要模糊地帶還存在，就表示作者和讀者之間對這些單字的意義還沒有共識。為了要達成完全的溝通，最重要的是雙方必須要使用意義相同的單字——簡單來說，就是，找出共通的詞義達成共識。雙方找出共通的詞義時，溝通就完成了，兩顆心也奇蹟式地擁有了相同的想法。

詞義可以定義為沒有模糊地帶的字。這麼說並非完全正確，因為嚴格來說，沒有字是沒有模糊地帶的。我們應該說的是：當一個單字使用得沒有模糊意義的時候，就是一個詞義了。字典中充滿了單字。就這些單字都有許多意義這一點而言，它們幾乎都意義模糊。但是一個單字縱然有很多的意義，每一次使用卻只能有一種意義。當某個時間，作者與讀者同時在使用同一個單字，並採取唯一相同的意義時，在那種毫無模糊地帶的狀態中，他們就是找出共通的詞義了。

你不能在字典中找到詞義，雖然那裡有製造詞義的原料。詞義只有在溝通的過程中才會出現。當作者盡量避免模糊地帶，讀者也幫助他，試著跟隨他的字義時，雙方才會達成共識。當然，達成共識的程度有高下之別。達成共識是作者與讀者要一起努力的事。因為這是閱讀與寫作的藝術要追求的終極成就，所以我們可以將達成共識看作是一種**使用文字的技巧，以達到溝通知識的目的**。

在這裡，如果我們專就論說性作家或論說性的作品來舉例子，可能會更清楚一些。詩與小說不像論說性的作品——也就是我們所說的傳達廣義知識的作品——那麼介意文字的模糊地帶。有人說，最好的詩是含有最多模糊地帶的。也有人很公允地說，一個優秀的詩人，不時會故意在作品中造成一些模糊。這是關於詩的重要觀點，我們後面會再討論這個問題。這是詩與其他論說性、科學性作品最明顯的不同之處。

我們要開始說明第五個閱讀規則了（以論說性的作品為主）。簡略來說就是：你必須抓住書中重要的單字，搞清楚作者是如何使用這個單字的。不過我們可以說得更精確又優雅一些：規則五，**找出重要單字，透過它們與作者達成共識**。要注意到這個規則共分兩個部分，第一個部分是找出重要單字，那些舉足輕重的單字。第二部分是確認這些單字在使用時的最精確的意義。

這是分析閱讀第二階段的第一個規則，目標不是列出一本書的架構綱要，而是詮釋內容與訊息。這個階段的其他規則將會在下一章討論到，意義也跟這個規則一樣。那些規則也需要你採取兩個步驟：第一個步驟是處理語言的問題。第二個步驟是超越語言，處理語言背後的思想涵義。

如果語言是純粹又完美的思想媒介，這些步驟就用不著分開來了。如果每個單字只有一個意義，如果使用單字的時候不會產生模糊地帶，如果，說得簡短一點，每個單字都有一個理想的共識，那麼語言就是個透明的媒介了。讀者可以直接透過作者的文字，接觸到他內心的思想。如果真是如此，分析閱讀的第二個階段就完全用不上了。對文字的詮釋也毫無必要了。

當然，實際情況並非如此。不必難過，想刻意製造一個不可能實現的理想語言的方案——像是哲學家萊布尼茲和他學生想要做的事——也是枉然。事實上，如果他們成功了，這世上就不再有詩了。因此，在論說性的作品中，唯一要做的事就是善用語言。想要做到這一點，唯一的路就是當你在傳遞、接收知識時，要盡可能巧妙地運用語言的技巧。

因為語言並不是完美的傳遞知識的媒介，因而在溝通時也會有形成障礙的作用。追求具備詮釋能力的閱讀，規則就在克服這些障礙。我們可以期望一個好作者盡可能穿過語言所無法避免形成的障礙，和我們接觸，但是我們不能期望只由他一個人來做這樣的工作。我們應該在半途就跟他相會。身為讀者，我們應該從我們這一邊來努力打通障礙。兩個心靈想透過語言來接觸，需要作者與讀者雙方都願意共同努力才行。就像教學，除非被教的學生產生**呼應的活力**，否則光靠老師是行不通的。作者也是一樣，不論他寫作技巧如何，如果讀者沒有**呼應的技巧**，雙方就不可能達成溝通。如果不是這樣，雙方不論付出多大的努力，各行其是的閱讀和寫作技巧終究不會將兩個心靈聯繫在一起。就像在一座山的兩邊分頭鑿隧道一樣，不論花了多少力氣，如果雙方不是照著同樣的工程原理來進行計算，就永遠不可能相遇。

就像我們已經說過的，每一種具備詮釋能力的閱讀都包含兩個步驟。暫且用些術語吧，我們可以說這些規則是具有文法與邏輯面向的。文法面向是處理單字的。邏輯面向是處理這些單字的意義，或說得更精確一點，是處理詞義的。就溝通而言，每個步驟都不可或缺。如果在運用語言時毫無思想，就沒有任何溝通可言。而沒有了語言，思想與知識也無法溝通。文法與邏輯是藝術，它們和語言有關；語言與思想有關，而思想又與語言有關。這也是為什麼透過這些藝術，閱讀與寫作的技巧會增進的原因。

語言與思想的問題——特別是單字與詞義之間的差異——是非常重要的。因此我們寧願冒著重複的風險，也要確定這個重點被充分了解。這個重點就是，一個單字可能代表許多不同的詞義，而一個詞義可以用許多不同的單字來解釋。讓我們以下面的例子來做說明。在我們的討論中，「閱讀」這兩個字已經出現過許多不同的意義。讓我們挑出其中三個意義：當我們談到「閱讀」時，可能是指(1)為娛樂而閱讀；(2)為獲得資訊而閱讀；(3)為追求理解力而閱讀。

讓我們用X來代表「閱讀」這兩個字，而三種意義以a、b、c來代替。那麼Xa、Xb、Xc代表什麼？那不是三個不同的單字，因為X始終並沒有改變。但那是三種不同的詞義——如果你身為讀者，我們身為作者，都知道X在這裡指的是什麼意思的話。如果我們在一個地方寫了Xa，而你讀起來卻是Xb，那我們寫的，你讀的都是同一個單字，卻是不同的意義。這個模糊的意義會中止，或至少妨礙我們的溝通。只有當你看到這個單字的時候所想的字義跟我們想的一樣，我們之間才有共同的思想。我們的思想不會在X中相遇，而只會在Xa、Xb或Xc中相遇。這樣我們才算找出共通的詞義。

## 找出關鍵字

現在我們準備要為找出共通詞義的這個規則加點血肉了。怎樣才能找出共通詞義？在一本書中，要怎樣才能找出那些重要的字，或所謂的關鍵字來？

有一件事你可以確定：並不是作者所使用的每一個字都很重要。更進一步說，作者所使用的字大多數都不重要。只有當他以特殊的方法來運用一些字的時候，那些字對他來說，對身為讀者的我們來說，才是重要的。當然，這並不是百分之百的，總有程度之不同。或許文字多少都有重要性，但我們所關心的只是在一本書中，哪些字要比其他的字更重要一些。在某種極端情況下，一個作者所用的字可能就和街坊鄰居的遣詞用字是一模一樣的。由於作者所用的這些字跟一般人日常談話是相同的，讀者應該不難理解才對。他很熟悉這些字眼的模糊地帶，也習慣於在上下文不同的地方看出不同的含義來。

譬如愛丁頓（A. S. Eddington）的《物理世界的本質》（*The Nature of the Physical World*）一書出現「閱讀」這個字的時候，他談的是「儀錶閱讀」（pointer-readings），專門以科學儀器上的指針與儀錶為對象的閱讀。他在這裡所用的「閱讀」，是一般常用的意思之一。對他來說那不是特殊的專業用語。他用一般的含義，就可以說明他要告訴讀者的意思。就算他在這本書其他地方把「閱讀」用了個其他不同的意義——譬如說，他用了個「閱讀本質」（reading nature）的句子——他還是相信讀者會注意到在這裡一般的「閱讀」已經轉換為另一個意義了。讀者做不到這一點的話，他就沒法跟朋友談話，也不能過日常生活了。

但是愛丁頓在使用「原因」（cause）這個字的時候就不能如此輕鬆了。這可能是個很平常的字眼，但是當他在討論因果論的時候用到這個字，肯定是用在一個非常特別的意義上。這個字眼如果被誤解了，他和讀者之間一定會產生困擾。同樣的，在本書中，「閱讀」這個字眼是非常重要的。我們不能只以一般的看法來運用。

一個作者用字，泰半和一般人談話時的用字差不多——這些字都有不同的意義，講話的人也相信隨著上下文的變化，對方可以自動就找出其不同的意義。知道這一點，有助於找出那些比較重要的字眼。然而，我們不要忘了，在每天的日常談話中，不同的時間、地點下，同一個熟悉的字也可能變得沒那麼熟悉。當代作者所使用的字，大多都是今天日常生活中所使用的含義。你會懂，是因為你也活在今天。但是閱讀一些過去人所寫的書，要找出作者在當時時空背景下照大多數人習慣而使用的那些字眼的意思，就可能困難許多了。加上有些作者會故意用古字，或是陳舊的含意，就更增加了複雜度。這問題就跟翻譯外文書是一樣的。

儘管如此，任何一本書中的泰半字句，都可以像是跟朋友說話中的遣字用詞那樣閱讀。打開我們這本書，翻到任何一頁，用這樣的方法算算我們使用了哪些字：介詞、連接詞、冠詞，以及幾乎全部的動詞、名詞、副詞與形容詞。在這一章，到目前為止其實只出現了幾個重要的關鍵字：「單字」、「詞義」、「模糊」、「溝通」，或頂多再加一、兩個其他重要的字。當然，「模糊」顯然是最重要的字，其他的字眼都跟它有關。

如果你不想辦法了解這些關鍵字所出現的那些段落的意思，你就沒法指出哪些字是關鍵字了。這句話聽起來有點矛盾。如果你了解那些段落的意思，當然會知道其中哪幾個字是非常重要的。如果你並不完全了解那些段落的意思，很可能是因為你並不清楚作者是如何使用一些特定的字眼。如果你把覺得有困擾的字圈出來，很可能就找出了作者有特定用法的那些字了。之所以會如此，是因為如果作者所用的都只是一般日常用語的含義，對你來說就根本不存在有困擾的問題了。

因此，從一個讀者的角度來看，最重要的字就是**那些讓你頭痛的字**。這些字很可能對作者來說也很重要。不過，有時也並非如此。

也很可能，對作者來說很重要的字，對你卻不是問題——因為你已經了解了這些字。在這種狀況下，你與作者就是已經找出共通的詞義，達成共識了。只有那些還未達成共識的地方，還需要你的努力。

## 專門用語及特殊字彙

到目前為止，我們談的都是消極地排除日常用語的方法。事實上，你也會發現一些對你來說並不是日常用語的字，因而發現那是一些重要的字眼。這也是為什麼這些字眼會困擾到你。但是，是否有其他方法能找出重要的字眼？是否有更積極的方法能找出這些關鍵字？

確實有幾個方法。第一個，也是最明顯的信號是，作者開誠布公地強調某些特定的字，而不是其他的字。他會用很多方法來做這件事。他會用不同的字體來區分，如加括號、斜體字等記號以提醒你。他也會明白地討論這些字眼不同的意義，並指出他是如何在書中使用這些不同的字義，以引起你對這些字的注意。或是他會借著這個字來命名另外一個東西的定義，來強調這個字。

如果一個人不知道在歐幾里得的書中，「點」、「線」、「面」、「角」、「平行線」等是最重要的字眼，他就無法閱讀歐幾里得的書了。這些字都是歐幾里得為幾何學所定義的一些東西的名稱。還有另外一些重要的字，像是「等於」、「整體」、「部分」等，但這些字都不是任何定義的名稱。你因為從定理中看到這些字眼而知道是重要的字。歐幾里得在一開始就詳述了這些主要的定理，以便幫助你了解書的內容。你可以猜到描述這些定理的詞義都是最根本的，而那些底下劃了線的單字，就是這些詞義。你對這些單字可能不會有什麼問題，因為都是一般口語裡使用的單字，而歐幾里得似乎就是想這樣使用這些字的。

你可能會說，如果每個作者都像歐幾里得一樣，閱讀這件事沒什麼困難嘛！當然，這是不可能的——儘管有人認為任何主題都能用幾何的方法來詳細敘述。在數學上行得通的步驟——敘述和證明的方法——不一定適用於其他領域的知識。但無論如何，我們只要能指出各種論述的共通點是什麼就夠了。那就是**每一個知識領域都有獨特的專門用語**（technical vocabulary）。歐幾里得一開頭就將這些用語說明得一清二楚。其他用幾何方法寫作的作者，像是伽利略或牛頓也都是如此。其他領域，或用其他不同寫法寫的書，專門用語就得由讀者自己找出來了。

如果作者自己沒有指出來，讀者就要憑以往對這個主題的知識來尋找。如果他在唸達爾文或亞當・史密斯的作品之前，有一些生物學或經濟學的知識，當然比較容易分辨出其中的專門用語。分析一本書的架構的規則，這時可能幫得上忙。如果你知道這是什麼種類的書，整本書在談的主題是什麼，有哪些重要的部分，將大能幫助你把專門用語從一般用語中區分出來。作者的書名、章節的標題、前言，在這方面也都會有些幫助。

舉例來說，這樣你就可以明白對亞當・史密斯而言，「財富」就是專門用語，「物種」則是達爾文的專門用語。因為一個專門用語會帶出另一個專門用語，你只能不斷地發現同樣形式的專門用語。你很快就能將亞當・史密斯所使用的重要字眼列出來了：勞工、資本、土地、薪資、利潤、租金、商品、價格、交易、成品、非成品、金錢等等。有些字則是在達爾文的書中你一定不會錯過的：變種、種屬、天擇、生存、適應、雜種、適者、宇宙。

某些知識領域有一套完整的專門用語，在一本這種主題的書中找出重要的單字，相形之下就很容易了。**就積極面來說**，只要熟悉一下那個領域，你就能找出這些專門的單字；**就消極面來說**，你只要看到不是平常慣見的單字，就會知道那些字一定是專門用語。遺憾的是，許多領域都並未建立起完善的專門用語系統。

哲學家以喜歡使用自己特有的用語而聞名。當然，在哲學領域中，有一些字是有著傳統涵義的。雖然不見得每個作者使用這些字的時候意思都相同，但這些字討論某些特定問題的時候，還是一些專門用語。可是哲學家經常覺得需要創造新字，或是從日常用語中找出一些字來**當作是專門用語**。後者常會誤導讀者，因為他會以為自己懂得這個字義，而把它當作是日常用語。不過，大多數好的作者都能預見這樣的困擾，只要出現這樣的字義時，都會事先做詳盡的說明解釋。

另外一個線索是，作者與其他作者爭執的某個用語就是重要的字。當你發現一位作者告訴你某個特定的字曾經被其他人如何使用，而他為什麼選擇不同的用法時，你就可以知道這個字對他來說意義非凡。

在這裡我們強調的是專門用語的概念，但你絕不要把它看得太狹隘了。作者還有些用來闡述自己主旨及重要概念，數量相對而言比較少的特殊用語（special vocabulary）。這些字眼是他要做分析與辯論時用的。如果他想要做最初步的溝通，其中有一些字他會用很特殊的方法來使用，而另外一些字則會依照這個領域中傳統的方法來運用。不論是哪一種情況，這些字對他來說都重要無比。而對身為讀者的你來說，應該也同樣重要才對。除此之外，任何其他字義不明的字，對你也很重要。

大多數讀者的問題，在於他們根本就不太注意文字，找不出他們的困難點。他們區分不出自己很明白的字眼與不太明白的字眼。除非你願意努力去注意文字，找出它們所傳遞的意義，否則我們所建議幫助你在一本書裡找出重要字句的方法就一點用也沒有了。如果讀者碰到一個不了解的字不願意深思，或至少做個記號，那他不了解的這個字就一定會給他帶來麻煩。

如果你在讀一本有助於增進理解力的書，那你可能無法了解這本書裡的每一個字，是很合理的。如果你把它們都看作是日常用語，像是報紙新聞那樣容易理解的程度，那你就無法進一步了解這本書了。你會變成看書就像在看報紙一樣——如果你不試著去了解一本書，這本書對你就一點啟發也沒有了。

大多數人都習慣於沒有主動的閱讀。沒有主動的閱讀或是毫無要求的閱讀，最大的問題就在讀者對字句毫不用心，結果自然無法跟作者達成共識了。

## 找出字義

找出重要的關鍵字只是開始的工作。那只是在書中標明了你需要努力的地方而已。這第五個閱讀規則還有另一個部分。讓我們來談談這個部分的問題吧！假設你已經將有問題的字圈出來了，接下來怎麼辦？

有兩種主要的可能：一是作者在全書每個地方用到這個字眼的時候都只有單一的意義，二是同一個字他會使用兩、三種意義，在書中各處不斷地變換字義。在第一種情況，這個單字代表著單一的詞義。

使用關鍵字都侷限於單一意義的例子，最出名的就是在歐幾里得。在第二種情況，那些單字就代表著不同的詞義。

要了解這些不同的狀況，你就要照下面的方法做：首先，要判斷這個字是有一個還是多種意義。如果有多重意義，要看這些意義之間的關係如何。最後，要注意這些字在某個地方出現時，使用的是其中哪一種意義。看看上下文是否有任何線索，可以讓你明白變換意義的理由。最後這一步，能讓你跟得上字義的變化，也就是跟作者在使用這些字眼時一樣變化自如。

但是你可能會抱怨，這樣什麼都清楚了，可是什麼也不清楚了。你到底要怎樣才能掌握這許多不同的意思呢？答案很簡單，但你可能不滿意。耐心與練習會讓你看到不同的結果。答案是：**你一定要利用上下文自己已經了解的所有字句，來推敲出你所不了解的那個字的意義**。不論這個方法看起來多麼像是在繞圈子，但卻是唯一的方法。

要說明這一點，最簡單的方法就是看定義的例子。定義是許多字組合起來的。如果你不了解其中任何一個字，你就無法了解為這些定義內容而取名的那個字的意思了。「點」是幾何學中基本的字彙，你可以認為自己知道這個字的用法（在幾何學中），但歐幾里得想要確定你只能以唯一的意義來使用這個字。他為了讓你明白他的意思，一開始就把接下來要取名為「點」的這個東西詳加定義。他說：「點，不含有任何部分。」（A point is that which has no part.）

這會怎樣幫助你與他達成共識呢？他假設，你對這句話中的其他每一個字都非常清楚了解了。你知道任何含有「部分」的東西，都是一個複雜的「整體」（whole）。你知道複雜的相反就是簡單。要簡單就是不要包含任何部分。你知道因為使用了「是」（is）和「者」（that which）這些字眼，所指的東西一定是某種「個體」（entity）。順便一提的是，依此類推，如果沒有任何一樣實體東西是沒有「部分」的，那麼歐幾里得所談的「點」，就不可能是物質世界中的個體。

以上的說明，是你找出字義的一個典型過程。你要用自己已經了解的一些字義來運作這個過程。如果一個定義裡的每個字都還需要去定義時，那沒有任何一個東西可以被定義了。如果書中每個字對你來說都陌生無比，就像你在讀一本完全陌生的外文書一樣的話，你會一點進展也沒有。

這就是一般人所說的，這本書讀起來就像是希臘文的意思。如果這本書真的是用希臘文寫的，可能這樣說還公平一些。但他們只是不想去了解這本書，而不是真的看到了希臘文。任何一本書中的字，大部分都是我們所熟悉的。這些熟悉的字圍繞著一些陌生的字，一些專門用語，一些可能會給讀者帶來困擾的字。這些圍繞著的字，就是用來解讀那些不懂的字的上下文。讀者早就有他所需要的材料來做這件事了。

我們並不是要假裝這是一件很容易的事。我們只是堅持這並不是做不到的事。否則，沒有任何人能藉著讀書來增進理解力。事實上，一本書之所以能給你帶來新的洞察力或啟發，就是因為其中有一些你不能一讀即懂的字句。如果你不能自己努力去了解這些字，那就不可能學會我們所談的這種閱讀方法。你也不可能做到自己閱讀一本書的時候，從不太了解進展到逐漸了解的境界。

要做到這件事，沒有立竿見影的規則。整個過程有點像是在玩拼圖時嘗試錯誤的方法。你所拼起來的部分越多，越容易找到還沒拼的部分，原因只不過剩下的部分減少了。一本書出現在你面前時，已經有一堆各就各位的字。**一個就位的字就代表一個詞義**。當你和作者用同樣一個意思來使用這個字的時候，這個字就因為這個意思而被定位了。剩下的那些字也一定要找到自己的位置。你可以這樣試試，那樣試試，幫它們找到自己的定位。你越了解那些已經就位的文字所局部透露的景像，就越容易和剩餘的文字找出共通的詞義來拼好全景。每個字都找到定位，接下來的調整就容易多了。

當然，在過程中你一定會出錯的。你可能以為自己已經找到某個字的歸屬位置與意義，但後來才發現另外一個字更適合，因而不得不整體重做一次調整。錯誤一定會被更正的，因為只要錯誤還沒有被發現，整個全圖就拼不出來。一旦你在這樣的努力中有了找出共通詞義的經驗後，你很快就有能力檢驗自己了。你會知道自己成功了沒有。當你還不了解時，你再也不會漫不經心地自以為已經了解了。

將一本書比作拼圖，其中有一個假設其實是不成立的。當然，一個好的拼圖是每個部分都吻合全圖的。整張圖形可以完全拼出來。理想上一本好書也該是如此，但世界上並沒有這樣一本書。只能說如果是好書，作者會把所有的詞義都整理得很清楚，很就位，以便讀者能充分理解。這裡，就像我們談過的其他的閱讀規則一樣，壞書不像好書那樣有可讀性。除了顯示它們有多壞之外，這些規則完全幫不上怎麼閱讀它們。如果作者用字用得模糊不清，你根本就搞不清楚他在說的是什麼。你只會發現他並不知道自己在說的是什麼。

但是你會問了，如果一個作者使用一個字的多重意義，難道就不是用字用得模糊不清嗎？作者使用一個字，特別是非常重要的字時，包含多重意義不是很平常的事嗎？

第一個問題的答案是：不是。第二個答案是：沒錯。所謂用字模糊不清，是使用這個字的多重意義時，沒有區別或指出其中相關的意義。（譬如我們在這一章使用「重要」這個字的時候可能就有模糊不清的現象，因為我們並沒有清楚強調這是對作者來說很重要，還是對讀者來說很重要。）作者這麼做，就會讓讀者很難與他達成共識。但是作者在使用某個重要的字眼時，如果能區別其中許多不同的意義，讓讀者能據以辨識，那就是和讀者在達成共識了。

你不要忘了一個單字是可以代表許多不同詞義的。要記住這件事的一個方法，是區分作者的**用語**（vocabulary）與**專業術語**（terminology）之間的不同。如果你把重要的關鍵字列出一張清單，再在旁邊一欄列出這些字的重要意義，你就會發現用語與專業術語之間的關係了。

另外還有一些更複雜的情況。首先，一個可以有許多不同意義的字，在使用的時候可以只用其中一個意義，也可以把多重意義合起來用。讓我們再用「閱讀」來當例子。在本書某些地方，我們用來指閱讀任何一種書籍。在另一些地方，我們指的是教導性的閱讀，而非娛樂性的閱讀。還有一些其他地方，我們指的更是啟發性的閱讀，而非只是獲得資訊。

現在我們用一些符號來比喻，就像前面所做的，那這三種不同意思的閱讀，就分別是Xa、Xb及Xc。第一個地方所指的閱讀是Xabc，第二個地方Xbc，第三個是Xc。換句話說，如果這幾個意思是相關的，那我們可以用一個字代表所有的狀況，也可以代表部分的狀況，或只是一種狀況。只要把每一種用法都區分清楚，每次使用這個字就有一個不同的詞義。

其次，還有同義字的問題。除非是數學的作品，否則一個同樣的字使用了一遍又一遍，看起來很彆扭又無趣。因此許多好作者會在書中使用一些意義相同或是非常相似的不同的字，來代替行文中那些重要的字眼。這個情況跟一個字能代表多重意義的狀況剛好相反，在這裡，同一個詞義，是由兩個以上的同義字所代表的。

接下來我們要用符號來解釋這個問題。假設X跟Y是不同的兩個字，譬如說是「啟發」與「領悟」。讓a代表一個這兩個字都想表達的意思，譬如說「理解力的增進」，那麼Xa與Ya雖然字面不同，代表的卻是同樣的詞義。我們說閱讀讓我們「領悟」，或說閱讀給我們「啟發」，說的是同樣的一種閱讀。因為這兩個句子說的是同樣的意義。字面是不同的，但你要掌握的詞義卻只有一種。

當然，這是非常重要的。如果你以為每次作者更換字眼就更換了詞義，那就和你以為他每次使用同一個字都用的是同一個詞義一樣，犯了大錯。當你將作者的用語與專業術語分別記下來的時候，要把這一點放在心上。你會發現兩種關係。一種是單一個字可能與好幾個詞義有關，而一個詞義也可能與好幾個字有關。

第三點，也是最後一點，就是片語（phrase）的問題。如果一個片語是個獨立的單位，也就是說它完整，可以當一個句子的「主語」（subject）或「謂語」（predicate），那就可以把它當一個單一的字來看。這個片語就像單一的字一樣可以用來形容某件事。

因此，一個詞義，可以只用一個字，也可以用一個片語來表達。所有單字與詞義之間的關係，都成立於片語與詞義之間的關係。兩個片語所代表的可能是同一個詞義，一個片語也可能表達好幾個詞義，這完全要看組成片語的字是如何應用的。

一般說來，一個片語比較不會像單一的字那麼容易產生模糊不清的情況。因為那是一堆字的組合，上下文的字都互相有關聯，因而單個單個的字的意思都比較受侷限。這也是為什麼當作者想確定讀者能充分了解他意思的時候，會喜歡用比較細緻的片語來取代單字。

再做一個說明就應該很清楚了。為了確定你跟我們對於閱讀這件事達成了共識，我們用類似「啟發性的閱讀」的句子來代替「閱讀」這兩個字。為了要更確定清楚，我們又用了類似「如何運用你的心智來閱讀一本書，也就是如何讓自己從不太理解到逐漸理解的一個過程」的長句子來說明一個詞義，這個詞義也就是本書最強調的一種閱讀。但這個詞義卻分別用了一個字、一個片語及一個長句子來做說明。

這是很難寫的一章，可能也是很難讀的一章。原因很清楚。如果我們不用一些文法與邏輯的字眼來說明文字與詞義之間的關係，我們所討論的閱讀規則就沒辦法讓你完全清楚地理解。

事實上，我們所談的只是其中的一小部分。如果要完全說清楚可能要花上許多章的篇幅。我們只是將最核心部分說明清楚了。我們希望我們的說明足以在你練習時提供有用的指導。你練習得越多，越會感激那些錯綜複雜的問題。你也會想知道一些文學與隱喻的用字方法，抽象與具象字眼之區別，以及特殊名稱與普通名稱之分。你也會對所謂定義的這件事感興趣：定義一個字和定義一件事的差別是什麼？為什麼有些字無法定義的，卻有明確的意義，等等等等。你會想要找出所謂「文字的情緒性用途」是什麼意思？那就是運用文字喚醒情緒，感動一個人採取行動，或是改變思想，這是與傳達知識不同的用途。你甚至會有興趣了解日常「理性」（rational）的談話，與「情緒性」（bizarre）或「瘋狂」（crazy）的對話有何不同——後兩種談話是精神狀態受到干擾，使用的每個字都很怪異，出乎意外，卻又有清楚的弦外之音。

如果因為練習分析閱讀而引發你的興趣，你可以利用這種閱讀多讀一點和這些主題相關的書。在閱讀這些書時，你會獲得更多的好處，因為你是在閱讀的經驗中，提出了自己的問題而去找這些書的。文法與邏輯學，是架構以上這些規則的基礎，如果你想研究這兩門學問，必須要實際運用才有用。

你也可能並不想再研究下去。就算你不想，只要你肯花一點精神，在讀一本書的時候，找出重要的關鍵字，確認每個字不同意義的轉換，並與作者找出共通的詞義，你對一本書的理解力就會增加非凡了。很少有一些小小的習慣改變，卻會產生如此宏大的效果。

# 第九章 判斷作者的主旨

書的世界與生意的世界一樣，不但要懂得達成共識，還要懂得提案。買方或賣方的提案是一種計畫，一種報價或承諾。在誠實的交易中，一個人提案，就是聲明他準備依照某種模式來做事的意圖。成功的談判協商，除了需要誠實外，提案還要清楚，有吸引力。這樣交易的雙方才能夠達成共識。

書裡的提案，也就是主旨，也是一種聲明。那是作者在表達他對某件事的判斷。他斷言某件他認為是真的事，或否定某件他判斷是假的事。他堅持這個或那個是事實。這樣的提案，是一種知識的聲明，而不是意圖的聲明。作者的意圖可能在前言的一開頭就告訴我們了。就一部論說性的作品來說，通常他會承諾要指導我們做某件事。為了確定他有沒有遵守這些承諾，我們就一定要找出他的主旨（propositions）才行。

一般來說，閱讀的過程與商業上的過程正好相反。商人通常是在找出提案是什麼後，才會達成共識。但是讀者卻要先與作者達成共識，才能明白作者的主旨是什麼，以及他所聲明的是什麼樣的判斷。這也是為什麼分析閱讀的第五個規則會與文字及詞義有關，而第六個，也就是我們現在要討論的，是與句子及提案有關的規則。

第七個規則與第六個規則是息息相關的。一位作者可能藉著事件、事實或知識，誠實地表達自己的想法。通常我們也是抱著對作者的信任感來閱讀的。但是除非我們對作者的個性極端的感興趣，否則只是知道他的觀點並不能滿足我們。**作者的主旨如果沒有理論的支持，就只是在抒發個人想法罷了**。如果是這本書、這個主題讓我們感興趣，而不是作者本身，那麼我們不只想要知道作者的主張是什麼，還想知道**為什麼他認為我們該被說服，以接受這樣的觀點**。

因此，第七個規則與各種論述（arguments）有關。一種說法總是受到許多理由、許多方法的支持。有時候我們可以強力主張真實，有時候則頂多談談某件事的可能。但不論哪種論點都要包含一些用某種方式表達的陳述。「因為」那樣，所以會說這樣。「因為」這兩個字就代表了一個理由。

表達論述時，會使用一些字眼把相關的陳述聯繫起來，像是：「如果」真是如此，「那麼」就會那樣。或「因為」如此，「所以」那樣。或「根據」這個論述，那就會如此這般。在本書較前面的章節中，也出現這種前後因果相關的句子。因為對我們這些離開學校的人來說，我們了解到，如果我們還想要繼續學習與發現，就必須要知道如何能讓一本書教導我們。在那樣的情況中，「如果」我們想要繼續學習，「那麼」我們就要知道如何從書中，從一個不在我們身邊的老師那兒學習。

一個論述總是一套或一連串的敘述，提供某個結論的根據或理由。因此，在說明論點時，必須要用到一段文字，或至少一些相關的句子來闡述。一開始可能不會先說論點的前提或原則，但那卻是結論的來源。如果這個論述成立，那麼結論一定是從前提中推演出來的。不過這麼說也並不表示這個結論就一定真實，因為可能有某個或所有的前提假設都是錯的。

我們說明這些規則的順序，都是有文法與邏輯的根據的。我們從共識談到主旨，再談到論點，表達的方法是從字（與詞）到一個句子，再到一連串的句子（或段落）來做說明。我們從最簡單的組合談到複雜的組合。當然，一本書含有意義的最小單位就是「字」。但是如果說一本書就是一連串字的組合，沒有錯，卻並不恰當。書中也經常把一組組的字，或是一組組的句子來當單位。一個主動的讀者，不只會注意到字，也會注意到句子與段落。除此之外，沒有其他方法可以發現一個作者的共識、主旨與論點。

我們把分析閱讀談到這裡時——**目的在是詮釋作者的意圖**——似乎和第一個階段的發展方向背道而馳——**第一階段的目的是掌握結構大綱**。我們原先從將一本書當作是個整體，談到書中的主要部分，再談到次要的部分。不過你可能也猜得到，這兩種方法會有交集點。書中的主要部分，與主要的段落都包含了許多主旨，通常還有許多論點。如果你繼續將一本書細分成許多部分，最後你會說：「在這一部分，導引出來了下面這些重點。」現在，每一個重點都像是主旨，而其中有一些主旨可能還組成一個論述。

因此，這兩個過程，掌握大綱與詮釋意圖，在主旨與論述的層次中互相交集了。你將一本書的各個部分細分出來，就可以找出主旨與論述。然後你再仔細分析一個論述由哪些主旨，甚至詞義而構成。等這兩個步驟你都完成時，就可以說是真的了解一本書的內容了。

## 句子與主旨

我們已經提到，在這一章裡，我們還會討論與這個規則有關的其他的事。就像關於字與共識的問題一樣，我們也要談語言與思想的關係。句子與段落是文法的單位，語言的單位。主旨與論述是邏輯的單位，也就是思想與知識的單位。

我們在這裡要面對的問題，跟上一章要面對的問題很相似。因為語言並不是詮釋思想最完美的媒介；因為一個字可以有許多意義，而不只一個字也可能代表同一種的意義，我們可以看出一個作者的用語與專業術語之間的關係有多複雜了。一個字可能代表多重的意思，一個意思也可能以許多字來代表。

數學家將一件上好的外套上的鈕扣與鈕扣洞之間，比喻成一對一的關係。每一個鈕扣有一個適合的鈕扣洞，每一個鈕扣洞也有一個適合的鈕扣。不過，重點是：字與意思之間的關係並不是一對一的。在應用這個規則時，你會犯的最大錯誤就是認為在語言及思想或知識之間，是一對一的關係。

事實上，聰明一點的做法是，即使是鈕扣與鈕扣洞之間的關係，也不要做太簡單的假設。男人西裝外套的袖子上面有鈕扣，卻沒有鈕扣洞。外套穿了一陣子，上面也可能只有洞，而沒有鈕扣。

讓我們說明句子與主旨之間的關係。並不是一本書中的每一句話都在談論主旨。有時候，一些句子在表達的是疑問。他們提出的是問題，而不是答案。**主旨則是這些問題的答案**。主旨所聲明的是知識或觀點。這也是為什麼我們說表達這種聲明的句子是敘述句（declarative），而提出問題的句子是疑問句（interrogative）。其他有些句子則在表達希望或企圖。這些句子可能會讓我們了解一些作者的意圖，卻並不傳達他想要仔細推敲的知識。

除此之外，並不是每一個敘述句都能當做是在表達一個主旨。會這麼說至少有兩個理由。第一個事實上，字都有歧義，可以用在許多不同的句子中。因此，如果字所表達的意思改變了，很可能同樣的句子卻在闡述不同的主旨。「閱讀就是學習」，這是一句簡單的陳述。但是有時候，我們說「學習」是指獲得知識，而在其他時候我們又說學習是發展理解力。因為意思並不一樣，所以主旨也都不同。但是句子卻是相同的。

另一個理由是，所有的句子並不像「閱讀就是學習」這樣單純。當一個簡單的句子使用的字都毫無歧義時，通常在表達的是一個單一的主旨。但就算用字沒有歧義，一個複合句也可能表達一個或兩個主旨。一個複合句其實是一些句子的組合，其間用一些字如「與」、「如果……就」或「不但……而且」來做連接。你可能會因而體認到，一個複合句與一小段文章段落之間的差異可能很難區分。一個複合句也可以用論述方式表達許多不同的主旨。

那樣的句子可能很難詮釋。讓我們從馬基雅維里（Niccolò Machiavelli）的《君主論》（*The Prince*）中找一段有趣的句子來做說明：

> 一個君王就算無法贏得人民的愛戴，也要避免憎恨，以喚起人的敬畏；因為只要他不剝奪人民的財產與女人，他就不會被憎恨，也就可以長長久久地承受人民的敬畏。

在文法上來說，這是一個單一的句子，不過卻十分的複雜。分號與「因為」是全句的主要分段。第一個部分的主旨是君王應該要以某種方法引起人民的敬畏。

而從「因為」開始，事實上是另一句話。（這也可以用另一種獨立的敘述方式：「他之所以能長久承受人民敬畏，原因是……」等等。）這個句子至少表達了兩個主旨：(1)一個君王應該要引起人民敬畏的原因是，只要他不被憎恨，他就能長長久久地被人民敬畏著。(2)要避免被人民憎恨，他就不要去剝奪人民的財產與女人。

在一個又長又複雜的句子裡，區分出不同的主旨是很重要的。不論你想要同意或不同意馬基雅維里的說法，你都要先了解他在說的是什麼意思。但是在這個句子中，他談到的是三件事。你可能不同意其中的一點，卻同意其他兩點。你可能認為馬基雅維里是錯的，因為他在向所有的君王推廣恐怖主義。但你可能也注意到他精明的說，最好不要讓人民在敬畏中帶有恨意。你可能也會同意不要剝奪人民的財產與女人，是避免憎恨的必要條件。除非你能在一個複雜句中辨認出不同的主旨，否則你無法判斷這個作者在談些什麼。

律師都非常清楚這個道理。他們會仔細看原告陳述的句子是什麼，被告否認的說法又是什麼。一個簡單的句子：「約翰‧唐簽了三月二十四日的租約。」看起來夠簡單了，但卻說了不只一件事，有些可能是真的，有些卻可能是假的。約翰‧唐可能簽了租約，但卻不是在三月二十四日，而這個事實可能很重要。簡單來說，就算一個文法上的單一句子，有時候說的也是兩個以上的主旨。

在區分句子與主旨之間，我們已經說得夠清楚了。他們並不是一對一的關係。不只是一個單一的句子可以表達出不同的主旨，不管是有歧義的句子或複合句都可以，而且同一個主旨也能用兩個或更多不同的句子來說明。如果你能抓住我們在字裡行間所用的同義字，你就會知道我們在說：「教與學的功能是互相連貫的」與「傳授知識與接收知識是息息相關的過程」這兩句話時，所談的是同一件事。

我們不再談文法與邏輯相關的重點，而要開始談規則了。在這一章裡，就跟上一章一樣，最難的就是要停止解釋。無論如何，我們假設你已經懂一點文法了。我們並不是說你一定要完全精通語句結構，但你應該注意一個句子中字的排列順序，與彼此之間的關係。對一個閱讀者來說，有一些文法的知識是必要的。除非你能越過語言的表象，看出其中的意義，否則你就無法處理有關詞義、主旨與論述——思想的要素——的問題。只要文字、句子與段落是不透明的、未解析的，他們就是溝通的障礙，而不是媒介。你閱讀了一些字，卻沒有獲得知識。

現在來談規則。你在上一章已經看到第五個規則了：**找出關鍵字，與作者達成共識**。第六個規則可以說是：**將一本書中最重要的句子圈出來，找出其中的主旨**。第七個規則是：**從相關文句的關聯中，設法架構出一本書的基本論述**。等一會你會明白，在這個規則中，我們為什麼不用「段落」這樣的字眼。

順便一提的是，這些新規則與前面所說的與作者達成共識的規則一樣，適用於論說性的作品。當你在唸一本文學作品——小說、戲劇與詩時，這些關於主旨與論述的規則又大不相同。後面我們會談到在應用時要如何做些改變，以便閱讀那些書籍。

## 找出關鍵句

在一本書中，最重要的句子在哪裡？要如何詮釋這些句子，才能找到其中包含的一個或多個主旨？

再一次，我們的重點在於挑出什麼才是重要的。我們說一本書中真正的關鍵句中只有少數的幾句話，並不是說你就可以忽略其他的句子。當然，你應該要了解每一個句子。而大多數的句子，就像大多數的文字一樣，對你來說都是毫無困難的。我們在談速讀時提到過，在讀這些句子時可以相當快的讀過去。從一個讀者的觀點來看，對你重要的句子就是一些需要花一點努力來詮釋的句子，因為你第一眼看到這些句子時並不能完全的理解。你對這些句子的理解，只及於知道其中還有更多需要理解的事。這些句子你會讀得比較慢也更仔細一點。這些句子對作者來說也許並不是最重要的，但也很可能就是，因為當你碰到作者認為最重要的地方時，應該會特別吃力。用不著說，你在讀這些部分時應該特別仔細才好。

從作者的觀點來看，最重要的句子就是在整個論述中，闡述作者判斷的部分。一本書中通常包含了一個以上或一連串的論述。作者會解釋為什麼他現在有這樣的觀點，或為什麼他認為這樣的情況會導致嚴重的後果。他也可能會討論他要使用的一些字眼。他會批評別人的作品。他會盡量加入各種相關與支持的論點。但**他溝通的主要核心是他所下的肯定與否定的判斷，以及他為什麼會這麼做的理由**。因此，要掌握住重點，就要從文章中看出浮現出來的重要句子。

有些作者會幫助你這麼做。他們會在這些字句底下劃線。他們不是告訴你說這些是重點，就是用不同的印刷字體將主要的句子凸顯出來。當然，如果你閱讀時昏昏沉沉的，這些都幫不上忙了。我們碰到過許多讀者或學生，根本不注意這些已經弄得非常清楚的記號。他們只是一路讀下去，而不肯停下來仔細地觀察這些重要的句子。

有少數的書會將主旨寫在前面，用很明顯的位置來說明這件事。歐幾里得就給了我們一個最明顯的例子。他不只一開始就說明他的定義，假設及原理——他的基本主旨——同時還將每個主旨都加以證明。你可能並不了解他的每一種說法，也可能不同意他所有的論點，但你卻不能不注意到這些重要的句子，或是證明他論述的一連串句子。

聖・托馬斯・阿奎那寫的《神學大全》（*Summa Theologica*），解說重要句子的方式也是將這些重點特別凸顯出來。他用的方式是提出問題。在每一個段落的開始會先提出問題來。這些問題中都暗示著阿奎那想要辯解的答案。而完全相對立的說法也都包括了。阿奎那想要為自己的想法辯護時，會用「我的回答」這樣的句子標明出來。在這樣的書——既說明理由，又說出結論的書中，沒有理由說看不到重要的句子。但是對一些把任何內容都等同重視的讀者來說，這樣的書還是一團迷霧。他們在閱讀時不管是快或慢，都以同樣的速度閱讀全書。而這通常也意味著所有的內容都不太重要。

除了這些特別標明重點，提醒讀者注意哪些地方很需要詮釋的書之外，找出重要的句子其實是讀者要替自己做的工作。他可以做的事有好幾件。我們已經提過其中一個了。如果他發現到在閱讀時，有的一讀便懂，有的卻難以理解時，他就可以認定這個句子是含有主要的意義了。或許你開始了解了，閱讀的一部分本質就是**被困惑，而且知道自己被困惑**。懷疑是智慧的開始，從書本上學習跟從大自然學習是一樣的。如果對於一篇文章你連一個問題也提不出來，那麼你就不可能期望一本書能給你一些你原本就沒有的視野。

另一個找出關鍵句的線索是，找出組成關鍵句的文字來。如果你已經將重要的字圈出來了，它一定會引導你看到值得注意的句子。因此在詮釋閱讀法中，第一個步驟是為了第二個步驟做準備的。反之亦然。很可能你是因為對某些句子感到困惑，而將一些字做上記號的。事實上，雖然我們在說明這些規則時都固定了前後的順序，但你卻不一定要依照這個順序來閱讀。詞義組成了主旨，主旨中又包含了詞彙。如果你知道這個字要表達的意思，你就能抓住這句話中的主旨了。如果你了解了一句話要說明的主旨，你也就是掌握了其中詞義的意思。

接下來的是更進一步的，找出最主要的主旨的線索。這些主旨一定在一本書中最主要的論述中——不是前提就是結論。因此，如果你能依照順序找出這些前後相關的句子——找出有始有終的順序，你可能就已經找到那些重要的關鍵句子了。

我們所說的順序，要有始有終。任何一種論述的表達，都需要花點時間。你可以一口氣說完一句話，但你要表達一段論述的時候卻總要有些停頓。你要先說一件事，然後另一個，接下來再說另一個。一個論述是從某處開始，經過某處，再到達某處的。那是思想的演變移轉。可能開始時就是結論，然後再慢慢的將理由說出來。也可能是先說出證據與理由，再帶引你達到結論。

當然，這裡還是相同的道理：除非你知道怎麼運用，否則線索對你來說是毫無用處的。當你看到某個論述時，你要去重新整理過。雖然有過一些失望的經驗，我們仍然相信，人類頭腦看到論述時之敏感，一如眼睛看到色彩時的反應。（當然，也可能有人是「論述盲」的！）但是如果眼睛沒有張開，就看不到色彩。頭腦如果沒有警覺，就無法察覺論述出現在哪裡了。

許多人認為他們知道如何閱讀，因為他們能用不同的速度來閱讀。但是他們經常在錯誤的地方**暫停，慢慢閱讀**。他們會為了一個自己**感興趣**的句子而暫停，卻不會為了**感到困擾**的句子而暫停。事實上，在閱讀非當代作品時，這是最大的障礙。一本古代的作品包含的內容有時很令人感到新奇，因為它們與我們熟知的生活不同。但是當你想要在閱讀中獲得理解時，你要追尋的就不是那種新奇的感覺了。一方面你會對作者本身，或對他的語言，或他使用的文字感到有興趣，另一方面，你會想要了解的是他的思想。就因為有這些原因，我們所討論的規則是要幫助你理解一本書，而不是滿足你的好奇心。

## 找出主旨

假設你已經找到重要的句子了，接下來就是第六個規則的另一個要求了。你必須要找出每個句子所包含的主旨。這是你必須知道句子在說什麼的另一種說法。當你發現一段話裡所使用的文字的意義時，你就和作者找到了共識。同樣的，詮釋過組成句子的每個字，特別是關鍵字之後，你就會發現主旨。

再說一遍，除非你懂一點文法，否則沒法做好這件事。你要知道形容詞與副詞的用法，而動詞相對於名詞的作用是什麼，一些修飾性的文字與子句，如何就它們所修飾的字句加以限制或擴大等等。理想上，你可以根據語句結構的規則，分析整個句子。不過你用不著很正式地去做這件事。雖然現在學校中並不太重視文法的教學，但我們還是假設你已經懂一點文法了。我們不能相信你不懂這回事，不過在閱讀的領域中，可能你會因為缺少練習而覺得生疏。

在找出文字所表達的意思，與句子所闡述的主旨之間，只有兩個不同之處。一個是後者所牽涉的內容比較多。就像你要用周邊的其他字來解釋一個特殊的字一樣，你也要借助前後相關的句子來了解那個問題句。在兩種情況中，都是從你了解的部分，進展到逐漸了解你原來不懂的部分。

另一個不同是，複雜的句子通常要說明的不只一個主旨。除非你能分析出所有不同，或相關的主旨，否則你還是沒有辦法完全詮釋一個重要的句子。要熟練地做到這一點，就需要常常練習。試著在本書中找出一些複雜的句子，用你自己的話將其中的主旨寫出來。列出號碼，找出其間的相關性。

「用你自己的話來說」，是測驗你懂不懂一個句子的主旨最好的方法。如果要求你針對作者所寫的某個句子做解釋，而你只會重複他的話，或在前後順序上做一些小小的改變，你最好懷疑自己是否真的了解了這句話。理想上，你應該能用完全不同的用語說出同樣的意義。當然，這個理想的精確度又可以分成許多程度。但是如果你無法放下作者所使用的字句，那表示他所傳給你的，只是這個「字」，而不是他的「思想或知識」。你知道的只是他的用字，而不是他的思想。他想要跟你溝通的是知識，而你獲得的只是一些文字而已。

將外國語文翻譯成英文的過程，與我們所說的這個測驗有關。如果你不能用英文的句子說出法文的句子要表達的是什麼，那你就知道自己其實並不懂這句法文。就算你能，你的翻譯可能也只停留在口語程度——因為就算你能很精確地用英文複述一遍，你還是可能不清楚法文句子中要說明的是什麼。

要把一句英文翻譯成另一種語文，就更不只是口語的問題了。你所造出來的新句子，並不是原文的口語複製。就算精確，也只是**意思的精確**而已。這也是為什麼說如果你想要確定自己是否吸收了主旨，而不只是生吞活剝了字句，最好是用這種翻譯來測試一下。就算你的測驗失敗了，你還是會發現自己的理解不及在哪裡。如果你說你了解作者在說些什麼，卻只能重複作者所說過的話，那一旦這些主旨用其他字句來表達時，你就看不出來了。

一個作者在寫作時，可能會用不同的字來說明同樣的主旨。讀者如果不能經由文字看出一個句子的主旨，就容易將不同的句子看作是在說明不同的主旨。這就好像一個人不知道 $2 + 2 = 4$ 跟 $4 - 2 = 2$ 雖然是不同的算式，說明的卻是同一個算術關係——這個關係就是四是二的雙倍，或二是四的一半。

你可以下結論說，這個人其實根本不懂這個問題。同樣的結論也可以落在你身上，或任何一個無法分辨出用許多相似句子說明同一個主旨的人，或是當你要他說出一個句子的主旨時，他卻無法用自己的意思說出相似的說明。

這裡已經涉及主題閱讀——就同一個主題，閱讀好幾本書。不同的作者經常會用不同的字眼述說同一件事，或是用同樣的字眼來說不同的事。一個讀者如果不能經由文字語言看出意思與主旨，就永遠不能做相關作品的比較。因為口語的各不相同，他會誤以為一些作者互不同意對方的說法，也可能因為一些作者敘述用語相近，而忽略了他們彼此之間的差異。

還有另一個測驗可以看出你是否了解句中的主旨。你能不能舉出一個自己所經歷過的主旨所形容的經驗，或與主旨有某種相關的經驗？你能不能就作者所闡述的特殊情況，說明其中通用於一般的道理？虛構一個例子，跟引述一個真實的例子都行。如果你沒法就這個主旨舉任何例子或做任何說明，你可能要懷疑自己其實並不懂這個句子在說些什麼。

並不是所有的主旨都適用這樣的測驗方法。有些需要特殊的經驗，像是科學的主旨你可能就要用實驗室來證明你是否明白了。但是主要的重點是很清楚的。主旨並非存在於真空狀態，而是跟我們生存的世界有關。除非你能展示某些與主旨相關的，實際或可能的事實，否則你只是在玩弄文字，而非理解思想或知識。

讓我們舉另一個例子。在形上學中，一個基本的主旨可以這樣說明：「除了實際存在的事物，沒有任何東西能發生作用。」我們聽到許多學生很自滿的向我們重複這個句子。他們以為只要以口語完美地重複這個句子，就對我們或作者有交代了。但是當我們要他們以不同的句子說明這句話中的主旨時，他們就頭大了。很少有人能說出：如果某個東西不存在，就不能有任何作用之類的話。但是這其實是最淺顯的即席翻譯——至少，對任何一個懂得原句主旨的人來說，是非常淺顯的。

既然沒有人能翻譯出來，我們只好要他們舉出一個主旨的例證。如果他們之中有人能說出：只靠**可能會下的**雨滴，青草是不會滋長的；或者，只靠**可能有的**儲蓄，一個人的存款帳目是不會增加的。這樣我們就知道他們真的抓到主旨了。

「口語主義」（verbalism）的弊端，可以說是一種使用文字，沒有體會其中的思想傳達，或沒有注意到其中意指的經驗的壞習慣。那只是在玩弄文字。就如同我們提出來的兩個測驗方法所指出的，不肯用分析閱讀的人，最容易犯上玩弄文字的毛病。這些讀者從來就沒法超越文字的本身。他們只能記憶與背誦所讀的東西而已。現代的教育家所犯的一個最大的錯誤就是違反了教育的藝術，他們只想要背誦文字，最後卻適得其反。沒有受過文法和邏輯藝術訓練的人，他們在閱讀上的失敗——以及處處可見的「口語主義」——可以證明如果缺乏這種訓練，會如何成為文字的奴隸，而不是主人。

## 找出論述

我們已經花了很多時間來討論主旨。現在來談一下分析閱讀的第七個規則。這需要讀者處理的是一堆句子的組合。我們前面說過，我們不用「讀者應該找出最重要的段落」這樣的句子來詮釋這條閱讀規則，是有理由的。這個理由就是，作者寫作的時候，並沒有設定段落的定則可循。有些偉大的作家，像是蒙田、洛克或普魯斯特，寫的段落奇長無比；其他一些作家，像是馬基雅維里、霍布斯或托爾斯泰，卻喜歡短短的段落。現代人受到報紙與雜誌風格的影響，大多數作者會將段落簡化，以符合快速與簡單的閱讀習慣。譬如現在這一段可能就太長了。如果我們想要討好讀者，可能得從「有些偉大的作家」那一句另起一段。

這個問題不只跟長度有關。還牽涉到語言與思想之間關係的問題。指導我們閱讀的第七個規則的邏輯單位，是「論述」——一系列先後有序，其中某些還帶有提出例證與理由作用的主旨。如同「意思」之於文字，「主旨」之於句子，「論述」這個邏輯單位也不會只限定於某種寫作單位裡。一個論述可能用一個複雜的句子就能說明。可能用一個段落中的某一組句子來說明。可能等於一個段落，但又有可能等於好幾個段落。

另外還有一個困難點。**在任何一本書中都有許多段落根本沒有任何論述**——就連一部分也沒有。這些段落可能是一些說明證據細節，或者如何收集證據的句子。就像有些句子因為有點離題比較遠而屬於次要，段落也有這種情況。用不著說，這部分可以快快的讀過去。

因為如此，我們建議第七個規則可以有另一個公式：**如果可以，找出書中說明重要論述的段落。但是，如果這個論述並沒有這樣表達出來，你就要去架構出來。你要從這一段或那一段中挑選句子出來，然後整理出前後順序的主旨，以及其組成的論述**。

等你找到主要的句子時，架構一些段落就變得很容易了。有很多方法可試。你可以用一張紙，寫下構成一個論述的所有主旨。通常更好的方法是，就像我們已經建議過的，在書的空白處做上編號，再加上其他記號，把一些應該排序而讀的句子標示出來。

讀者在努力標示這些論述的時候，作者多少都會幫得上一點忙。一個好的論說性書籍的作者會想要說出自己的想法，而不是隱藏自己的想法。但是並不是每個好作者用的方法都一模一樣。像是歐幾里得、伽利略、牛頓（以幾何學或數學方式寫作的作者），就是很接近這樣的想法：一個段落就是一個論述。在非數學的領域中，大多數作者不是在一個段落裡通常會有一、兩個以上的論點，就是一個論述就寫上好幾段。

一本書的架構比較鬆散時，段落也比較零亂。你經常要讀完整章的段落，才能找出幾個可供組合一個論述的句子。有些書會讓你白費力氣，有些書甚至不值得這麼做。

一本好書在論述進行時會隨時做摘要整理。如果作者在一章的結尾為你做摘要整理，或是摘要在某個精心設計的部分，你就要回顧一下剛才看的文章，找出他做摘要的句子是什麼。在《物種起源》中，達爾文在最後一章為讀者做全書的摘要，題名為「精華摘要與結論」。看完全書的讀者值得受到這樣的幫助。沒看過全書的人，可就用不上了。

順便一提，如果在進行分析閱讀之前，你已經瀏覽過一本書，你會知道如果有摘要，會在哪裡。當你想要詮釋這本書時，你知道如何善用這些摘要。

一本壞書或結構鬆散的書的另一個徵兆是忽略了論述的步驟。有時候這些忽略是無傷大雅，不會造成不便，因為縱使主旨不清楚，讀者也可以藉著一般的常識來補充不足之處。但有時候這樣的忽略卻會產生誤導，甚至是故意的誤導。一些演說家或宣傳家最常做的詭計就是留下一些未說的話，這些話與他們的論述極為有關，但如果說得一清二楚，可能就會受到挑戰。我們並不擔心一位想要指導我們的誠懇的作者使用這樣的手法。但是對一位用心閱讀的人來說，最好的法則還是將每個論述的步驟都說明得一清二楚。

不論是什麼樣的書，你身為讀者的義務都是一樣的。如果這本書有一些論述，你應該知道是些什麼論述，而能用簡潔的話說出來。任何一個好的論述都可以做成簡要的說明。當然，有些論述是架構在其他的論述上。在精細的分析過程中，證實一件事可能就是為了證實另一件事。而這一切又可能是為了做更進一步的證實。然而，這些推理的單位都是一個個的論述。如果你能在閱讀任何一本書時發現這些論述，你就不太可能會錯過這些論述的先後順序了。

你可能會抗議，這些都是說來容易的事。但是除非你能像一個邏輯學家那樣了解各種論述的架構，否則當作者並沒有在一個段落中說明清楚這論述時，誰能在書中找出這些論述，更別提要架構出來？

這個問題的答案很明顯，對於論述，你用不著像是一個邏輯學者一樣來研究。不論如何，這世上只有相對少數的邏輯學者。大多數包含著知識，並且能指導我們的書裡，都有一些論述。這些論述都是為一般讀者所寫作的，而不是為了邏輯專家寫的。

在閱讀這些書時用不著偉大的邏輯概念。我們前面說過，在閱讀的過程中你能讓大腦不斷地活動，能跟作者達成共識，找到他的主旨，那麼你就能看出他的論述是什麼了。而這也就是人類頭腦的自然本能。

無論如何，我們還要談幾件事，可能會有助於你進一步應用這個閱讀規則。**首先**，要記住所有的論述都包含了一些聲明。其中有些是你為什麼該接受作者這個論述的理由。如果你先找到結論，就去看看理由是什麼。如果你先看到理由，就找找看這些理由帶引你到什麼樣的結論上。

**其次**，要區別出兩種論述的不同之處。一種是以一個或多個特殊的事實證明某種共通的概念，另一種是以連串的通則來證明更進一步的共通概念。前者是歸納法，後者是演繹法。但是這些名詞並不重要。重點在如何區分二者的能力。

在科學著作中，看一本書是用推論來證實主張，還是用實驗來證實主張，就可以看出兩者的區別。伽利略在《兩種新科學》中，借由實驗結果來說明數學演算早就驗證的結論。偉大的生理學家威廉・哈維（William Harvey）在他的書《論心臟的律動》（*On the Motion of the Heart*）中寫道：「經由推論與實驗證明，心室的脈動會讓血液流過肺部及心臟，再推送到全身。」有時候，一個主旨是有可能同時被一般經驗的推論，及實驗兩者所支持的。有時候，則只有一種論述方法。

**第三**，找出作者認為哪些事情是假設，哪些是能**證實**的或有根據的，以及哪些是不需要證實的**自明之理**。他可能會誠實的想告訴你他的假設是什麼，或是他也可能很誠實地讓你自己去發掘出來。顯然，並不是每件事都是能證明的，就像並不是每個東西都能被定義一樣。如果每一個主旨都要被證實過，那就沒有辦法開始證實了。像是定理、假設或推論，就是為了證實其他的主旨而來的。如果這些其他的主旨被證實了，就可以做更進一步論證的前提了。

換句話說，每個論述都要有開端。基本上，有兩種開始的方法或地方：一種是作者與讀者都同意的假設，一種是不論作者或讀者都無法否認的自明之理。在第一種狀況中，只要彼此認同，這個假設可以是任何東西。第二個情況就需要多一點的說明了。

近來，不言自明的主旨都被冠上「廢話重說」（tautology）的稱呼。這個說法的背後隱藏著一種對細微末節的輕蔑態度，或是懷疑被欺騙的感覺。這就像是兔子正在從帽子裡被揪出來。你對這個事實下了一個定義，然後當牠出現時，你又一副很驚訝的樣子。然而，不能一概而論。

譬如在「父親的父親就是祖父」，與「整體大於部分」兩個主旨之間，就有值得考慮的差異性。前面一句話是自明之理，主旨就涵蓋在定義之中。那只是膚淺的掩蓋住一種語言的約定：「讓我們稱父母的父母為祖父母。」這與第二個主旨的情形完全不同。我們來看看為什麼會這樣。

「整體大於部分。」這句話在說明我們對一件事的本質，與他們之間關係的了解，不論我們所使用的文字或語言有什麼變遷，這件事都不會改變的。定量的整體，一定可以區分成是量的部分，就像一張紙可以切成兩半或分成四份一樣。既然我們已經了解了一個定量的整體（指任何一種有限的定量的整體），也知道在定量的整體中很明確的某一部分，我們就可以知道整體比這個部分大，或這個部分比整體小了。到目前為止，這些都是口頭上的說明，我們並不能為「整體」或「部分」下定義。這兩個概念是原始的或無法定義的觀念，我們只能藉著整體與部分之間的關係，表達出我們對整體與部分的了解。

這個說法是一種不言自明的道理——尤其當我們從相反的角度來看，一下子就可以看出其中的錯誤。我們可以把一張紙當作是一個「部分」，或是把紙切成兩半後，將其中的一半當作是「整體」，但我們不能認為這張紙在還沒有切開之前的「部分」，小於切開來後的一半大小的「整體」。無論我們如何運用語言，只有當我們了解定量的整體與其中明確的部分之後，我們才能說我們知道整體大於部分了。而我們所知道的是存在的整體與部分之間的關係，不只是知道名詞的用法或意義而已。

這種不言自明的主旨是不需要再證實，也不可否認的事實。他們來自一般的經驗，也是普通常識的一部分，而不是有組織的知識；不隸屬哲學、數學，卻更接近科學或歷史。這也是為什麼歐幾里得稱這種概念為「普通觀念」（Common notion）。儘管像洛克等人並不認為如此，但這些觀念還是有啟迪的作用。洛克看不出一個沒有啟發性的主旨（像是關於祖父母的例子），和一個有啟發性的主旨（像是整體與部分之間的例子），兩者之間到底有什麼不同——後者對我們真的有教育作用，如果我們不學習就不會明白其中的道理。今天有些人認為所有的這類主旨都是「廢話重說」，也是犯了同樣的錯誤。他們沒看出來有些所謂的「廢話重說」確實能增進我們的知識——當然，另外有一些則的確不能。

## 找出解答

這三個分析閱讀的規則——關於共識、主旨與論述——可以帶出第八個規則了，這也是詮釋一本書的內容的最後一個步驟。除此之外，那也將分析閱讀的第一個階段（整理內容大綱）與第二階段（詮釋內容）連接起來了。

在你想發現一本書到底在談些什麼的最後一個步驟是：找出作者在書中想要解決的主要問題（如果你回想一下，這在第四個規則中已經談過了）。現在，你已經跟作者有了共識，抓到他的主旨與論述了，你就該檢視一下你收集到的是什麼資料，並提出一些更進一步的問題來。作者想要解決的問題哪些解決了？為了要解決問題，他是否又提出了新問題？無論是新或舊問題，哪些是他知道自己還沒有解決的？一個好作者，就像一個好讀者一樣，應該知道各個問題有沒有解決——當然，對讀者來說，要承認這個狀況是比較容易的。

詮釋作品的閱讀技巧的最後一部分就是：規則八，**找出作者的解答**。你在應用這個規則及其他三個規則來詮釋作品時，你可以很清楚地感覺到自己已經開始在了解這本書了。如果你開始讀一本超越你能力的書——也就是能教導你的書——你就有一段長路要走了。更重要的是，你現在已經能用分析閱讀讀完一本書了。這第三個，也是最後一個階段的工作很容易。你的心靈及眼睛都已經打開來了，而你的嘴閉上了。做到這一點時，你已經在伴隨作者而行了。從現在開始，你可以有機會與作者辯論，表現出你自己的想法。

## 分析閱讀的第二個階段

我們已經說明清楚分析閱讀的第二個階段。換句話說，我們已經準備好材料，要回答你在看一本書，或任何文章都應該提出來的第二個基本問題了。你會想起第二個問題是：**這本書的詳細內容是什麼？如何敘述的？**只要運用五到八的規則，你就能回答這個問題。當你跟作者達成共識，找出他的關鍵主旨與論述，分辨出如何解決他所面對的問題，你就會知道他在這本書中要說的是什麼了。接下來，你已經準備好要問最後的兩個基本問題了。

我們已經討論完分析閱讀的另一個階段，就讓我們暫停一下，將這個階段的規則複述一遍：

**分析閱讀的第二個階段，或找出一本書到底在說什麼的規則（詮釋一本書的內容）：**

(5) 詮釋作者使用的關鍵字，與作者達成共識。

(6) 從最重要的句子中抓出作者的重要主旨。

(7) 找出作者的論述，重新架構這些論述的前因後果，以明白作者的主張。

(8) 確定作者已經解決了哪些問題，還有哪些是未解決的。在未解決的問題中，確定哪些是作者認為自己無法解決的問題。

# 第十章 公正地評斷一本書

在上一章的結尾，我們說，我們走了一段長路才來到這裡。我們已經學過如何為一本書列出大綱。我們也學過詮釋書本內容的四個規則。現在我們準備要做的就是分析閱讀的最後一個階段。在這個階段中，你前面所做的努力都會有回報了。

閱讀一本書，是一種對話。或許你不這麼認為，因為作者一路說個不停，你卻無話可說。如果你這麼想，你就是並不了解作為一個讀者的義務——你也並沒有掌握住自己的機會。

事實上，讀者才是最後一個說話的人。作者要說的已經說完了，現在該讀者開口了。一本書的作者與讀者之間的對話，就跟平常的對話沒有兩樣，每個人都有機會開口說話，也不會受到干擾。如果讀者沒受過訓練又沒禮貌，這樣的對話可能會發生任何事，卻絕不會井井有條。可憐的作者根本沒法為自己辯護。他沒法說：「喂！等我說完，你再表示不同的意見可以嗎？」讀者誤解他，或錯過重點時，他也沒法抗議。

在一般的交談中，必須要雙方都很有禮貌才能進行得很好。我們所想的禮貌卻並不是一般社交禮儀上的禮貌。那樣的禮貌其實並不重要。真正重要的是遵守思維的禮節。如果沒有這樣的禮節，談話會變成爭吵，而不是有益的溝通。當然，我們的假設是這樣的談話跟嚴肅的問題有關，一個人可以表達同意或不同的意見。他們能不能把自己表達得很好就變得很重要了。否則這個活動就毫無利益可言了。善意的對話最大的益處就是能學到些什麼。

在一般談話來說有道理的事，對這種特殊的交談情況——作者與讀者藉一本書來進行對話——又更有道理一些。我們姑且認為作者受過良好的訓練，那麼在一本好書中，他的談話部分就扮演得很好，而讀者要如何回報呢？他要如何圓滿的完成這場交談呢？

讀者有義務，也有機會回話。機會很明顯。沒有任何事能阻礙一個讀者發表自己的評論。無論如何，在讀者與書本之間的關係的本質中，有更深一層的義務關係。

如果一本書是在傳遞知識的，作者的目標就是指導。他在試著教導讀者。他想要說服或誘導讀者相信某件事。只有當最後讀者說：「我學到了。你已經說服我相信某些事是真實的，或認為這是可能發生的。」這位作者的努力才算成功了。但是就算讀者未被說服或誘導，作者的企圖與努力仍然值得尊敬。讀者需要還他一個深思熟慮的評斷。如果他不能說：「我同意。」至少他也要有不同意的理由，或對問題提出懷疑的論斷。

其實我們要說的前面已經不知說過多少次了。一本好書值得主動的閱讀。主動的閱讀不會為了已經了解一本書在說些什麼而停頓下來，**必須能評論**，**提出批評**，**才算真正完成了這件事**。沒有自我期許的讀者沒法達到這個要求，也不可能做到分析或詮釋一本書。他不但沒花心力去理解一本書，甚至根本將書擱在一邊，忘個一乾二淨。這比不會讚賞一本書還糟，因為他對這本書根本無可奉告。

## 受教是一種美德

我們前面所說的讀者可以回話，並不是回與閱讀無關的事。現在是分析閱讀的第三個階段。跟前面的兩個階段一樣，這裡也有一些規則。有些規則是一般思維的禮節。在這一章中，我們要談的就是這個問題。其他有關批評觀點的特殊條件，將會在下一章討論到。

一般人通常認為，水準普通的讀者是不夠格評論一本好書的。讀者與作者的地位並不相等。在這樣的觀點中，作者只能接受同輩作家的批評。記得培根曾建議讀者說：「閱讀時不要反駁或挑毛病；也不要太相信，認為是理所當然；更不要交談或評論。只要斟酌與考慮。」華特・史考特（Sir Walter Scott）要把「閱讀時懷疑，或輕蔑作者的人」大加撻伐。

當然，說一本書如何毫無瑕疵，因而對作者產生多少崇敬等等，這些話是有些道理，但卻也有不通之處。讀者或許像個孩子，因此一位偉大的作者可以教育他們，但這並不是說他們就沒有說話的權利。塞萬提斯說：「沒有一本書會壞到找不到一點好處的。」或許他是對的，或許也是錯的。更確定的說法該是：沒有一本書會好到無懈可擊。

的確，如果一本書會啟發讀者，就表示作者高於讀者，除非讀者完全了解這本書，否則是不該批評的。但是等他們能這麼做時，表示他們已經自我提升到作者同樣的水平了。現在他們擁有新的地位，可以運用他們的特權。如果他們現在不運用自己批評的才能，對作者來說就是不公平的事。作者已經完成他的工作——讓讀者與他齊頭並進。這時候讀者就應該表現得像是他的同輩，可以與他對話或回話。

我們要討論的是受教的美德——這是一種長久以來一直受到誤解的美德。受教通常與卑躬屈膝混為一談。一個人如果被動又順從，可能就會被誤解為他是受教的人。相反的，受教或是能學習是一種極為主動的美德。一個人如果不能自動自發地運用獨立的判斷力，他根本就不可能學習到任何東西。或許他可以受訓練，卻不能受教。因此，**最能學習的讀者，也就是最能批評的讀者**。這樣的讀者在最後終於能對一本書提出回應，對於作者所討論的問題，會努力整理出自己的想法。

我們說「最後」，是因為要能受教必須先完全聽懂老師的話，而且在批評以前要能完全的了解。我們還要加一句：光是努力，並不足以稱上受教。讀者必須懂得**如何**評斷一本書，就像他必須懂得如何才能了解一本書的內容。這第三組的閱讀規則，也就是引導讀者在最後一個階段訓練自己受教的能力。

## 修辭的作用

我們經常發現教學與受教之間的關係是互惠的，而一個作者能深思熟慮地寫作的技巧，和一個讀者能深思熟慮地掌握這本書的技巧之間，也有同樣的互惠關係。我們已經看到好的寫作與閱讀，都是以文法與邏輯的原則為基礎規則。到現在為止，我們所討論的規則都與作者努力達到能被理解的地步，而讀者努力做到理解作品的地步有關。這最後階段的一些規則，則超越理解的範疇，要做出評論。於是，這就涉及修辭。

當然，修辭有很多的用途。我們通常認為這是與演說或宣傳有關。但是以最普通的意義來說，修辭和人類的任何一種溝通都有關。如果我們在說話，我們不只希望別人了解我們，也希望別人能同意我們的話。如果我們溝通的目的是很認真的，我們就會希望能說服或勸導對方——更精確地說，說服對方接受我們的理論，勸導對方最終受到我們的行為與感覺的影響。

在做這樣的溝通時，接收的一方如果也想同樣認真，那就不但要有回應，還要做一個負責的傾聽者。你對自己所聽到的要有回應，還要注意到對方背後的意圖。同時，你還要能有自己的主見。當你有自己的主見時，那就是你的主張，不是作者的主張了。如果你不靠自己，只想依賴別人為你做判斷，那你就是在做奴隸，不是自由的人了。思想教育之受推崇，正因如此。

站在敘述者或作者的角度來看，修辭就是要知道如何去說服對方。因為這也是最終的目標，所有其他的溝通行為也必須做到這個程度才行。在寫作時講求文法與邏輯的技巧，會使作品清晰，容易理解，也是達到目標的一個過程。相對的，在讀者或聽者的立場，修辭的技巧是知道當別人想要說服我們時，我們該如何反應。同樣的，文法及邏輯的技巧能讓我們了解對方在說什麼，並準備做出評論。

## 暫緩評論的重要性

現在你可以看出來，在精雕細琢的寫作或閱讀過程中，文法、邏輯和修辭這三種藝術是如何協調與掌控的。在分析閱讀前兩個階段的技巧中，需要精通文法與邏輯。在第三個階段的技巧中，就要靠修辭的藝術了。這個階段的閱讀規則建立在最廣義的修辭原則上。我們會認為這些原則代表一種禮節，讓讀者不只是有禮貌，還能有效地回話的禮節。（雖然這不是一般的認知，但是禮節應該要有這兩個功能，而不是只有前面一項禮貌的功能。）

你大概已經知道第九個閱讀規則是什麼了。前面已經講過很多遍了。除非你聽清楚了，也確定自己了解了，否則就不要回話。除非你真的很滿意自己完成的前兩個閱讀階段，否則不會感覺到可以很自由地表達自己的想法。只有當你做到這些事時，你才有批評的權力，也有責任該這麼做。

這就是說，事實上，分析閱讀的第三階段最後一定要跟著前兩個階段來進行。前面兩個階段是彼此連貫的，就是初學者也能將兩者合併到某種程度，而專家幾乎可以完全連貫合併。他可以將整體分成許多的部分，同時又能找出思想與知識的要素，與作者達成共識，找出主旨與論述，再重新架構出一個整體。此外，對初學者來說，前面兩個階段所需要做的工作，其實只要做好檢視閱讀就已經完成一大部分了。但是就下評論來說，即使是個閱讀專家，也必須要跟初學者一樣，不等到他完全了解是不能開始的。

以下就是我們再詳細說明的第九個規則：**在你說出「我同意」、「我不同意」、或「我暫緩評論」之前，你一定要能肯定地說：「我了解了。」**上述三種意見代表了所有的評論立場。我們希望你不要弄錯了，以為所謂評論就是要不同意對方的說法。這是非常普遍的誤解。同意對方說法，與不同意對方說法都一樣要花心力來做判斷的。同意或不同意都有可能對，也都有可能不對。毫無理解便同意只是愚蠢，還不清楚便不同意也是無禮。

雖然乍看之下並不太明顯，但暫緩評論也是評論的一種方式。那是一種有些東西還未表達的立場。你在說的是，無論如何，你還沒有被說服。

你可能會懷疑，這些不過是普通常識，為什麼要大費周章地說明？有兩個理由。第一點，前面已經說過，許多人會將評論與不同意混為一談（就算是「建設性」的批評也是不同意）。其次，雖然這些規則看起來很有理，在我們的經驗中卻發現很少有人能真正運用。這就是古人說的光說不練的道理。

每位作者都有被瞎批評的痛苦經驗。這些批評者並不覺得在批評之前應該要做好前面的兩個閱讀步驟。通常這些批評者會認為自己不需要閱讀，只需要評論就可以了。演講的人，都會碰上一些批評者其實根本不了解他在說的是什麼，就提出尖銳問題的經驗。你自己就可能記得這樣的例子：一個人在台上講話，台下的人一口氣或最多兩口氣就冒出來：「我不知道你在說什麼，但我想你錯了。」

對於這樣的批評，根本不知從何答起。你唯一能做的是有禮貌地請他們重述你的論點，再說明他們對你的非難之處。如果他們做不到，或是不能用他們自己的話重述你的觀點，你就知道他們其實並不了解你在說什麼。這時你不理會他們的批評是絕對有道理的。他們的意見無關緊要，因為那些只是毫無理解的批評而已。只有當你發現某個人像你自己一般真的知道你在說什麼的時候，你才需要為他的同意而歡喜，或者為他的反對而苦惱。

這麼多年來教學生閱讀各種書籍的經驗中，我們發現遵守規則的人少，違反規則的人很多。學生經常完全不知道作者在說些什麼，卻毫不遲疑地批評起作者來。他們不但是對自己不懂的東西表示反對意見，更糟的是，就算他們同意作者的觀點，也無法用自己的話說出個道理來。他們的討論，跟他們的閱讀一樣，都只是些文字遊戲而已。由於他們缺乏理解，無論肯定或否定的意見就都毫無意義，而且無知。就算是暫緩評論，如果對自己暫緩評論的內容是些什麼並不明所以的話，這種暫緩的立場也不見得有什麼高明。

關於這個規則，下面還有幾點是要注意的。如果你在讀一本好書，在你說出「我懂了」之前，最好遲疑一下。在你誠實又自信地說出這句話之前，你有一堆的工作要做呢！當然，在這一點上，你要先評斷自己的能力，而這會讓你的責任更加艱鉅。

當然，說出「我不懂」也是個很重要的評斷，但**這只能在你盡過最大努力之後**，**因為書而不是你自己的理由才能說這樣的話**。如果你已經盡力而為，卻仍然無法理解，可能是這本書真的不能理解。對一本書，尤其是一本好書來說，這樣的假設是有利的。在閱讀一本好書時，無法理解這本書通常是讀者的錯。因此，在分析閱讀中，要進入第三階段之前，必須花很多時間準備前面兩個階段的工作。所以當你說「我不懂」時，要特別注意其中並沒有錯在你自己身上的可能。

在以下的兩種狀況中，你要特別注意閱讀的規則。如果一本書你只讀了一部分，就更難確定自己是不是了解了這本書，在這時候你的批評也就要更小心。還有時候，一本書跟作者其他的書有關，必須看了那本書之後才能完全的理解。在這種情況中，你要更小心說出「我懂了」這句話，也要更慢慢地舉起你評論的長矛。

對於這種自以為是的狀況，有一個很好的例子。許多文學評論家任意贊成或反對亞里斯多德的《詩學》，卻並不了解他在分析詩的主要論點，其實立足於他其他有關心理學、邏輯與形上學的一些著作之上。他們其實根本不知道自己在贊成或反對的是什麼。

同樣的狀況也發生在其他作者身上，像是柏拉圖、康德、亞當・史密斯與馬克思等人——這些人不可能在一本書中將自己所有的思想與知識全部寫出來。而那些評論康德《純粹理性批判》，卻根本沒看過他《實踐理性批判》的人；批評亞當・史密斯的《國富論》，卻沒看過他《道德情操論》（*Theory of Moral Sentiments*）的人；或是談論《共產主義宣言》，卻沒有看過馬克思《資本論》的人，他們都是在贊成或反對一些自己並不了解的東西。

## 避免爭強好辯的重要性

評論式閱讀的第二個規則的道理，與第一個一樣清楚，但需要更詳盡的說明與解釋。這是規則十：**當你不同意作者的觀點時，要理性地表達自己的意見，不要無理地辯駁或爭論。**如果你知道或懷疑自己是錯的，就沒有必要去贏得那場爭辯。事實上，你贏得爭辯可能真的會在世上名噪一時，但長程來說，誠實才是更好的策略。

我們先從柏拉圖與亞里斯多德的例子來談這個規則。在柏拉圖的《會飲篇》（*Symposium*）中，有一段對話：

「我不能反駁你，蘇格拉底，」阿加頓說：「讓我們假設你說的都對好了。」

「阿加頓，你該說你不能反駁真理，因為蘇格拉底是很容易被反駁的。」

亞里斯多德的《詩學》中也提到了這一段。他說：

「其實這就是我們的責任。為了追求真理，要毀掉一些我們內心最親近的事物，尤其是像我們這樣的哲學家或熱愛智慧的人更是如此。因為，縱使雙方是摯友，我們對真理的虔誠卻是超越友誼的。」

柏拉圖與亞里斯多德給了我們一個大多數人忽略的忠告。大多數人會以贏得辯論為目標，卻沒想到要學習的是真理。

把談話當作是戰爭的人，要贏得戰爭就得為反對而反對，不論自己對錯，都要反對成功。抱持著這種心態來閱讀的人，只是想在書中找出反對的地方而已。這些好辯的人專門愛在雞蛋裡挑骨頭，對自己的心態是否偏差，則完全置之不顧。

讀者在自己書房和一本書進行對話的時候，沒有什麼可以阻止他去贏得這場爭辯。他可以掌控全局。作者也不在現場為自己辯護。如果他想要作者現身一下的虛榮，他可以很容易就做到這一點。他幾乎不必讀完全書就能做到。他只要翻一下前面幾頁就夠了。

但是，如果他了解到，在與作者——活著或死了的老師——對話中，真正的好處是他能從中學到什麼；如果他知道所謂的贏只在於增進知識，而不是將對方打敗，他就會明白爭強好辯是毫無益處的。我們並不是說讀者不可以極端反對或專門挑作者的毛病，我們要說的只是：**就像他反對一樣，他也要有同意的心理準備**。不論要同意還是反對，他該顧慮的都只有一點——事實，關於這件事的真理是什麼。

這裡要求的不只是誠實。讀者看到什麼應該承認是不必說的。當必須同意作者的觀點，而不是反對的，也不要有難過的感覺。如果有這樣的感覺，他就是個積習已深的好辯者。就這第二個規則而言，這樣的讀者是情緒化的，而不是理性的。

## 化解爭議

第三個規則與第二個很接近。所敘述的是在提出批評之前的另一個條件。這是建議你把不同的觀點當作是有可能解決的問題。第二個規則是敦促你不要爭強好辯，這一個規則是提醒你不要絕望地與不同的意見對抗。一個人如果看不出所有理性的人都可能達成一致的意見，那他就會對波濤洶湧的討論過程感到絕望。注意我們說的是「可能達成一致的意見」，而不是說每個有理性的人都會達成一致的意見。就算他們現在不同意，過一陣子他們也可能變成同意。我們要強調的重點是，除非我們認為某個不同的意見終究有助於解決某個問題，否則就會徒亂心意。

人們確實會同意，也會不同意的兩個事實，來自人類複雜的天性。人是理性的動物。理性是人類表達同意的力量泉源。人類的獸性與理性中不完美的部分，則是造成許多不同意的原因。人是情緒與偏見的動物。他們必須要用來溝通的語言是不完美的媒介，被情緒遮蓋者，被個人的喜好渲染著，被不恰當的思想穿梭著。不過在人是理性的程度之內，這些理解上的困難是可以克服的。從誤解而產生的不同意見只是外表的，是可以更正的。

當然，還有另一種不同意是來自知識的不相當。比較無知的人和超越自己的人爭論時，經常會錯誤地表示反對的意見。然而，學識比較高的人，有權利指正比較無知的人所犯的錯誤。這種不同意見所造成的爭論也是可以更正的。知識的不相當永遠可以用教導來解決。

還有一些爭論是被深深隱藏起來的，而且還可能是沉潛在理性之中。這種就很難捉摸，也難以用理性來說明。無論如何，我們剛剛所說是大部分爭論形式——只要排除誤解，增加知識就能解決這些爭論。這兩種解藥儘管經常很困難，通常卻都管用。因此，一個人在與別人對話時，就算有不同的意見，最後還是有希望達成共識。他應該要準備好改變自己的想法，才能改變別人的想法。他永遠要先想到自己可能誤解了，或是在某一個問題上有盲點。在爭論之中，一個人絕不能忘了這是教導別人，也是自己在受教的一個機會。

問題在許多人並不認為爭議是教導與受教的一個過程。他們認為任何事都只是一個觀點問題。我有我的觀點，你也有你的，我們對自己的觀點都有神聖不可侵犯的權利，就像我們對自己的財產也有同樣的權利。如果溝通是為了增進知識，從這個角度出發的溝通是不會有收穫的。這樣的交談，頂多像是一場各持己見的乒乓球賽，沒有人得分，沒有人贏，每個人都很滿意，因為自己沒有輸——結果，到最後他還是堅持最初的觀點。

如果我們也是這樣的觀點，我們不會——也寫不出這本書來。相反的，我們認為知識是可以溝通傳達的，爭議可以在學習中獲得解決。如果真正的知識（不是個人的意見）是爭議的焦點，那麼在大多數情況下，這些爭議或者只是表面的，藉由達成共識或心智的交流就可以消除，或者就算真正存在，仍然可以藉由長期的過程以事實與理性來化解。有理性的爭議方法就是要有長久的耐心。簡短來說，爭議是可爭辯的事物。除非雙方相信透過相關證據的公開，彼此可以藉由理性來達成一種理解，進而解決原始的爭議議題，否則爭議只是毫無意義的事。

第三個規則要如何應用在讀者與作者的對話中呢？這個規則要怎樣轉述成閱讀的規則呢？當讀者發現自己與書中某些觀點不合時，就要運用到這個規則了。這個規則要求他先確定這個不同的意見不是出於誤解。再假設這個讀者非常注意，除非自己真的了解，而且確實毫無疑問，否則不會輕易提出評斷的規則，那麼，接下來呢？

接下來，這個規則要求他就真正的知識與個人的意見做出區別。還要相信就知識而言，這個爭議的議題是可以解決的。如果他繼續進一步追究這個問題，作者的觀點就會指引他，改變他的想法。如果這樣的狀況沒有發生，就表示他的論點可能是正確的，至少在象徵意義上，他也有能力指導作者。至少他可以希望如果作者還活著，還能出席的話，作者也可能改變想法。

你可能還記得上一章的結尾部分談過一點這個主題。如果一個作者的主旨沒有理論基礎，就可以看作是作者個人的意見。一個讀者如果不能區別出知識的理論說明，與個人觀點的闡述，那他就無法從閱讀中學到東西。他感興趣的頂多只是作者個人，把這本書當作是個人傳記來讀而已。當然，這樣的讀者無所謂同意或不同意，他不是在評斷這本書，而是作者本身。

無論如何，如果讀者基本的興趣是書籍本身，而不是作者本身，對於自己有責任評論這件事就要認真地對待。在這一點上，讀者要就真正的知識與他個人觀點以及作者個人觀點之不同之處，作出區分。因此，除了表達贊成或反對的意見之外，讀者還要做更多的努力。他必須要為自己的觀點找出理由來。當然，如果他贊同作者的觀點，就是他與作者分享同樣的理論。但是如果他不贊同，他一定要有這麼做的理論基礎。否則他就只是把知識當作個人觀點來看待了。

因此，以下是規則十一，**尊重知識與個人觀點的不同，在做任何評斷之前，都要找出理論基礎**。

順便強調的是，我們並不希望大家認為我們主張有許多「絕對」的知識。我們前一章提到的自明之理，對我們來說是不能證明，也無法否定的真理。然而，大多數的知識都無法做到絕對的地步。我們所擁有的知識都是隨時可以更正的。我們所知道的知識都有理論支持，或至少有一些證據在支持著，但我們不知道什麼時候會出現新的證據，或許就會推翻我們現在相信的事實。

不過這仍然不會改變我們一再強調區別知識與意見的重要性。如果你願意，那麼知識存在於**可以辯護的意見**之中——那些有某種證據支持的意見。因此，如果我們真的知道些什麼，我們就要相信我們能以自己所知來說服別人。至於「意見」，就我們一直使用這個字眼的意義來說，代表沒有理論支持的評斷。所以談到「意見」的時候，我們一直和「只是」或「個人」等詞彙聯用。當我們除了個人的感覺與偏見，並沒有其他證據或理由來支持一個陳述，就說某件事是真理的話，那未免兒戲了。相對地如果我們手中有一些有理性的人都能接受的客觀證據，我們就可以說這是真理，而我們也知道這麼說沒錯。

現在我們要摘要說明這一章所討論的三個規則。這三個規則在一起所說明的是批評式閱讀的條件，而在這樣的閱讀中，讀者應該能夠與作者「辯論」。

第一：要求讀者先完整地了解一本書，不要急著開始批評。第二：懇請讀者不要爭強好辯或盲目反對。第三：將知識上的不同意見看作是大體上可以解決的問題。這個規則再進一步的話，就是要求讀者要為自己不同的意見找到理論基礎，這樣這個議題才不只是被說出來，而且會解釋清楚。只有這樣，才有希望解決這個問題。

# 第十一章　贊同或反對作者

一個讀者所能說的第一件事是他讀懂了，或是他沒懂。事實上，他必須先說自己懂了，這樣才能說更多的話。如果他沒懂，就應該心平氣和地回頭重新研究這本書。

在第二種難堪的情況中，有一個例外。「我沒懂」這句話也可能本身就是個評論。但要下這個評論之前，讀者必須有理論支持才行。如果問題出在書本，而不是讀者自己，他就必須找出問題點。他可以發現這本書的架構混亂，每個部分都四分五裂，各不相干，或是作者談到重要的字眼時模稜兩可，造成一連串的混淆困擾。在這樣的狀態中，讀者可以說這本書是沒法理解的，他也沒有義務來做評論。

然而，假設你在讀一本好書，也就是說這是一本可以理解的書。再假設最後你終於可以說：「我懂了！」再假設除了你看懂了全書之外，還對作者的意見完全贊同，這樣，閱讀工作才算是完成了。分析閱讀的過程已經完全結束。你已經被啟發，被說服或被影響了。當然，如果你對作者的意見不同意或暫緩評論，我們還會有進一步的考量。尤其是不同意的情況比較常見。

作者與讀者爭辯——並希望讀者也能提出辯駁時——一個好的讀者一定要熟悉辯論的原則。在辯論時他要有禮貌又有智慧。這也是為什麼在這本有關閱讀的書中，要另闢一章來談這個問題的原因。**當讀者不只是盲目地跟從作者的論點，還能和作者的論點針鋒相對時，他最後才能提出同意或反對的有意義的評論。**

同意或反對所代表的意義值得我們進一步討論。一位讀者與作者達成共識後，掌握住他的主旨與論述，便是與作者心意相通了。事實上，詮釋一本書的過程是透過言語的媒介，達到心靈上的溝通。讀懂一本書可以解釋為作者與讀者之間的一種認同。他們同意用這樣的說法來說明一種想法。因為這樣的認同，讀者便能透過作者所用的語言，看出他想要表達的想法。

如果讀者讀懂了一本書，怎麼會不同意這本書的論點呢？批評式閱讀要求他保持自己的想法。但是當他成功地讀懂這本書時，便是與作者的心意合一了。這時他還有什麼空間保持自己的想法呢？

有些人不知道所謂的「同意」其實是包含兩種意義的，於是，錯誤的觀念就形成前面的難題。結果，他們誤以為兩人之間如果可以互相了解，便不可能會不同意對方的想法。他們認為反對的意見純粹來自不了解。

只要我們想想作者都是在對我們所生活的世界做出評論，這個錯誤就很容易看出來了。他聲稱提供給我們有關事物存在與行動的理論知識，或是我們該做些什麼的實務知識，當然，他可能是對的，也可能是錯的。只有當他說的是事實，而且提出相關的證據時，他的說法才成立。否則就是毫無根據的說辭。

譬如你說：「所有的人都是平等的。」我們可能會認為你說的是人生而俱有的智慧、力量與其他能力都是相同的。但就我們對事實的觀察，我們不同意你的觀點。我們認為你錯了。但也可能我們誤解你了。或許你要說的是**每個人的政治權利是平等的**。因為我們誤解了你的意思，所以我們的不同意是毫無意義的。現在假設這個誤解被糾正了。仍然可能有兩種回答。我們可以同意，也可以不同意。**但是這時如果我們不同意，我們之間就出現了一個真正的議題**。我們了解你的政治立場，但我們的立場與你相反。

只有當雙方都了解對方所說的內容時，關於事實或方向的議題——關於一件事是什麼或該如何做的議題——才是真實的。在討論一件事時，雙方都要對文字上的應用沒有意見之後，才能談到同意或不同意的觀點。這是因為（不是儘管），當你透過對一本書的詮釋理解，與作者達成了共識之後，才可以決定要同意他的論點，或是不同意他的立場。

## 偏見與公正

現在我們來談談你讀懂了一本書，但是卻不同意作者的狀況。如果你都接受前一章所談的規則，那麼你的不同意就是因為作者在某一點上出錯了。你並沒有偏見，也不是情緒化。因為這是事實，那麼要做到理想化的辯論就必須滿足以下的三種條件：

**第一點**，因為人有理性的一面，又有動物的一面，所以在爭辯時就要注意到你會帶進去的情緒，或是在當場引發的脾氣。否則你的爭論會流於情緒化，而不是在說理了。當你的情緒很強烈時，你可能會認為自己很有道理。

**第二點**，你要把自己的前提或假設攤出來。你要知道你的偏見是什麼——這也是你的預先評斷。否則你就不容易接受對手也有不同假設的權利。**一場好的辯論是不會為假設而爭吵的**。譬如作者明白地請你接受某個前提假設，你就不該因為也可以接受相反的前提假設就不聽他的請求。如果你的偏見正好在相反的那一邊，而你又不肯承認那就是偏見，你就不能給作者一個公平的機會表達意見了。

**第三點也是最後一點**，派別之爭幾乎難以避免地會造成一些盲點，要化解這些盲點，應盡力嘗試不偏不倚。當然，爭論而不想有派別之分是不可能的事。但是在爭論時應該多一點理性的光，少一點激情的熱，每個參與辯論的人至少都該從對方的立場來著想一下。如果你不能用**同理心**來閱讀一本書，你的反對意見會更像是爭吵，而不是文明的意見交流。

理想上，這三種心態是明智與有益的對話中必要的條件。這三種要件顯然也適用在閱讀上——那種作者與讀者之間的對話上。對一個願意採取理性爭論方式的讀者來說，每一個建議對他都是金玉良言。

但這只是理想，僅能做到近似而已。我們不敢對人抱持這樣的奢望。我們得趕快承認，我們也充分地注意到自己的缺點。我們也會違反我們自己所定的辯論中該有的明智規則。我們發現自己也會攻擊一本書，而不是在評論，我們也會窮追猛打，辯不過的時候也繼續反對，把自己的偏見講得理直氣壯，好像我們比作者要更勝一籌似的。

然而，無論如何，我們仍然相信，作者與讀者的對話及批評式的閱讀，是可以相當有紀律的。因此，我們要介紹一套比較容易遵守，可以取代這三種規則的替代方法。這套方法指出四種站在對立角度來評論一本書之道。我們希望即使讀者想要提出這四種評論時，也不會陷入情緒化或偏見的狀態中。

以下是這四點的摘要說明。我們的前提是讀者能與作者進行對話，並能回應他所說的話。在讀者說出：「我了解，但我不同意。」之後，他可以用以下的概念向作者說明：(1)**你的知識不足**（uninformed）。(2)**你的知識有錯誤**（misinformed）。(3)**你不合邏輯——你的推論無法令人信服**。(4)**你的分析不夠完整**。

這四點可能並不完整，不過我們認為已經夠了。無論如何，這確實是一位讀者在不同意時，基本上可以做出的重點聲明。這四個聲明多少有點獨立性。只用其中一點，不會妨害到其他重點的運用。每個重點或全部的重點都可以用上，因為這些重點是不會互相排斥的。

不過，再強調一次，讀者不能任意使用這些評論，除非他確定能證明這位作者是知識不足、知識有誤或不合邏輯。一本書不可能所有的內容都是知識不足或知識有誤。一本書也不可能全部都不合邏輯。而要做這樣評論的讀者，除了要能精確地指認作者的問題之外，還要能進一步證明自己的論點才行。他要為自己所說的話提出理由來。

## 判斷作者的論點是否正確

這四個重點之中，第四個重點與前三個略微不同，我們會繼續討論這一點。我們先簡單地談一下前三種，再談第四點。

(1)說一位作者知識不足，就是在說他缺少某些與他想要解決的問題相關的知識。在這裡要注意的是，除非這些知識確實相關，否則就沒有理由做這樣的評論。要支持你的論點，你就要能闡述出作者所缺乏的知識，並告訴他這些知識如何與這個問題有關，如果他擁有的話會如何讓他下一個不同的結論。

我們還要補充說明一點。達爾文缺乏基因遺傳學的知識，這些是由孟德爾及後繼者研究證實的知識。在他的《物種起源》中，最大的缺點就是他對遺傳機能的知識一無所知。吉朋，則缺乏一些後來的歷史學家研究證明所顯示出羅馬淪亡的關鍵點。通常，在科學與歷史中，前人缺乏的知識都是由後來的人發掘出來的。科技的進步與時間的延長，使得大部分的研究調查都能做到這一點。但在哲學的領域中，狀況卻可能相反。似乎時間越久遠，知識只有衰退，而毫無增進。譬如古人就已經懂得分辨出人的意識、想像與理解力。在十八世紀，休姆（David Hume）的作品中對人的想像與思想的區別一無所知，然而早期的哲學家早已建立起這個概念了。

(2)說一位作者的知識錯誤，就是說他的理念不正確。這樣的錯誤可能來自缺乏知識，但也可能遠不只於此。不論是哪一種，他的論點就是與事實相反。作者所說的事實或可能的事實，其實都是錯的，而且是不可能的。這樣的作者是在主張他自己其實並沒有擁有的知識，當然，除非這樣的缺點影響到作者的結論，否則並沒必要指出來。要做這個評論，你必須要能說明事實，或是能採取比作者更有可能性的相反立場來支持你的論點。

譬如史賓諾沙的一本政治論著中，談到民主是比專制更原始的一種政治形態。這與已經證實的政治史實完全相反。史賓諾沙這個錯誤的觀點，影響到他接下來的論述。亞里斯多德誤以為在動物的傳宗接代中，雌性因素扮演著重要的角色，結果導致一個難以自圓其說的生殖過程的結論。阿奎那的錯誤在他認為天體與星球是截然不同的，因為他認為前者只會改變位置，此外無從改變。現代的天文學家更正了這個錯誤，而使得古代及中世紀的天文學往前邁進一大步。但是他這個錯誤只與部分內容相關。他出了這個錯，卻不影響他在形上學的論點，他認為所有可知覺的事物都是由內容及形式所組成的。

前兩點的批評是互相有關聯的。知識不足，就可能造成我們所說的知識錯誤。此外，任何人的某種知識錯誤時，也就是在那方面知識不足。不過，這兩種不足在消極與積極面上的影響，還是有差別的。缺乏相關的知識，就不太可能解決某個特定的問題，或支持某一種結論。錯誤的知識卻會引導出錯誤的結論，與站不住腳的解答。這兩個評論合在一起，指出的是作者的前提有缺陷。他需要充實知識。他的證據與論點無論在質與量上都還不夠好。

(3) 說一位作者是不合邏輯的，就是說他的推論荒謬。一般來說，荒謬有兩種形態。一種是缺乏連貫，也就是結論冒出來了，卻跟前面所說的理論連不起來。另一種是事件變化的前後不一致，也就是作者所說的兩件事是前後矛盾的。要批評這兩種問題，讀者一定要能例舉精確的證據，而那是作者的論點中所欠缺的使人信服的力量。只要當主要的結論受到這些荒謬推論的影響時，這個缺點才要特別的提出來。一本書中比較無關的部分如果缺乏信服力，也還說得過去。

第三點比較難以例舉說明。因為真正的好書，很少在推論上出現明顯的錯誤。就算真的發生了，通常也是精巧地隱藏起來，除非是極有洞察力的讀者才能發掘出來。但是我們可以告訴你一個出現在馬基雅維里的《君主論》中的謬論。馬基雅維里說：

所有的政府，不論新或舊，主要的維持基礎在法律。如果這個政府沒有很好的武裝力量，就不會有良好的法律。也就是說，只要政府有很好的武裝力量，就會有好的法律。

所謂良好的法律來自良好的警察力量，所謂只要警察力量是強大的，法律也自然是良好的，是不通的。我們暫且忽略這個議題中高度的可疑性。我們關心的只是其中的連貫性。就算我們說快樂來自於健康比好法律來自有效力的警察力量還要有道理一些，但是也不能跟著說：健康的人都是快樂的人。

在霍布斯的《法律的原理》（*Elements of Law*）中，他主張所有的物體不過是在運動中的物質數量而已。他說在物體的世界中是沒有品質可言的。但是在另一個地方，他主張人本身就不過是個物體，一組在運動中的原子的組合。他一方面承認人有感官品質的存在——顏色、氣味、味覺等等——一方面又說這都不過是大腦中原子的運動所造成的。這個結論與前面第一個論點無法呼應，在那個論點中他說的是在運動中的物體是沒有品質的。他所說的所有運動中的物體，應該也包括任何一組特殊的物體，大腦的原子運動自然也該在其中才對。

這第三個批評點與前兩個是互相關聯的。當然，有時候作者可能沒法照他自己所提的證據或原則下出結論。這樣他的推論就不夠完整。但是這裡我們主要關心的還是一個作者的理論根據很好，導出來的結論卻很差的情況。去發現作者的論點沒有說服人的力量，是因為前提不正確或證據不足，雖然很有趣，但卻一點也不重要。

如果一個人設定了很完整的前提，結論卻問題百出，那從某個角度而言，就是他的知識有錯誤。不過，到底這些錯誤的論述來自推論有毛病的問題，還是因為一些其他的缺點，特別像是相關知識不足等等，這兩者之間的差異倒是值得我們細細推敲的。

## 判斷作者論述的完整性

我們剛談過的前面三個批評點，是與作者的聲明與論述有關的。讓我們談一下讀者可以採取的第四個批評點。這是在討論作者是否實際完成了他的計畫——也就是對於他的工作是否能交代的滿意度。

在開始之前，我們必須要先澄清一件事。如果你說你讀懂了，而你卻找不出證據來支持前面任何一個批評點的話，這時你就有義務要同意作者的任何論點。這時你完全沒有自主權。你沒有什麼神聖的權利可以決定同意或不同意。

如果你不能用相關證據顯示作者是知識不足、知識有誤，或不合邏輯，你就不能反對他。你不能像很多學生或其他人說的：「你的前提都沒有錯，推論也沒問題，但我就是不同意你的結論。」這時候你唯一能說的可能只是你「不喜歡」這個結論。你並不是在反對。你只在表達你的情緒或偏見。如果你已經被說服了，就該承認。（如果你無法提出證據來支持前三項批評點，但仍然覺得沒有被作者說服，可能在一開始時你就不該說你已經讀懂了這本書。）

前面三個批評點與作者的共識、主旨與論述有關。這些是作者開始寫作時要用來解決問題的要素。第四點——這本書是否完整了——與整本書的架構有關。

(4)說一位作者的分析是不完整的，就是說他並沒有解決他一開始提出來的所有問題，或是他並沒有盡可能善用他手邊的資料，或是他並沒有看出其間的含義與縱橫交錯的關係，或是他沒法讓自己的想法與眾不同。但這還不夠去說一本書是不完整的。任何人都可以這樣評論一本書。人是有限的，他們所做的任何工作也都是有限的，不完整的。因此，做這樣的評論是毫無意義的。除非讀者能精確地指出書中的問題點——不論是來自他自己的努力求知，或是靠其他的書幫忙——才能做這樣的批評。

讓我們做一個簡要的說明。在亞里斯多德的《政治學》中，有關政府形態的分析是不完整的。因為他的時代的限制，與他錯誤地接受奴隸制度，亞里斯多德沒有想到，或說構想到，真正的民主架構在人民的普選權。他也沒法想像到代議政治與現代的聯邦體制。如果有的話，他的分析應該延伸到這些政治現實才行。歐幾里得的《幾何原理》也是敘述不完整。因為歐幾里得沒想到平行線之間其他的公理。現代的幾何學提出了其他的假設，補足了這個缺陷。杜威的《如何思考》（*How We Think*），關於思考的分析是不完整的。因為他沒有提到在閱讀時產生的思考，在老師指導之下的思考，以及在研究發現時所產生的思考。對相信人類永生的基督徒而言，愛比克泰德（Epictetus）或奧里略（Marcus Aurelius）有關人類幸福的論述也是不完整的。

嚴格來說，第四點並不能做為不同意一個作者的根據。我們只能就作者的成就是有限的這一點而站在對立面上。然而，當讀者找不出任何理由提出其他批評點而同意一本書的部分理論時，或許會因為這第四點，關於一本書是不完整的論點，而暫緩評論整本書。站在讀者的立場，暫緩評論一本書就是表示作者並沒有完全解決他提出的問題。

閱讀同樣領域的書，可以用這四種評論的標準來做比較。如果一本書能比另一本書說出較多的事實，錯誤也較少，就比較好一點。但如果我們想要藉讀書來增進知識，顯然一本能對主題做最完整敘述的書是最好的。這位作者可能會缺乏其他作者所擁有的知識；這位作者所犯的錯誤，可能是另一位作者絕不會發生的；即使是相同的根據，這位作者的說服力也可能比不上另一位作者。但是唯有比較每位作者在分析論點時的完整性，才是真正有深度的比較。比較每本書裡有效而且突出的論點有多少，就可以當作評斷其完整性的參考了。這時你會發現能與作者找出共同的詞義是多麼有用了。突出的詞義越多，突出的論述也就越多。

你也可能觀察到第四個批評點與分析閱讀的三個階段是息息相關的。在擬大綱的最後階段，就是要知道作者想要解決的問題是什麼。詮釋一本書的最後階段，就是要知道作者解決了哪些問題，還有哪些問題尚未解決。批評一本書的最後階段，就是要檢視作者論述的完整性。這跟全書大綱，作者是否把問題說明清楚，也跟詮釋一本書，衡量他多麼完滿地解決了問題都有關。

## 分析閱讀的三階段

現在我們已經大致完成了分析閱讀的舉證與討論。我們現在要把所有的規則按適當的秩序，用合宜的標題寫出來：

**一、分析閱讀的第一階段：找出一本書在談些什麼的規則**

(1) 依照書的種類與主題來分類。
(2) 使用最簡短的文字說明整本書在談些什麼。
(3) 將主要部分按順序與關聯性列舉出來。將全書的大綱列舉出來，並將各個部分的大綱也列出來。

(4) 確定作者想要解決的問題。

## 二、分析閱讀的第二階段：詮釋一本書的內容規則

(5) 詮釋作者的關鍵字，與他達成共識。

(6) 由最重要的句子中，抓住作者的重要主旨。

(7) 知道作者的論述是什麼，從內容中找出相關的句子，再重新架構出來。

(8) 確定作者已經解決了哪些問題，還有哪些是沒解決的。再判斷哪些是作者知道他沒解決的問題。

## 三、分析閱讀的第三階段：像是溝通知識一樣的評論一本書的規則

A．智慧禮節的一般規則

(9) 除非你已經完成大綱架構，也能詮釋整本書了，否則不要輕易批評。（在你說出：「我——讀懂了！」之前，不要說你同意，不同意或暫緩評論。）

(10) 不要爭強好勝，非辯到底不可。

(11) 在說出評論之前，你要能證明自己區別得出真正的知識與個人觀點的不同。

B．批評觀點的特別標準

(12) 證明作者的知識不足。

(13) 證明作者的知識錯誤。

(14) 證明作者不合邏輯。

(15) 證明作者的分析與理由是不完整的。

注意：關於最後這四點，前三點是表示不同意見的準則，如果你無法提出相關的佐證，就必須要同意作者的說法，或至少一部分的說法。你只能因為最後一點的理由，對這本書暫緩評論。

本書在第七章結尾時，已經提出分析閱讀的前四個規則，以便幫助你回答對一本書提出來的一個基本問題：**這本書大體上來說是在談些什麼？**同樣的，在第九章的結尾，詮釋一本書的四個規則能幫助你回答第二個問題，這也是你一定會問的問題：**這本書詳細的內容是什麼？作者是如何寫出來的？**很清楚，剩下來的七個閱讀規則——評論的智慧禮節、批評觀點的特別標準——能幫助你回答第三與第四個基本問題。你一定還記得這兩個問題：**這是真實的嗎？有意義嗎？**

「這是真實的嗎？」的問題，可以拿來問我們閱讀的任何一種讀物。我們可以對任何一種讀物提出「真實性」的疑問——數學、科學、哲學、歷史與詩。人類發揮心智所完成的作品，如果就其真實性而受到讚美，可說是再也沒有比這更高的評價了。同樣的，就其真實性而進行批評，也是認真對待一部正經作品的態度。但是，奇怪的是，近幾年來，在西方的社會中，第一次出現這種最高評價的標準逐漸喪失的現象。贏得批評家的喝采，廣受大眾矚目的書本，幾乎都是在嘲弄事實的作品——越是誇大，效果越好。大部分的讀者，特別是閱讀流行讀物的讀者，在使用不同的評論標準讚美或責難一本書——這本書是否新奇，譁眾取寵，有沒有誘惑力，有沒有威力能迷惑讀者的心等等，而不是在這本書的真實性，論點是否清晰，或是啟發人心的力量上。這些標準會落伍的原因，或許是現代有許多非科學類的作者，他們對於真實性的要求是很低的。我們可以推想這樣的危機：如果任何有關真實的作品不再是關心的焦點時，那麼將會有更少的人願意寫作、出版、閱讀這樣的書了。

除非你閱讀的東西在某種程度上是真實的，否則你用不著再讀下去。就算是這樣，你還是要面對最後一個問題。如果你是為了追求知識而閱讀，除非你能判斷作者所提出的事實的意義，或者應該具備的意義，否則稱不上有頭腦的閱讀。作者所提出的事實，很少沒經過有意無意的詮釋。尤其如果你讀的是文摘類的作品，那都是根據某種意義，或某種詮釋原則而過濾過的事實。如果你閱讀的是啟發性的作品，這個問題更是沒有終了的時刻。在學習的任何一個階段，你都要回顧一下這個問題：「這究竟有沒有意義？」

我們已經提過的這四個問題，總結了身為讀者應盡的義務。前三個，與人類語言的溝通天性有關。如果溝通並不複雜，就用不著做出大綱來。如果語言是完美的溝通媒介，而不是有點不透明，就用不著詮釋彼此的想法了。如果錯誤與無知不會侷限真實或知識，我們也根本用不著批評了。第四個問題區別了訊息（information）與理解（understanding）之間的差異。如果你閱讀的讀物是以傳遞訊息為主，你就要自己更進一步，找出其中的啟發性來。即使你被自己閱讀的東西所啟發了，你也還要繼續往前探索其中的意義。

在進入本書的第三篇之前，或許我們該再強調一次，這些分析閱讀的規則是一個理想化的閱讀。沒有多少人用過這樣的方法來閱讀一本書。而使用過這些方法的人，可能也沒辦法用這些規則來閱讀許多本書。無論如何，這些規則只是衡量閱讀層次的理想標準。你是個好讀者，也就能達到你應該達到的閱讀層次。

當我們在說某人讀書「讀得很好」（Well-read）時，我們的心中應該要有這些標準來做衡量的依據。太多時候，我們是用這樣的句子來形容一個人閱讀的量，而非閱讀的質。一個讀得很廣泛，卻讀不精的人，與其值得讚美，不如值得同情。就像霍布斯所說：「如果我像一般人一樣讀那麼多書，我就跟他們一樣愚蠢了。」

偉大的作者經常也是偉大的讀者，但這並不是說他們閱讀所有的書。只是在我們的生活中，閱讀是不可或缺的。在許多例子中，他們所閱讀的書比我們在大學唸的書還要少，但是他們讀得很精。因為他們精通於自己所閱讀的書，他們的程度就可以跟作者相匹敵。他們有權利被稱作權威人士。在這種狀況下，很自然的，一個好學生通常會變成老師，而一位好的讀者也會變成作者。

我們並不是企圖要指引你開始寫作，而是要提醒你，運用本書所提供的規則，仔細地閱讀一本書，而不是浮面地閱讀大量的書，就是一個好讀者能達到的理想境界了。當然，許多書都值得精讀。但有更多的書是只要瀏覽一下就行了。要成為一個好讀者，就要懂得依照一本書的特質，運用不同的閱讀技巧來閱讀。

# 第十二章 輔助閱讀

除了書籍本身之外，任何輔助閱讀我們都可以稱作是外在的閱讀。所謂的「內在閱讀」（intrinsic reading），意思是指閱讀書籍的本身，與所有其他的書都是不相關的。而「外在閱讀」（extrinsic reading）指的是我們藉助其他一些書籍來閱讀一本書。到目前為止，我們故意避免談到外在的輔助閱讀。我們前面所談的閱讀規則，是有關內在閱讀的規則——並不包括到這本書以外的地方尋找意義。有好幾個理由讓我們堅持到現在，一直將焦點集中在身為讀者的基本工作上——拿起一本書來研究，運用自己的頭腦來努力，不用其他的幫助。但是如果一直這樣做下去，可能就錯了。外在閱讀可以幫上這個忙。有時候還非要藉助外在閱讀，才能完全理解一本書呢！

我們一直到現在才提出外在閱讀的一個理由是：在理解與批評一本書的過程中，內在與外在的閱讀通常會混在一起。在詮釋、批評與做大綱時，我們都難免受到過去經驗的影響。在閱讀這本書之前，我們一定也讀過其他的書。沒有人是從分析閱讀開始閱讀第一本書的。我們可能不會充分對照其他書籍或自己生活裡的經驗，但是我們免不了會把某一位作者對某件事的聲明與結論，拿來跟我們所知的，許多不同來源的經驗做比較。這也就是俗話說的，我們不應該，也不可能完全孤立地閱讀一本書。

但是要拖到現在才提出外在閱讀的主要理由是：許多讀者太依賴外在的輔助了，我們希望你了解這是毫無必要的。閱讀一本書時，另一隻手上還拿著一本字典，其實是個壞主意。當然這並不是說你在碰到生字時也不可以查字典。同樣地，一本書困擾住你時，我們也不會建議你去閱讀評論這本書的文章。整體來說，在你找尋外力幫助之前，最好能自己一個人閱讀。如果你經常這麼做，最後你會發現越來越不需要外界的助力了。

外在的輔助來源可以分成四個部分。在這一章中，我們會依照以下的順序討論出來：第一，相關經驗。二，其他的書。三，導論與摘要。四，工具書。

要如何運用或何時運用這些外在的輔助資料，我們無法針對特例一一說明，但我們可以做一般性的說明。根據一般的閱讀常識來說，你依照內在閱讀的規則盡力將一本書讀完之後，卻還是有一部分或全部都不懂時，就應該要找外在的幫助了。

## 相關經驗的角色

有兩種形態的相關經驗可以幫助我們了解在閱讀時有困難的書。在第六章，我們已經談到一般經驗與特殊經驗的不同之處。一般經驗適用於任何一個活著的男人跟女人。特殊經驗則需要主動的尋找，只有當一個人碰到困難時才會用得上。特殊經驗的最佳例子就是在實驗室中進行的實驗，但也不一定需要有實驗室。譬如一位人類學家的特殊經驗可以是旅行到亞馬遜流域，去研究一個尚未被開發的原始土著的居住形態。他因此增加了一些別人沒有的特殊經驗，也是許多人不可能有的經驗。如果大多數的科學家去探險那個區域之後，他的經驗就失去了獨特性。同樣的，太空人登陸月球也是非常特殊的經驗，而月球並不是一般人習以為常的實驗室。大多數人並沒有機會知道居住在沒有空氣的星球上是什麼滋味，而在這成為一般經驗之前，大多數人還是會保持這樣的狀態。同樣的，上面有龐大地心引力的木星，在一般人心中也會繼續想成一個像實驗室般的地方，而且可能會一直是如此。

一般的經驗並不一定要每個人都有才叫一般。一般（Common）與全體（Universal）是有點差別的。譬如並不是每個人都能經歷到生下來就有父母的經驗，因為有些人一出生就是孤兒。然而，家庭生活卻是一般人的普通經驗，因為這是大多數的男人跟女人在正常生活中的體驗。同樣的，性愛也不是每個人都有的經驗，但是這是個共通的經驗，因此我們稱這個經驗為一般經驗。有些男人或女人從沒有過這樣的經驗，但是這個經驗被絕大多數的人類共享著，因此不能稱作特殊經驗。（這並不是說性愛經驗不能在實驗室中做研究，實際上也有很多人在做了。）被教導也不是每個人都有的經驗，有些人從未上過學，但是這也屬於一般經驗。

這兩種經驗主要是跟不同的書籍有關。一般經驗在一方面與閱讀小說有關，另一方面與閱讀哲學書籍有關。判斷一本小說的寫實性，完全要依賴一般的經驗。就像所有的人一樣，我們從自己的生活體驗來看這本書是真實或不夠真實。哲學家與詩人一樣，也是訴諸人類的共通經驗。他並沒有在實驗室工作，或到外面做專門的研究調查。因此你用不著外界特殊經驗的輔助，就能理解一位哲學家的主要原則。他談的是你所知道的一般經驗，與你每天生活中所觀察到的世界。

特殊經驗主要是與閱讀科學性作品有關。要理解與判斷一本科學作品所歸納的論點，你就必須了解科學家所做的實驗報告與證明。有時候科學家在形容一個實驗時栩栩如生，你讀起來一點困難也沒有。有時說明圖表會幫助你了解這些像是奇蹟般的描述。

閱讀歷史作品，同時與一般經驗及特殊經驗都有關。這是因為歷史參雜著虛構與科學的部分。從一方面來說，口述歷史是個故事，有情節、角色、插曲、複雜的動作、高潮、餘波。這就像一般經驗也適用於閱讀小說跟戲劇一樣。但是歷史也像科學一樣，至少有些歷史學家自己研究的經驗是相當獨特的。他可能有機會閱讀到一些機密文件，而一般人如果閱讀這些文件是會有麻煩的。他可能做過廣泛的研究，不是進入殘存的古老文明地區，就是訪問過偏遠地區的人民生活。

要怎樣才能知道你是否適當地運用自己的經驗，來幫助你讀懂一本書呢？最確定的測驗方式就是我們討論過的方式，跟測驗你的理解力一樣，問問你自己：在你覺得自己了解了的某一點上，能不能舉出一個實例來？很多次我們要學生這麼做，學生們卻答不出來。他們看起來是了解了某個重點，但叫他起來舉例說明時，他又是一臉茫然的樣子。顯然，他們並不是真的讀懂了那本書。在你不太確定自己有沒有掌握住一本書時，不妨這樣測驗一下你自己。以亞里斯多德在《倫理學》中討論的道德為例，他一再強調，道德意味著過與不及之間的狀態。他舉出了一些具體的例子，你能同樣舉出類似的例子嗎？如果可以，你就大致了解了他的重點。否則你該重新回到原點，再讀一次他的論點。

## 其他的書可以當作閱讀時的外在助力

在後面我們會討論到主題閱讀，那是在同一個主題下，閱讀很多本書。此刻，我們要談的是閱讀其他的書籍，以輔助我們閱讀某一本書的好處。

我們的建議尤其適用於所謂的巨著。一般人總是抱著熱忱想要閱讀巨著，但是當他絕望地感覺到自己無法理解這本書時，熱忱很快便消退了。其中一個原因，當然是因為一般人根本不知道要如何好好的閱讀一本書。但還不只如此，還有另一個原因：他們認為自己應該能夠讀懂自己所挑選的第一本書，用不著再讀其他相關的著作。他們可能想要閱讀聯邦公報，卻沒有事前先看過有關聯邦與憲法的文章。或是他們讀了這些書，卻沒有看看孟德斯鳩（Montesquieu）的《法意》（*The Spirits of Laws*）與盧梭的《社約論》。

許多偉大的作品不只是互相有關聯，而且在寫作時還有特定的先後順序，這都是不該忽略的事。後者的作品總是受到前人的影響。如果你先讀前一位的作品，他可能會幫助你了解後人的作品。閱讀彼此相關的書籍，依照寫作的時間順序來讀，對你了解最後寫的作品有很大的幫助。這就是外在輔助閱讀的基本常識與規則。

外在輔助閱讀的主要功用在延伸與一本書相關的內容脈絡。我們說過文章的脈絡有助於詮釋字義與句子，找出共識與主旨。就像一整本書的脈絡是由各個部分貫穿起來一樣，相關的書籍也能提供一個大型的網路脈絡，以幫助你詮釋你正在閱讀的書。

我們經常會發現，一本偉大的著作總會有很長的對話部分。偉大的作者也是偉大的讀者，想要了解他們，不妨讀一讀他們在讀的書。身為讀者，他們也是在與作者對話，就像我們在跟我們所閱讀的書進行對話一樣。只不過我們可能沒寫過其他的書。

想要加入這樣的談話，我們一定要讀與巨著相關的著作，而且要依照寫作前後的年表來閱讀。有關這些書的對話是有時間順序的。時間順序是最基本的，千萬不要忽略了。閱讀的順序可以是從現代到過去，也可以從過去到現代。雖然從過去讀到現代的作品因為順其自然而有一定的好處，不過年代的角度也可以倒過來觀察。

順便提醒一下，比起科學與小說類的書，閱讀歷史與哲學的書時，比較需要閱讀相關的書籍。尤其是在閱讀哲學書時更重要，因為哲學家互相都是彼此了不起的讀者。在小說與戲劇中，這就比較不重要了。如果真是好作品，可以單獨閱讀。當然一些文評家並不想限制自己這麼做。

## 如何運用導讀與摘要

第三種外在的輔助閱讀包括了導讀（commentary）與摘要（abstract）。在這裡要強調的是，在運用這些資料時要特別聰明，也就是要盡量少用。會這麼說有兩個理由。

第一，一本書的導讀並不一定都是對的。當然，這些導讀的用處很大，但卻並不像我們希望的那樣經常有用。在大學的書店裡，到處都有閱讀手冊（handbook）與閱讀指南（manual）。高中生也常到書店中買這類的書。這種書就經常產生誤導。這些書都號稱可以幫助學生完全了解老師指定他們閱讀的某本書，但是他們的詮釋有時錯得離譜，除此之外，他們也實際上惹怒了一些老師與教授。

但是就這些導讀的書籍而言，我們不能不承認它們往往對考試過關大有助益。此外，好像是為了要與某些被惹惱的老師取得平衡，有些老師上課也會使用這些書。

盡量少用導讀的第二個原因是，就算他們寫對了，可能也不完整。因此，你可能在書中發現一些重點，而那些導讀者卻沒有發現到。閱讀這類的導讀，尤其是自以為是的導讀，會限制你對一本書的理解，就算你的理解是對的。

因此，我們要給你一些關於如何使用導讀的建議。事實上，這已經很相當於外在閱讀的基本規則。內在閱讀的規則是在閱讀一本書之前，你要先看作者的序與前言。相反的，外在的閱讀規則是除非你看完了一本書，否則不要看某個人的導讀。這個規則尤其適用於一些學者或評論家的導言。要正確地運用這些導讀，必須要你先盡力讀完一本書，然後還有些問題在干擾著你時，你才運用這些導讀來解答問題。如果你先讀了這些導讀，可能會讓你對這本書產生曲解。你會想要只看那些學者或批評家提出的重點，而無法看到其他可能同樣重要的論點。

如果是用這樣的方法閱讀，附帶讀一些這類的導讀書籍是很有趣的事。你已經讀過全書，也都了解了。而那位導讀者也讀過這本書，甚至可能讀了好幾次，他對這本書有自己的理解。你接近他的作品時，基本上是與他站在同一個水平上的。然而如果你在閱讀全書之前，先看了他的導讀手冊，你就隸屬於他了。

要特別注意的是，你必須讀完全書之後，才能看這類的詮釋或導讀手冊，而不是在之前看。如果你已經看過全書，知道這些導讀如果有錯，是錯在哪裡，那麼這樣的導讀就不會對你造成傷害。但是如果你完全依賴這樣的書，根本沒讀過原書，你的麻煩就大了。

還有另一個重點。如果你養成了依賴導讀的習慣，當你找不到這類書時，你會完全不知所措。你可能可以藉著導讀來了解某一本作品，但一般而言，你不會是個好讀者。

這裡所說的外在閱讀的規則也適用於摘錄或情節摘要之類的作品。他們有兩種相關的用途，也只有這兩種。第一，如果你已經讀過一本書，這些摘要能喚醒你的記憶。理想上，在分析閱讀時，你就該自己做這樣的摘要。但如果你還沒這樣做，一份內容摘要對你來說是有幫助的。第二，在主題閱讀時，摘要的用處很大，你可以因此知道某些特定的議題是與你的主題密切相關的。摘要絕不能代替真正的閱讀，但有時卻能告訴你，你想不想或需不需要讀這本書。

## 如何運用工具書

工具書的類型有許多種。下面是我們認為最主要的兩種：字典與百科全書。無論如何，對於其他類型的工具書，我們也還是有很多話要說的。

雖然這是事實，但可能很多人不了解，那就是在你能運用工具書之前，你自己已經具備了很多的知識。尤其是你必須有四種基本的知識。因此，工具書對矯正無知的功能是有限的。那並不能幫助文盲，也不能代替你思考。

要善用工具書，首先你必須有一些想法，不管是多模糊的想法，那就是你想要知道些什麼？你的無知就像是被光圈圍繞著的黑暗。你一定要能將光線帶進黑暗之中才行。而除非光圈圍繞著黑暗，否則你是無法這麼做的。換句話說，你一定要能對工具書問一個明智的問題。否則如果你只是徬徨迷失在無知的黑霧中，工具書也幫不上你的忙。

其次，你一定要知道在哪裡找到你要找的答案。你要知道自己問的是哪一類的問題，而哪一類的工具書是回答這類問題的。沒有一本工具書能回答所有的問題，無論過去或現在，所有的工具書都是針對特定問題而來的。尤其是，事實上，在你能有效運用工具書之前，你必須要對主要類型的工具書有一個全盤的了解。

在工具書對你發揮功用之前，你還必須有第三種知識。你必須要知道這本書是怎麼組織的。如果你不知道要如何使用這本工具書的特殊功能，那就無助於你知道自己想要的是什麼，也不知道該用哪種工具書。因此，閱讀工具書跟閱讀其他的書籍一樣，也是有閱讀的藝術的。此外，編輯工具書的技巧也有相關。作者或編者應該要知道讀者在找的是什麼樣的資料，然後編排出讀者需要的內容。不過，他可能沒辦法先預測到這一點，這也是為什麼這個規則要你在閱讀一本書之前，先看序言與前言。在閱讀工具書時也一樣，要看完編輯說明如何使用這本書之後，才開始閱讀內容。

當然，工具書並不能回答所有的問題。你無法找到任何一本工具書，能同時回答在托爾斯泰的《人類的生活》（*What Men Live By*）中，上帝對天使提出的三個問題：「人類的住所是什麼？」、「人類缺乏的是什麼？」、「人類何以為生？」你也沒法找到托爾斯泰另一個問題的答案。他的另一個故事的篇名是：「一個人需要多大的空間？」這類的問題可說是不勝枚舉。只有當你知道一本工具書能回答哪類的問題，不能回答哪一類的問題時，這本工具書對你才是有用的。這個道理也適用於一般人所共同認同的事物上。在工具書中你只能看到約定俗成的觀念，未獲得普遍支持的論點不會出現在這種書中，雖然有時候也會悄悄擠進一、兩則驚人之論。

我們都同意，在工具書中可以找到人的出生死亡的年分，以及類似的事實。我們也相信工具書能定義字或事物，以及描繪任何的歷史事件。我們不同意的是，一些道德的問題，有關人類未來的問題等等，這類的問題卻無法在工具書中找到答案。我們假定在我們生活的時代，物質世界是有秩序的，因此所有的東西都可以在工具書中找到。但是事實並非如此，因此，歷史性的工具書就很有趣，因為它能告訴我們，在人類可知的事物中，人們的觀點是如何變遷的。

要明智地運用工具書的第四個條件就是：你必須知道你想要找的是什麼，在哪一種工具書中能找到這樣的東西。你也要知道如何在工具書中找到你要的資料，還要能確定該書的編者或作者知道那個答案。在你使用工具書之前，這些都是你應該要清楚知道的事。對一無所知的人來說，工具書可說是毫無用處。工具書並不是茫然無知的指南。

## 如何使用字典

字典是一種工具書，以上所說的工具書問題在使用時都要考慮進去。但是字典也被當作是一種好玩的讀物。在無聊的時候可以坐下來對它進行挑戰。畢竟這比其他許多消磨時間的方法高明許多。

字典中充滿了晦澀的知識，睿智繁雜的資訊。更重要的是，當然，字典也有嚴肅的用途。要能善用字典，就必須要知道字典這種書的特點在哪裡。

桑塔亞拿（Santayana）評論希臘民族是在歐洲歷史中，唯一未受教育的一群人。他的話有雙重的意義。當然，他們大部分人是沒受過教育的，但即使是少數有知識的——有閒階級——的人，就教育要接受外來大師所薰陶的這一點而言，也是沒有受過教育的。所謂教育，是由羅馬人開始的，他們到學校受希臘人的指導，征服希臘後與希臘文化接觸，而變得文明起來。

所以，一點也用不著驚訝，世上最早的字典是關於荷馬書中專門用語的字典，以幫助羅馬人閱讀《伊里亞德》（*Iliad*）及《奧德賽》，及其他同樣運用荷馬式古典字彙的希臘書籍。同樣的，今天我們也需要專門用語字典才能閱讀莎士比亞，或是喬叟（Chaucer）的書。

中世紀出現了許多字典，通常是有關世界知識的百科全書，還包括一些學習論述中最重要的技巧的討論。在文藝復興時期，出現了外語字典（希臘文與拉丁文雙語），因為當時主要的教育是用古代語言教學的，事實上也必須有這類字典才行。縱使所謂的鄙村野語——義大利語、法語、英語——慢慢取代拉丁文，成為學習使用的語言時，追求學問仍然是少數人的特權。在這樣的情況下，字典是只屬於少數人的讀物，主要是用作幫助閱讀與寫作重要的文學作品。

因此，我們可以看出來，從一開始，教育的動機便左右了字典的編排，當然，保留語言的純粹與條理是另一個原因。就後一個原因而言，有些字典的目的卻剛好相反，像牛津英語字典，開始於一八五七年，就是一個新的里程碑。在這本字典中不再規定用法，而是精確地呈現歷史上出現的各種用法——最好的與最壞的都有，同時取材自通俗作品與高雅的作品。把自己看作是仲裁者的字典編輯，與把自己看作是歷史學家的字典編輯之間的衝突，可以暫時擱在一邊，畢竟，不論字典是如何編輯的，主要目的還是教育的工具。

這個事實與善用一本字典，當作是外在輔助閱讀工具的規則有關。閱讀任何一本書的第一個規則是：知道這是一本什麼樣的書。也就是說，知道作者的意圖是什麼，在他的書中你可以看到什麼樣的資訊。如果你把一本字典當作是查拼字或發音的指南，你是在使用這本書，但卻用得不夠好。如果你了解字典中富含歷史資料，並說明清楚有關語言的成長與發展，你會多花點注意力，不只是看每個字下面列舉的意義，還會看看它們之間的秩序與關係。

最重要的是，如果你想要自己進修，可以依照一本字典的基本意圖來使用——當作是幫助閱讀的工具，否則你會覺得太困難了。因為在字典中包含了科技的字彙、建築用語、文學隱喻，甚至非常熟悉的字的過時用法。

當然，想要讀好一本書，除了作者使用字彙所造成的問題外，還有許多其他的問題。我們一再強調我們反對——特別是第一次閱讀一本困難的書時——一手拿著書，另一手拿著字典。如果一開始閱讀你就要查很多生字的話，你一定會跟不上整本書的條理。字典的基本用途是在你碰到一個專業術語，或完全不認識的字時，才需要使用上。即使如此，在你第一次閱讀一本好書時，也不要急著使用字典，除非是那個字與作者的主旨有很大的關聯，才可以查證一下。

其他還有一些負面的告誡。如果你想要從字典中找出有關解決共產主義、正義、自由這類問題的結論，絕對是最討人厭的。字典的編纂者可能是用字的權威專家，卻不是最高的智慧根源。另一條否定的規則是：不要囫圇吞棗地將字典背下來。不要為了想立即增進字彙能力，就將一連串的生字背下來，那些字義跟你的實際生活經驗一點關聯也沒有。簡單來說，字典是關於字的一本書，而不是關於事的一本書。

如果我們記得了這些，便可以推衍出一些明智地使用字典的規則。於是我們可以從四個方面來看待文字：

(1)**文字是物質的**——可以寫成字，也可以說出聲音。因此，在拼字與發音上必須統一，雖然這種統一常被特例變化所破壞，但並不像你某些老師所說的那樣重要。

(2)**文字是語言的一部分**。在一個較複雜的句子或段落的結構中，文字扮演了文法上的角色。同一個字可以有多種不同的用法，隨著不同的談話內容而轉變意義，特別是在語音變化不明顯的英文中更是如此。

(3)**文字是符號**——這些符號是有意義的，不只一種意義，而是很多種意義。這些意義在許多方面是互相關聯的。有時候會細微地變化成另一種意義，有時候一個字會有一、兩組完全不相干的意義。因為意義上的相通，不同的字也可能互相連接起來——就像同義字，不同的字卻有同樣的意義。或是反義字，不同的字之間有相反或對比的意義。此外，既然文字是一種符號，我們就將字區分為專有名詞與普通名詞（根據他們指的是一件事，或是很多的事）；具體名詞或抽象名詞（根據他們指的是我們能感知的事，或是一些我們能從心裡理解，卻無法由外在感知的事）。

最後，(4)**文字是約定俗成的**——這是人類創造的符號。這也是為什麼每個字都有歷史，都有歷經變化的文化背景。從文字的字根、字首、字尾，到詞句的來源，我們可以看出文字的歷史。那包括了外形的變化，在拼字與發音上的演變，意義的轉變，哪些是古字、廢字，哪些是現代的標準字，哪些是習慣用語，或口語、俚語。

一本好字典能回答這四個不同類型的有關文字的問題。要善用一本字典，就是要知道問什麼樣的問題，如何找到答案。我們已經將問題建議出來了，字典應該會告訴你如何找到解答。

字典是一種完美的自修工具書，因為它告訴你要注意什麼，如何詮釋不同的縮寫字，以及上面所說的四種有關文字符號的知識。任何人不善讀一本字典開頭時所做的解釋以及所列的縮寫符號，那用不好字典就只能怪他自己了。

## 如何使用百科全書

我們所說的有關字典的許多事也適用於百科全書。跟字典一樣，百科全書也是種好玩的讀物，既有娛樂消遣價值，對某些人來說還能鎮定神經。但是和字典一樣，如果你想通讀百科全書，那是沒有意義的。一個將百科全書強記在心的人，會有被封為「書呆子」的危險。

許多人用字典找出一個字的拼法與讀法。百科全書相似的用法是查出時間、地點等簡單的事實。但如果只是這樣，那是沒有善用，或誤用了百科全書。就跟字典一樣，百科全書也是教育與知識的工具。看看百科全書的歷史，你就能確定這一點。

雖然百科全書（encyclopedia）這個字來自希臘文，希臘卻沒有百科全書，同樣的，他們也沒有字典。百科全書這個字對他們來說，並不是指一本有關知識的書，或是沉澱知識的書，而是知識的本身——所有受過教育的人都該有的知識。同樣的，又是羅馬人發現百科全書的必要性。最早的一本百科全書是由羅馬人普林尼（Pliny）所編纂的。

最有趣的是，第一本依照字母排列順序編輯的百科全書是在一七〇〇年才出現的。從此大部分重要的百科全書都是照字母順序來排列的。這是解決所有爭議最簡單的方法，也使得百科全書的編輯邁進了一大步。

百科全書與光是文字的書所產生的問題有點不同。對一本字典來說，按字母排列是最自然不過的事了。但是世界上的知識——這是百科全書的主題——能以字母來排列嗎？顯然不行。那麼，要如何安排出秩序來呢？這又跟知識是如何安排出秩序有關了。

知識的順序是隨著時代而變遷的。在過去，所有相關的知識是以七種教育藝術來排列的——文法、修辭、邏輯三學科，與算術、幾何、天文、音樂四學科組合而成。中世紀的百科全書顯現出這樣的安排。因為大學是照這樣的系統來安排課程的，學生也照樣學習，因此這樣的安排對教育是有用的。

現代的大學與中世紀的大學大不相同了，這些改變也反映在百科全書的編纂上。知識是按專業來區分的，大學中不同的科系也大致是照這樣的方法來區分的。但是這樣的安排，雖然大致上來自百科全書的背景，但仍然受到用字母編排資料的影響。

這個內在的結構——借用社會學家的術語——就是善用百科全書的人要去找出來的東西。的確沒錯，他基本上要找的是真實的知識，但他不能單獨只看一種事實。百科全書所呈現給他的是經過安排的一整套的事實——一整套彼此相關的事實。因此，百科全書和一般光提供訊息的書不同，它所能提供的理解取決於你對這些相關事實之間的關係的了解。

在字母編排的百科全書中，知識之間的關聯變得很模糊。而以主題來編排的百科全書，當然就能很清楚看出其間的相關性。但是以主題編排的百科全書也有許多缺點，其中有許多事實是一般人不會經常使用到的。理想上，最好的百科全書應該是又以主題，又按字母來編排的。它呈現的材料以一篇篇文章表現時，是按字母來排列，但其中又包括某個主題的關鍵與大綱——基本上就是一個目錄。（目錄是在編排一本書的文章時用的，與索引不同。索引是用字母排列的。）以我們所知，目前市面上還沒有這樣的百科全書，但值得努力去嘗試一下。

使用百科全書，讀者必須要依賴編者的幫忙與建議。任何一本好的百科全書都有引言，指導讀者如何有效的運用這本書，你一定要照著這些指示閱讀。通常，這些引言都會要使用者在翻開字母排列的內容之前，先查證一下索引。在這裡，索引的功能就跟目錄一樣，不過並不十分理想。因為索引是在同一個標題下，把百科全書中分散得很廣，但是和某一個相關主題有關的討論都集中起來。這反映一個事實，雖然索引是照字母排列的，但是下一層的細分內容，卻是按照主題編排的。而這些主題又必須要是按字母排列的，雖然這也並不是最理想的編排。因此，一本真正好的百科全書，像是《大英百科全書》的索引，有一部分就可以看出他們整理知識的方法。因為這個原因，一個讀者如果不能善用索引，無法讓百科全書為己所用，也只能怪他自己了。

關於使用百科全書，跟字典一樣，也有一些負面的告誡。就跟字典一樣，百科全書是拿來閱讀好書用的——壞書通常用不著百科全書，但是同樣的，最聰明的作法是不要被百科全書限制住了。這又跟字典一樣，百科全書不是拿來解決某個不同觀點的爭論用的。不過，倒是可以用來快速而且一勞永逸地解決相關事實的爭論。從一開始，事實就是沒有必要爭論的。一本百科全書會讓這種徒勞無益的爭吵變得毫無必要，因為百科全書中所記載的全是事實。理想上，除了事實外，百科全書裡應該沒有別的東西。

最後，雖然不同的字典對文字的說明有同樣的看法，但是百科全書對事實的說明卻不盡相同。因此，如果你真的對某個主題很感興趣，而且要靠著百科全書的說明來理解的話，不要只看一本百科全書，要看一種以上的百科全書，選擇在不同的時間被寫過很多次的解釋。

我們寫過幾個要點，提供給使用字典的讀者。在百科全書的例子中，與事實相關的要點是相同的。因為字典是關於文字的，而百科全書是關於事實的。

(1)**事實是一種說法**（proposition）——說明一個事實時，會用一組文字來表達。如「亞伯拉罕．林肯出生於一八〇九年，二月十二日。」或「金的原子序是79。」事實不像文字那樣是物質的，但事實仍然需要解釋。為了要全盤地了解知識，你必須要知道事實的意義——這個意義又如何影響到你在找尋的真理。如果你知道的只是事實的本身，表示你了解的並不多。

(2)**事實是一種「真實」的說法**（"True" proposition）——事實不是觀點。當有人說：「事實上……」的時候，表示他在說的是一般人同意的事。他不是說，也不該說，以他個人或少數人的觀察，得來的事實是如此這般。百科全書的調性與風格，就在於這種事實的特質。一本百科全書如果包含了編者未經證實的觀點，就是不誠實的做法。雖然一本百科全書也可能報導觀點（譬如說某些人持這樣的主張，另一些人則又是另一種主張），但卻一定要清楚標明出來。由於百科全書必須只報導事實，不參雜觀點（除了上述的方法），因而也限制了記載的範圍。它不能處理一些未達成共識的主題——譬如像是道德的問題。如果真的要處理這些問題，只能列舉人們各種不同的說法。

(3)**事實是真相的反映**——事實可能是(1)一個資訊；(2)不受懷疑的推論。不管是哪一種，都代表著事情的真相。（林肯的生日是一個資訊。金原了的序號是一個合理的推論。）因此，事實如果只是對真相提出一點揣測，那就稱不上是觀念或概念，以及理論。同樣的，對真相的解釋（或部分解釋），除非眾所公認是正確的，否則就不能算是事實。

在最後一點上，有一個例外。如果新理論與某個主題、個人或學派有關時，即使這個理論不再正確，或是尚未全部證實，百科全書仍然可以完全或部分報導。譬如我們不再相信亞里斯多德對天體的觀察是真確的，但是在亞里斯多德的理論部分我們還是可以將它記錄下來。

(4) **事實是某種程度上的約定俗成**——我們說事實會改變。我們的意思是，在某個時代的事實，到了另一個時代卻不是事實了。但既然事實代表「真實」，當然是不會變的。因為真實，嚴格來說是不會變的，事實也不會變。不過所有我們認為是真實的主旨，並不一定都是真實的。我們一定要承認的是，任何我們認為是真實的主旨，都可能被更有包容力，或更正確的觀察與調查證明是錯的。尤其是與科學有關的事實更是如此。

事實——在某種程度上——也受到文化的影響。譬如一個原子能科學家在腦中所設定的真實是十分複雜的，因此對他來說，某些特定的事實就跟在原始人腦中所想像與接受的不同了。這並不是說科學家與原始人對任何事實都無法取得共鳴，譬如說他們都會同意，二加二等於四，物質的整體大於部分。但是原始人可能不同意科學家所認為的原子核微粒的事實，科學家可能也不同意原始人所說的法術儀式的事實。（這是很難寫的一段，因為我們文化背景的影響，我們會想要同意科學家的說法，而很想在原始人認為的事實這兩個字上加引號。這就是真正的重點所在。）

如果你記住前面有關事實的敘述，一本好的百科全書會回答你有關事實的所有問題。將百科全書當作是輔助閱讀的藝術，也就是能對事實提出適當問題的藝術。就跟字典一樣，我們只是幫你提出問題來，百科全書會提供答案的。

還要記得一點，百科全書不是追求知識最理想的途徑。你可能會從其中條理分明的知識中，獲得啟發，但是就算是在最重要的問題上，百科全書的啟發性也是有限的。理解需要很多的相關條件，在百科全書中卻找不到這樣的東西。

百科全書中有兩個明顯的缺失。照理說，百科全書是不記載論點的。除非是這個論點已經被廣泛的接受了，或是成為歷史性的趣味話題。因此，在百科全書中，主要缺少的是說理的寫法。此外，百科全書雖然記載了有關詩集與詩人的事實，但是其中卻不包含詩與想像的文學作品。因為想像與理性都是追求理解必要的條件，因此在求知的過程中，百科全書無法讓人完全滿意，也就不可避免了。

第三篇

# 閱讀不同讀物的方法

第十三章

# 如何閱讀實用型的書

在任何藝術或實務的領域中，有些規則太通用這一點是很令人掃興的。越通用的規則就越少，這算是一個好處。而越通用的規則，也越容易理解——容易學會與使用這些規則。但是，說實在，當你置身錯綜複雜的實際情況，想要援用一些規則的時候，你也會發現越通用的規則離題越遠。

我們前面談過分析閱讀的規則，一般來說是適用於論說性的作品——也就是說任何一種傳達知識的書。但是你不能只用一般通用的方法來讀任何一本書。你可能讀這本書那本書，或是任何一種特殊主題的書，可能是歷史、數學、政治論文或科學研究，或是哲學及神學理論，因此，在運用以下這些規則時，你一定要有彈性，並能隨時調整。幸運的是，當你開始運用這些規則時，你會慢慢感覺到這些規則是如何在不同的讀物上發揮作用。

要特別提醒的是，在第十一章結尾時所說明的十五個閱讀規則並不適用於閱讀小說或詩集。一本虛構作品的綱要架構，與論說性的作品是完全不同的。小說、戲劇與詩並不是照著共識、主旨、論述來發展的。換句話說，這些作品的基本內容沒有邏輯可言，要評論這些作品也要有不同的前提才行。然而，如果你認為閱讀富有想像力的作品毫無規則可言，那也是錯的。事實上，下一章我們會討論到閱讀那種作品的另一套應用規則。那些規則一方面本身就很有效，另一方面如果能檢驗這些規則和閱讀論說性作品規則的不同之處，還可以幫助你對閱讀論說性作品的規則多一層認識。

你用不著擔心又要學一整套十五個或更多的閱讀小說與詩的規則。你會很容易了解到這兩種規則之間的關聯性。其中也包括了我們一再強調的事實，你在閱讀時一定要能提出問題來，尤其是四個最特殊的問題，不論在閱讀什麼樣的書時都要能提出來。這四個問題與任何一本書都有關，不論是虛構或非虛構，不論是詩、歷史、科學或哲學。我們已經知道閱讀論說性作品的規則如何互相連貫，又是如何從這四個問題中發展出來的。同樣的，閱讀富有想像力作品的規則也是來自這四個問題，只不過這兩類作品的題材不同，會造成規則上的部分差異。

因此，在這一篇裡，比起閱讀的規則，我們會談更多有關這幾個問題的話題。我們會偶爾提一個新規則，也會重新調整某一個舊的規則。不過大多數時候，既然我們談的是閱讀不同讀物的方法，我們會強調基本要問的不同問題，以及會獲得什麼樣的不同的回答。

在論說性作品的部分，我們談過基本上要區分出實用性與理論性兩種作品——前者是有關行動的問題，後者只和要傳遞的知識有關。我們也說過，理論性的作品可以進一步劃分為歷史、科學(與數學)、哲學。實用性作品則沒有任何界限，因此我們要進一步分析這類書的特質，並提供一些閱讀時的建議指南與方法。

## 兩種實用性的書

關於實用性的書有一件事要牢記在心：**任何實用性的書都不能解決該書所關心的實際問題**。一本理論性的作品可以解決自己提出的問題。但是實際的問題卻只能靠行動來解決。當你的實際問題是如何賺錢謀生時，一本教你如何交朋友或影響別人的書，雖然可能建議你很多事，但卻不能替你解決問題。沒有任何捷徑能解決這個問題，只能靠你自己去賺錢謀生才能解決。

以本書為例。這是一本實用的書，如果你對這本書的實用性（當然也可能只是理論性）感興趣，那你就是想要解決學習閱讀的問題。但除非你真的學到了，你不可能認為那些問題都解決，消失不見了。這本書沒法為你解決那些問題，只能幫助你而已。你必須要自己進行有活力的閱讀過程，不只是讀這本書，還要讀很多其他的書。這也是為什麼老話說：只有行動能解決問題。行動只能在現世發生，而不是在書本中發生。

每個行動發生時都有特殊情況，都發生在不同的時間、地點與特殊環境中。你沒法照一般的反應來行動。要立即採取行動的特殊判斷力，更是極為特別。這可以用文字來表達，卻幾乎沒見過。你很難在書中找到這樣的說明，因為實用書的作者不能親身體驗讀者在面臨的特殊狀況時，必須採取的行動。他可能試著想要幫忙，但他不能提供現場的實際建議。只有另一個置身一模一樣情況的人，才能幫得上忙。

然而，實用性的書多少還是可以提供一些可以應用在同類型特殊狀況中的通用規則。任何人想要使用這樣的書，一定要把這些規則運用在特殊的狀況下，因此一定要練習特殊的判斷力才行。換句話說，讀者一定要能加上一點自己的想法，才能運用在實際的狀況中。他要能更了解實際狀況，更有判斷力，知道如何將規則應用在這樣的狀況中。

任何書裡包含了規則——原理、準則或任何一種一般的指導——你都要認定是一本實用性的書。但是一本實用性的書所包含的不只是規則而已。它可能會說明規則底下的原理，使之淺顯易懂。譬如在這本與閱讀有關的特殊主題的書中，我們不斷地簡要闡釋文法、修辭與邏輯原理，來解說閱讀規則。規則底下的原理通常都很科學，換言之，屬於理論性的知識。規則與原理的結合，就是事物的理論。因此，我們談造橋的理論，也談打橋牌的理論。我們的意思是，**理論性的原則會歸納出出色的行事規則**。

實用性的書因此可分為兩種類型。其中一種，就像本書一樣，或是烹飪書、駕駛指南，基本上都是在說明規則的。無論其中談論到什麼問題，都是為了說明規則而來的。這類書很少有偉大的作品。另一類的實用書主要是在闡述形成規則的原理。許多偉大的經濟、政治、道德巨著就是屬於這一類。

這樣的區分並不是絕對的。在一本書中，同時可以找到原理與規則。重點在特別強調其中哪一項。要將這兩種類型區分出來並不困難。不管是任何領域中，談規則的書都可以立刻認出來是實用性的。一本談實用原理的書，則乍看之下會以為是理論性的書。從某個程度來說，的確沒錯。它所討論的是一種特殊狀況中的理論。無論如何，你還是看得出來它是實用性的書。它要處理的那些問題的本質會露底。這樣的書所談的總是人類行為領域中，怎樣可能做得更好或更糟。

在閱讀一本以規則為主的書時，要找尋的主旨當然是那些規則。闡述這些規則通常是用命令語句，而不是敘述句。那是一種命令。譬如說：「及時一針，勝過事後九針。」這樣的規則也可以改為敘述式的說法：「如果你及時補上一針，就省下後來要補的九針。」兩個句子都是在提示爭取時間的價值，命令式的語句比較強烈，但卻不見得就比較容易記住。

無論是敘述句或命令句，你總是能認出一個規則來，因為它在建議你某件事是值得做的，而且一定會有收穫。因此，要你與作者達成共識的那條命令式的閱讀規則，也可以改成建議式的說法：「成功的閱讀牽涉到讀者與作者達成共識。」「成功」這兩個字就說明了一切，意味著這種閱讀是值得去做的一件事。

這類實用書的論述都是在向你表示：它們所說的規則都是確切可行的。作者可能會用原理來說明這些規則的可信度，或是告訴你一些實例，證明這些規則是可行的。看看這兩種論述，訴諸原理的論述通常比較沒有說服力，但卻有一個好處。比起舉實例的方法，訴諸原理的論述比較能將規則的理由說明得清楚一些。

在另一種實用性書中，主要談的是規則背後的原理。當然，其中的主旨與論述看起來就跟純理論性的書一模一樣。其中的主旨是在說明某件事的狀態，而論述就是在強調真的是如此。

但是閱讀這樣的一本書，與閱讀純理論的書還是有很大的不同。因為要解決的問題終究是實用的問題——行動的問題，人類在什麼狀態下可以做得更好或更糟的問題——所以當聰明的讀者看到「實用原理」這樣的書時，總是能讀出言外之意。他可能會看出那些雖然沒有明說，但卻可以由原理衍生出來的規則。他還會更進一步，找出這些規則應該如何實際應用。

除非這樣閱讀，否則一本實用的書便沒有被實用地閱讀。無法讓一本實用的書被實用地閱讀，就是失敗的閱讀。你其實並不了解這本書，當然也不可能正確地評論這本書了。如果在原理中能找到可以理解的規則，那麼也就可以在由原理引導出來的規則或建議的行動中，找到實用原理的意義。

這些是你要了解任何一種實用性書籍，或是在做某種批評時的最高原則。在純理論性的書中，相同或反對的意見是與書中所談的真理有關。但是現實的真理與理論的真理不同。行為規則要談得上是真理，有兩種情況：一是真的有效；二是這樣做能帶引你到正確的結果，達到你的期望。

假設作者認為你應該尋求的正確結果，你並不以為然，那麼就算他的建議聽起來很完整，由於那個目標的緣故，你可能還是不會同意他的觀點。你會因此而判斷他的書到底實不實用。如果你不認同仔細、頭腦清楚地閱讀是件值得做的事情，那麼縱使本書的規則真的有效，這本書對你來說還是沒什麼實用性。

注意這段話的意義。在評斷一本理論性的書時，讀者必須觀察他自己與作者之間的原理與假設的一致性或差異性。**在評斷一本實用性的書時，所有的事都與結果及目標有關**。如果你不能分享馬克思對經濟價值的狂熱，他的經濟教條與改革措施對你來說就有點虛假或無關痛癢。譬如你可能和艾曼德・博格（Edmund Burke）一樣，認為維持現狀就是最好的策略，而且在全面考量過後，你相信還有比改變資本不平等更重要的事。在這種情況下，你會覺得像《共產主義宣言》這類的書荒謬得可笑。你的判斷主要是與結果達成共識，而非方法。就算方法非常真實有用，如果所達到的目的是我們不關心或不期望的結果，我們也不會有半點興趣的。

## 說服的角色

以上的簡單討論，可以給你一些線索。當你在閱讀任何一種實用書時，一定要問你自己兩個主要的問題。第一：作者的目的是什麼？第二：他建議用什麼方法達到這個目的？以原理為主的書要比以規則為主的書還要難回答這兩個問題。在這些書中，目的與方法可能都不很明顯。但如果你想要了解與評論實用性的書，就必須要能回答這兩個問題。

還要提醒你的是，前面我們討論過的實用作品的寫作問題。每一本實用的書中都混雜著雄辯或宣傳。我們還沒讀過一本政治哲學的書——無論是多理論性的，無論談的是多麼「深奧」的原理——是不是想說服讀者有關「最好的政府形態」的道理。相同的，道德理論的書也想要說服讀者有關「美好生活」的道理，同時建議一些達到目標的方法。我們也一直試著要說服你照某種特定的方式來閱讀一本書，以達到你可能想要追求的理解力。

你可以知道為什麼實用書的作者多少都是個雄辯家或宣傳家。因為你對他作品最終的評斷是來自**你是否接受他的結論，與他提議的方法**。這完全要看作者能不能將你引導到他的結論上。要這麼做，他討論的方法必須要能打動你的心智。他可能必須激起你的情緒反應，左右你的意志。

這並沒有錯，也沒有惡意。這正是實用書的特性，一個人必須要被說服，以採取特定的思想與行動。實際的思考與行動除了需要理智以外，情感也是重要的因素。沒有人可以沒有受到感動，卻認真採取實際評論或行動的。如果可以的話，這個世界可能會比較美好，但一定是個不同的世界。一本實用書的作者認知不到這一點，就不算成功。一位讀者如果認知不到這一點，就像買了一堆貨物，卻不知道自己買了些什麼。

不想被宣傳所困惑，就得了解宣傳的內容是什麼。難以察覺的隱藏式雄辯是最狡滑的。那會直接打動你的心，而不經過你的頭腦，就像是從背後嚇你一跳，把你嚇得魂不附體一樣。這樣的宣傳手法就像是你吞了一顆藥，自己卻完全不知道。宣傳的影響力是很神秘的，事後你並不知道自己為什麼會那樣的感覺與思考。

一個人如果真正讀懂了一本實用的書，他知道這本書的基本共識、主旨、論述是什麼，就能覺察出作者的雄辯。他會覺察到某一段話是「情緒用字」。他知道自己是被說服的對象，他有辦法處理這些訴求的重點。他對推銷有抵抗力，但並不是百分之百的需要。對推銷有抵抗力是好的，能幫你避免在匆忙又欠考慮的情況下買東西。但是，一個讀者如果完全不接受所有內容的訴求，那就不必閱讀實用性的書了。

另外還有一個重點。因為實用問題的特性，也因為所有實用作品中都混雜了雄辯，作者的「性格」在實用書中就比理論書中還要來得重要。你在讀一本數學用書時，用不著知道作者是誰。他的理論不是好就是壞，這跟他的人格怎樣一點關係也沒有。但是為了要了解與評斷一本道德的論述、政治論文或經濟論著時，你就要了解一點作者的人格、生活與時代背景。譬如在讀亞里斯多德的《政治學》之前，就非常需要知道希臘的社會背景是奴隸制的。同樣的，在讀《君主論》之前，就要知道馬基雅維里當時義大利的政治情況，與他跟麥迪奇家族的關係。因此，在讀霍布斯的《利維坦》一書時，就要了解他生活在英國的內戰時期，社會中充滿暴力與混亂，使整個時代都沉浸在悲哀的病態之中。

## 贊同實用書之後

我們確定你已經看出來了，你在讀一本書時要提出的四個問題，到了讀實用性的書時有了一點變化。我們就來說明一下這些變化。

第一個問題：這本書是在談些什麼？並沒有改變多少。因為一本實用的書是論說性的，仍然有必要回答這個問題，並做出這本書的大綱架構。

然而，雖然讀任何書都得想辦法找出一個作者的問題是什麼（規則四涵蓋這一點），不過在讀實用性的書時，格外是一個決定性的關鍵，我們說過，你一定要了解作者的目的是什麼。換句話說，你一定要知道他想解決的問題是什麼。你一定要知道他想要做些什麼——因為，在實用性的書中，知道他要做的是什麼，就等於是知道他想要你做的是什麼。這當然是非常重要的事了。

第二個問題的變化也不大。為了要能回答關於這本書的意義或內容，你仍然要能夠找出作者的共識、主旨與論述。但是，這雖然是第二階段最後的閱讀工作（規則八），現在卻顯得更重要了。你還記得規則八要你說出哪些是作者已經解決的問題，哪些是還沒有解決的問題。在閱讀實用性的書籍時，這個規則就有變化了。你要發現並了解作者所建議的，達到他目標的方法。換句話說，在閱讀實用性書時，如果規則四調整為：「**找出作者想要你做什麼。**」規則八就該調整為：「**了解他要你這麼做的目的。**」

第三個問題：內容真實嗎？比前兩個改變得更多了。在理論性作品中，當你根據自己的知識來比較作者對事物的描繪與說明時，這個問題的答案便出來了。如果這本書所描述的大致與你個人的體驗相似時，你就必須承認那是真實的，或至少部分是真實的。實用性的書，雖然也會與真實做比較，但最主要的卻是你能不能接受作者的宗旨——他最終的目標，加上他建議的達成目標的方法——這要看你認為該追求的是什麼，以及什麼才是最好的追求方法而定。

第四個問題：這本書與我何干？可說全部改變了。如果在閱讀一本理論性的書之後，你對那個主題的觀點多少有點變化了，你對一般事物的看法也就會多少有些調整。（如果你並不覺得需要調整，可能你並沒有從那本書中學到什麼。）但是這樣的調整並不是驚天動地的改變，畢竟，這些調整並不一定需要你採取行動。

贊同一本實用性的書，卻確實需要你採取行動。如果你被作者說服了，他所提議的結論是有價值的，甚至進一步相信他的方法真的能達到目的，那就很難拒絕作者對你的要求了。你會照著作者希望你做的方式來行動。

當然，我們知道這種情形並不一定會發生。但我們希望你了解的是，如果你不這樣做的話，到底代表什麼意思。那就表示雖然這個讀者表面上同意了作者的結論，也接受了他提出來的方法，但是實際上並沒有同意，也沒有接受。如果他真的都同意也接受了，他沒有理由不採取行動。

我們用一個例子來說明一下。如果讀完本書的第二部分，你(1)同意分析閱讀是值得做的。(2)接受這些閱讀規則，當作是達到目標的基本要件，你會像我們現在所說的一樣，開始照著閱讀起來。如果你沒有這麼做，可能並不是你偷懶或太累了，而是你並不真的同意(1)或(2)。

在這個論述中有一個明顯的例外。譬如你讀了一篇文章，是關於如何做巧克力慕斯的。你喜歡巧克力慕斯，也贊同這個作者的結論是對的。你也接受了這個作者所建議的達到目標的方法——他的食譜。但你是男性讀者，從不進廚房，也沒做過慕斯。在這樣的情況中，我們的觀點是否就不成立了？

並不盡然。這正好顯示出我們應該要提到的，區分各種類型實用書的重要性。某些作者提出的結論是很通用或一般性的——可供所有的人類使用——另外一些作者的結論卻只有少數的人能運用。如果結論是通用的——譬如像本書，所談的是使所有的人都能閱讀得更好，而不是只有少數人——那麼我們所討論的便適用於每位讀者。如果結論是經過篩選的，只適用於某個階層的人，那麼讀者便要決定他是否屬於那個階層了。如果他屬於那個階層，這些內容就適合他應用，他多少也有義務照作者的建議採取行動。如果他不屬於這個階層，他可能就沒有這樣的義務。

我們說「可能沒有這樣的義務」，是因為很可能這位讀者只是被自己愚弄了，或誤解了他自己的動機，而認為自己並不屬於那個結論所牽涉的階層。以巧克力慕斯的例子來說，他不採取行動，可能是表示：雖然慕斯是很可口的東西，但是別人——或許是他妻子——應該要做給他吃。在許多例子中，我們承認這個結論是可取的，方法也是可行的，但我們卻會懶得去做。讓別人去做，我們會說，這就算是交代了。

當然，這個問題主要不是在閱讀，而是心理的問題。心理問題會影響我們閱讀實用性的作品，因此我們在這裡有所討論。

# 第十四章 如何閱讀想像文學

到目前為止，本書已經討論的只是大部分人閱讀的一半而已。不過，這恐怕也是廣義的估算。或許一般人真正花時間閱讀的只是報紙與雜誌，以及與個人工作有關的讀物。就以書籍來說，我們讀的小說也多於非小說。而在非小說的領域中，像是報章雜誌，與當代重大新聞有關的議題最受歡迎。

我們在前面所設定的規則並不是在欺騙你。在討論細節之前，我們說明過，我們必須要將範圍限制在嚴肅的非小說類中。如果同時解說想像文學與論說性作品，會造成困擾。但是現在我們不能再忽略這一類型的作品了。

在開始之前，我們要先談一個有點奇怪的矛盾說法。閱讀想像文學的問題比閱讀論說性作品的問題更為困難。然而，比起閱讀科學、哲學、政治、經濟與歷史，一般人卻似乎更廣泛地擁有閱讀文學的技巧。為什麼會出現這種情況呢？

當然，也許很多人只是欺騙自己有閱讀小說的能力。從我們的教學經驗中，當我們問到一個人為什麼喜歡小說時，他總是表現出瞠目結舌的樣子。很明顯，他們樂在其中，但是他們說不出來樂在哪裡，或是哪一部分的內容讓他們覺得愉悅。這可能說明了，人們可能是好的小說讀者，卻不是好的評論者。我們懷疑這只是部分的真相。評論式的閱讀依賴一個人對一本書的全盤了解。這些說不出他們喜歡小說的理由的人，可能只是閱讀了表象，而沒有深入內裡。無論如何，這個矛盾的概念還不只於此。想像文學的主要目的是娛樂，而非教育。以娛樂為主的讀物比教育為主的讀物容易討好，但要知道為什麼能討好則比較困難。要分析美麗，比美麗本身困難多了。

要將這個重點說清楚，需要對美學做更進一步的分析。我們沒法在這裡這麼做。但是，我們能給你一些如何閱讀想像文學的建議。一開始，我們會從否定的說法談起，而不建立一些規則。其次，我們要用類推的方法，簡短地將閱讀非小說的規則轉化為閱讀小說的規則。最後，在下一章，我們會談到閱讀特殊形態的想像文學時所發生的問題，像是小說、戲劇與抒情詩。

## 讀想像文學的「不要」

為了要用否定的形態來做說明，一開始就有必要掌握住論說性作品與文學作品的差異性。這些區別會解釋出為什麼我們閱讀小說不能像在閱讀哲學作品一樣，或是像證明數學理論那樣地閱讀詩。

最明顯的差別，前面已經提過，與兩種文體的目標有關。**論說性作品要傳達的是知識**——在讀者經驗中曾經有過或沒有過的知識。**想像的文學是在闡述一個經驗的本身**——那是讀者只能藉著閱讀才能擁有或分享的經驗——如果成功了，就帶給讀者一種享受。因為企圖不同，這兩種不同的作品對心智便有不同的訴求。

我們都是經由感官與想像來**體驗**事情。我們都是運用判斷與推論，也就是理智，才能**理解**事情。這並不是說我們在思考時用不上想像力，或我們的感官經驗完全獨立於理性的洞察與反應之外。關鍵在強調哪一方面的問題而已。小說主要是運用想像力。這也是為什麼稱之為想像文學的原因，這與理性的科學或哲學相反。

有關想像文學的事實，帶引出我們要建議的否定的指令：**不要抗拒想像文學帶給你的影響力**。

我們討論過很多主動的閱讀方法。這適用於任何一本書。但在論說性作品與想像文學中，適用的方法卻不大相同。閱讀論說性作品，讀者應該像個捕食的小鳥，經常保持警覺，隨時準備伸出利爪。在閱讀詩與小說時，相同的活動卻有不同的表現方法。如果容許的話，我們可以說那是有點被動的活動，或者，更恰當的說法應該是，那是帶著活力的熱情。在閱讀一個故事時，我們一定要用那樣的方式來表現，讓故事在我們身上活動。我們要讓故事貫穿我們，做任何它想要做的事。我們一定得打開心靈，接納它。

我們應該感激論說性的作品——哲學、科學、數學——這些學科塑造出我們活著的真實世界。但我們也不能活在一個完全是這些東西的世界裡，偶爾我們也要擺脫一下這些東西。我們並不是說想像文學永遠或基本上是逃避現實的。如果從一般的觀點來看，逃避的概念是很可鄙的。但事實上就算我們真的要逃避現實，應該也是逃避到一個更深沉的，或更偉大的真實裡。這是我們內在的真實世界，我們獨特的世界觀。發現這個真相讓我們快樂。這個經驗會深深**滿足**部分我們平時未曾接觸的自我。總之，閱讀一部偉大的文學作品的規則應該要以達成某種深沉的經驗為目標。這些規則應該盡可能去除我們體驗這種深刻感受的阻礙。

論說性作品與想像文學的基本不同，又造成另一個差異。因為目標完全不同，這兩種作品的寫法必然不同。想像文學會盡量使用文字潛藏的多重字義，好讓這些字特有的多元性增加文章的豐富性與渲染力。作者會用隱喻的方式讓整本書整合起來，就像注重邏輯的作者會用文字將單一的意義說明清楚一樣。但丁的《神曲》使用的是一般的詩與小說，但每個人閱讀起來卻各有不同的體會。論說性作品的邏輯目標則是完全清晰，毫無言外之意的解說。在字裡行間不能有其他的含義。任何相關與可以陳述的事都得盡可能說個一清二楚才行。相反的，想像文學卻要依賴文字中的言外之意。多重含義的隱喻在字裡行間所傳達的訊息，有時比文字的本身還要豐富。整首詩或故事所說的東西，不是語言或文字所能描述的。

從這個事實，我們得到另一個否定的指令：**在想像文學中，不要去找共識、主旨或論述**。那是邏輯的，不是詩的，二者完全不同。詩人馬克・范多倫（Mark Van Doren）曾經說：「在詩與戲劇中，敘述是讓人更模糊的一種媒介。」譬如，你就根本無法在一首抒情詩的任何文句中找到任何他想要「說明」的東西。然而整首詩來看，所有字裡行間的關聯與彼此的互動，卻又陳述了某種完全超越主旨的東西。（然而，想像文學包含的要素也類似共識、主旨、論述，我們待會再討論。）

當然，我們可以從想像文學中學習，從詩、故事，特別是戲劇中學習——但是與我們從哲學或科學的書中學習的方法不同。我們都懂得從經驗中學習——我們每天生活中的經驗。所以，我們也可以從小說在我們想像中所創造出來的經驗中學習。在這樣的狀況下，詩與故事能帶給我們愉悅，同時也能教育我們。但這與科學及哲學教導我們的方式不同。論說性的作品不會提供我們新奇的經驗。他們所指導的經驗是我們已經有的或可以獲得的。這也是為什麼說論說性作品是教導我們基本的原理，而想像文學則藉由創造我們可以從中學習的經驗，教導我們衍生的意義。為了要從這樣的書中學習，我們要從自己的經驗中思考。為了要從哲學與科學的書中學習，我們首先必須要了解他們的思想。

最後一個否定的指令：**不要用適用於傳遞知識的，與真理一致的標準來批評小說**。對一個好故事來說，所謂的「真理」就是一種寫實，一種內在可能性，或與真實的神似。那一定要像個故事，但用不著像在做研究或實驗一樣來形容生活的事實或社會的真相。許多世紀前，亞里斯多德強調：「詩與政治對正確的標準是不一致的。」或是說，與物理學或心理學也是不一致的。如果是解剖學、地理或歷史作品，被當作是專門的論述，卻出現技術上的錯誤，那就應該被批評。但將事實寫錯卻不會影響到一本小說，只要它能自圓其說，將整體表現得活靈活現便行了。我們閱讀歷史時，希望多少能看到事實。如果沒有看到史實，我們有權利抱怨。我們閱讀小說時，我們想要的是一個故事，這個故事只要確實可能在小說家筆下所創造，再經過我們內心重新創造的世界中發生，就夠了。

我們讀了一本哲學的書，也了解了之後，我們會做什麼呢？我們會考驗這本書，與大家共通的經驗做對照——這是它的靈感起源，這也是它唯一存在的理由。我們會說：這是真的嗎？我們也有這樣的感覺嗎？我們是不是總是這樣想，卻從來沒有意識到？以前或許很模糊的事，現在是不是卻很明顯了？作者的理論或說明雖然可能很複雜，是不是卻比我們過去對這個觀念的混淆來得清楚，也簡單多了？

如果我們能很肯定地回答上述的問題，我們與作者之間的溝通便算是建立起來了。當我們了解，也不反對作者的觀點時，我們一定要說：「這確實是我們共通的觀念。我們測驗過你的理論，發現是正確的。」

但是詩不一樣。我們無法依據自己的經驗來評斷《奧塞羅》（*Othello*），除非我們也是摩爾人，也和被懷疑不貞的威尼斯淑女結婚。而就算如此，也不是每一個摩爾人都是奧塞羅，每一個威尼斯淑女都是黛絲蒂蒙娜。而大部分這樣的夫妻婚姻都可能很幸福，不會碰到陰險的伊亞格。事實上，這麼不幸的人，萬中不見一。奧塞羅與這齣戲一樣，都是獨一無二的。

## 閱讀想像文學的一般規則

為了要讓上面所談的「不要」的指令更有幫助，一定還需要一些建設性的建議。這些建議可以由閱讀論說性作品的規則中衍生出來。

前面我們談過閱讀論說性作品的三組規則，第一組是找出作品的整體及部分結構，第二組是定義與詮釋書中的共識、主旨與論述。第三組是評論作者的學說，以贊同或反對的意見完成我們對他的作品的理解。我們稱這三組規則為架構性、詮釋性與評論性的。相同的，在閱讀詩、小說與戲劇時，我們也可以發現類似的規則。

首先，我們可以將架構性的規則——擬大綱的規則——改變為適合閱讀小說的規則：

(1)你必須將想像文學作品分類。抒情詩在敘述故事時，基本上是以表達個人情緒的經驗為主。小說與戲劇的情節比較複雜，牽涉到許多角色，彼此產生互動與反應，以及在過程中情感的變化。此外，每個人都知道戲劇與小說不同，因為戲劇是以行動與說話來敘述劇情的。（在後面我們會談到一些有趣的例外。）劇作家不需要自己現身說法，小說家卻經常這麼做。所有這些寫作上的差異，帶給讀者不同的感受。因此，你應該能一眼看出你在讀的是哪一種作品。

(2)你要能抓住整本書的大意。你能不能掌握住這一點，要看你能不能用一、兩句話來說明整本書的大意。對論說性的作品來說，重點在作者想要解決的主要問題上。因此，這類書的大意可以用解決問題的方程式，或對問題的回答來做說明。小說的整體大意也與作者面對的問題有關，而我們知道這個問題就是想要傳達一個具體的經驗，所以**一篇故事的大意總是在情節之中**。除非你能簡要地說明劇情——不是主旨或論述——否則你還是沒有抓住重點。在情節中就有大意。

要注意到，我們所說的整體情節與小說中所要使用的獨特語言之間毫無衝突之處。就是一首抒情詩也有我們這裡所謂的「情節」。然而，不論是抒情詩、小說，還是戲劇的「情節」，指的都只是其中的架構或場景，而不是讀者透過作品在心中重新創造的具體經驗。情節代表的是整本作品的大意，而整本作品才是經驗的本身。這就像對論說性作品做一個邏輯上的總結，就代表了對書中的論述做個總結。

(3)你不只要能將整本書簡化為大意，還要能發現整本書各個部分是如何架構起來的。在論說性作品中，部分的架構是與整體架構有關的，部分問題的解決對整體問題的解決是有幫助的。在小說中，這些部分就是不同的階段，作者藉此發展出情節來——角色與事件的細節。在安排各個部分的架構上，這兩種類型的書各有巧妙。在科學或哲學的作品中，各個部分必須有條理，符合邏輯。在故事中，這些部分必須要在適當的時機與規劃中出現，也就是從開頭，中間到結尾的一個過程。要了解一個故事的架構，你一定要知道故事是從哪裡開始的——當然，不一定是從第一頁開始的——中間經過些什麼事，最後的結局是什麼。你要知道帶來高潮的各種不同的關鍵是什麼，高潮是在哪裡又如何發生的，在這之後的影響又是什麼？（我們說「在這之後的影響」並不是說故事結束之後的事，沒有人能知道那些事。我們的意思是在故事中的高潮發生之後，帶來什麼樣的後果。）

隨著我們剛剛所提的重點，出現了一個重要的結果。在論說性作品中，各個部分都可以獨立解讀，而小說卻不同。歐幾里得將他的《幾何原理》分成三十個部分發表，或照他所說的分成三十冊發表，其中每一部分都可以單獨閱讀。這是論說性作品中組織得最完整的一個例子。其中的每個部分或章節，分開來看或合起來看都有意義。但是一本小說中的一章，劇本中的一幕，或是一句詩從整體中抽出來之後，通常就變得毫無意義了。

其次，閱讀小說時候的詮釋規則是什麼？我們在前面談過，詩與邏輯作品所使用的語言是不同的，因此在找出共識、主旨與論述時，所使用的規則也要有點變化。我們知道我們不該這麼做的，不過我們非得找出類似的規則才行。

(1)小說的要素是插曲、事件、角色與他們的思想、言語、感覺及行動。這些都是作者所創造出來的世界中的要素。作者操縱著這些要素的變化來說故事。這些要素就是邏輯作品中的共識。就像你要跟邏輯作品的作者達成共識一樣，你也要能熟知每個事件與人物的細節。如果你對角色並不熟悉，也無法對事件感同身受，你就是還沒有掌握到故事的精髓。

(2)共識與主旨有關。小說的要素與整個表現的場景或背景有關。一個富有想像力的作者創造出一個世界來，他的角色在其中「生活，行動，有自己的天地。」因此，閱讀小說時類似指導你找出作者主旨的規則，可以說明如下：在這個想像的世界中賓至如歸。知道一切事件的進行，就像你親臨現場，身歷其境。變成其中的一個成員，願意與其中的角色做朋友，運用同情心與洞察力參與事件的發生，就像你會為朋友的遭遇所做的事一樣。如果你能這麼做，小說中的要素便不會再像一個棋盤上機械式移動的孤單棋子，你會找出其間的關聯性，賦予他們真正存活的活力。

(3)如果說論說性作品中有任何活動，那就是論述的發展。由證據與理由到結論的一個邏輯性的演變。在閱讀這樣的一本書時，必須追蹤論述的發展。先找出共識與主旨之後，然後分析其推論。而在詮釋小說的閱讀中，也有類似的最後一個規則。你對角色都熟悉了，你加入了這個想像的世界，與他們生活在一起，同意這個社會的法律，呼吸同樣的空氣，品味同樣的食物，在同樣的高速公路上旅行。現在，你一定要跟隨他們完成這場探險。這些場景或背景，社會的組合，是小說中各個要素之間靜態的聯繫（如同主旨一樣）。而情節的披露（如同論述或推論）是動態的聯繫。亞里斯多德說情節是一個故事的靈魂。要把一個故事讀好，你就要能把手指放在作者的脈搏上，感覺到每一次的心跳。

結束討論小說的類似閱讀規則之前，我們要提醒你，不要太仔細檢驗這些類似的規則。這些類似的規則就像是一個隱喻或象徵，如果壓迫得太用力，可能就會崩潰了。我們所建議的三個列出大綱的步驟，可以讓你逐步了解作者如何在想像的世界中完成一個作品。這不但不會破壞你閱讀小說或戲劇的樂趣，還能加強你的樂趣，讓你對自己喜樂的來源有更多的了解。你不但知道自己喜歡什麼，還知道為什麼會喜歡。

另一個提醒：前面所說的規則主要適用於小說與戲劇。引伸到有故事敘述的抒情詩，也同樣適用。沒有故事敘述的抒情詩，仍然可以適用這個規則，只是沒那麼貼切。一首抒情詩是在呈現一個具體的經驗，就像一個長篇故事一樣，想要在讀者心中重新塑造這種經驗。就算最短的詩裡也有開始，過程與結束。就像任何經驗都有時間順序一樣，無論多麼短暫縹緲的經驗都是如此。在短短的抒情詩中，雖然角色可能非常少，但至少永遠有一個角色——詩人本身。

第三，也是最後一個，小說的閱讀批評規則是什麼？你可能記得我們在論說性作品中做的區隔，也就是根據一般原理所做的批評，與根據個人特殊觀點所做的評論——特殊評論。根據一般原理的部分，只要做一點變化就行了。在論說性作品中，這個規則是：在你還不了解一本書之前，不要評論一本書——不要說你同意或反對這個論點。所以在這裡，類似的規則是：**在你衷心感激作者試著為你創造的經驗之前，不要批評一本想像的作品**。

這裡有一個重要的推論。一個好讀者不會質疑作者所創造出來，然後在他自己心中又重新再創造一遍的世界。亨利・詹姆斯（Henry James）在《小說的藝術》（*The Art of Fiction*）中曾說道：「我們要接納作者的主題、想法與前提。我們所能批評的只是他所創造出來的結果。」這就是說，我們要感激作者將故事寫出來。譬如故事發生在巴黎，就不該堅持說如果發生在明尼蘇達州的明尼阿波里斯市會比較好。但是我們有權利批評他所寫的巴黎人與巴黎這個城市。

換句話說，對於小說，我們不該反對或贊成，而是喜歡或不喜歡。我們在批評論說性作品時，關心的是他們所陳述的事實。在批評唯美文學時，就像字義所形容的，我們主要關心的是它的美麗。這樣的美麗，與我們深切體會之後的喜悅密切呼應。

讓我們在下面重述一下這些規則。在你說自己喜歡或不喜歡一本文學作品之前，首先你要能真正努力過並感激作者才行。所謂的感激，指的是感激作者藉著你的情緒與想像力，為你創造的一個世界。因此，如果你只是被動的閱讀一本小說（事實上，我們強調過，要熱情地閱讀），是沒法對一本小說有感激的心情的。就像在閱讀哲學作品時，被動的閱讀也一樣無法增進理解力的。要做到能夠感激，能夠理解，在閱讀時一定要主動，要把我們前面說過的，所有分析閱讀的規則全拿出來用才行。

你完成這樣的閱讀階段後，就可以做評論了。你的第一個評論自然是一種你的品味。但是除了說明喜歡或不喜歡之外，還要能說出為什麼。當然，你所說的原因，可能真的是在批評書的本身，但乍聽之下，卻像是在批評你自己——你的偏好與偏見——而與書無關。因此，要完成批評這件事，你要客觀地指出書中某些事件造成你的反感。你不只要能說明你自己為什麼喜歡或不喜歡，還要能表達出這本書中哪些地方是好的，哪些是不好的，並說明理由才行。

你越能明白指出詩或小說帶給你喜悅的原因，你就越了解這本書的優點是什麼。你會慢慢建立起批評的標準，你也會發現許多跟你有同樣品味的人與你一起分享你的論點。你還可能會發現一件我們相信如此的事：懂得閱讀方法的人，文學品味都很高。

# 第十五章 閱讀故事、戲劇與詩的一些建議

在前一章裡，我們已經談過閱讀想像文學的一般規則，同樣也適用於更廣義的各種想像文學——小說、故事，無論是散文或詩的寫法（包括史詩）；戲劇，不論是悲劇、喜劇或不悲不喜；抒情詩，無論長短或複雜程度。

這些一般規則運用在不同的想像文學作品時，就要做一些調整。在這一章裡，我們會提供一些調整的建議。我們會特別談到閱讀故事、戲劇、抒情詩的規則，還會包括閱讀史詩及偉大的希臘悲劇時，特殊問題的注意事項。

在開始之前，必須再提一下前面已經提過的閱讀一本書的四個問題。這四個問題是主動又有要求的讀者一定會對一本書提出來的問題，在閱讀想像文學作品時也要提出這些問題來。

你還記得前三個問題是：第一，這整本書的內容是在談些什麼？第二，內容的細節是什麼？是如何表現出來的？第三，這本書說的是真實的嗎？全部真實或部分真實？前一章已經談過這三個規則運用在想像文學中的方法了。要回答第一個問題，就是你能說出關於一個故事、戲劇或詩的情節大意，並要能廣泛地包括了故事或抒情詩中的動作與變化。要回答第二個問題，你就要能辨識劇中所有不同的角色，並用你自己的話重新敘述過發生在他們身上的關鍵事件。要回答第三個問題，就是你能合理地評斷一本書的真實性。這像一個故事嗎？這本書能滿足你的心靈與理智嗎？你欣賞這本書帶來的美嗎？不管是哪

一種觀點，你能說出理由嗎？

第四個問題是，這本書與我何關？在論說性作品中，要回答這個問題就是要採取一些行動。在這裡，「行動」並不是說走出去做些什麼。我們說過，在閱讀實用性書時，讀者同意作者的觀點——也就是同意最後的結論——就有義務採取行動，並接受作者所提議的方法。如果論說性的作品是理論性的書時，所謂的行動就不是一種義務的行為，而是精神上的行動。如果你同意那樣的書是真實的，不論全部或部分，你就一定要同意作者的結論。如果這個結論暗示你對事物的觀點要做一些調整，那麼你多少都要調整一下自己的看法。

現在要認清楚的是，在想像文學作品中，第四個也是最後一個問題要做一些相當大的調整。從某方面來說，這個問題與閱讀詩與故事毫無關係。嚴格說起來，在你讀好了——也就是分析好了小說、戲劇或詩之後，是用不著採取什麼行動的。在你採取類似的分析閱讀，回答前面三個問題之後，你身為讀者的責任就算盡到了。

我們說「嚴格說起來」，是因為想像文學顯然總是會帶引讀者去做各種各樣的事。比起論說性作品，有時候一個故事更能帶動一個觀點——在政治、經濟、道德上的觀點。喬治·歐威爾（George Orwell）的《動物農莊》（*Animal Farm*）與《一九八四》都強烈地攻擊極權主義。赫胥黎（Aldous Huxley）的《美麗新世界》（*Brave New World*）則激烈地諷刺科技進步下的暴政。索忍尼辛（Alexander Solzhenitsyn）的《第一個圈圈》（*The First Circle*）告訴我們許多瑣碎、殘酷又不人道的蘇聯官僚政治問題，那比上百種有關事實的研究報告還要驚人。那樣的作品在人類歷史上被查禁過許多次，原因當然很明顯。懷特（E. B. White）曾經說過：「暴君並不怕嘮叨的作家宣揚自由的思想——他害怕一個醉酒的詩人說了一個笑話，吸引了全民的注意力。」

不過，閱讀故事與小說的主要目的並不是要採取實際的行動。想像文學可以引導出行動，但卻並非必要，因為它們是屬於純藝術的領域。

所謂的「純」藝術，並不是因為「精緻」或「完美」，而是因為作品的本身就是一個結束，不再與其他的影響有關。就如同愛默生所說的，「美的本身就是存在的唯一理由。」

因此，要將最後一個問題應用在想像文學中，就要特別注意。如果你受到一本書的影響，而走出戶外進行任何行動時，要問問你自己，那本書是否包含了激勵你的宣言，讓你產生行動力？詩人，正確來說，不是要來提出宣言的。不過許多故事與詩確實含有宣言主張，只是被深藏起來而已。注意到他們的想法，跟著做出反應並沒有問題。但是要記得，你所留意的與反應出來的是另外一些東西，而不是故事或詩的本身。這是想像文學本身就擁有的自主權。要把這些文學作品讀通，你唯一要做的事就是去感受與體驗。

## 如何閱讀故事書

我們要給你閱讀故事書的第一個建議是：快讀，並且全心全意地讀。理想上來說，一個故事應該要一口氣讀完，但是對忙碌的人來說，要一口氣讀完長篇小說幾乎是不可能的事。不過，要達到這個理想，最接近的方法就是將閱讀一篇好故事的時間壓縮到合理的長度。否則你可能會忘了其間發生的事情，也會漏掉一些完整的情節，最後不知道自己在讀的是什麼了。

有些讀者碰到自己真正喜歡的小說時，會想把閱讀的時間拉長，好盡情地品味，浸淫在其中。在這樣的情況中，他們可能並不想藉著閱讀小說，來滿足他們對一些未知事件或角色的了解。在後面我們會再談到這一點。

我們的建議是要讀得很快，而且全神投入。我們說過，最重要的是要讓想像的作品在你身上發生作用。這也就是說，讓角色進入你的心靈之中，相信其中發生的事件，就算有疑惑也不要懷疑。在你了解一個角色為什麼要做這件事之前，不要心存疑慮。盡量試著活在他的世界裡，而不是你的世界，這樣他所做的事就很容易理解了。除非你真的盡力「活在」這樣的虛構世界中，否則不要任意批評這個世界。

下面的規則中，我們要讓你自己回答第一個問題，那也是閱讀每一本書時要提出的問題——這整本書在談些什麼？除非你能很快的讀完，否則你沒法看到整個故事的大要。如果你不專心一致地讀，你也會漏掉其中的細節。

根據我們的觀察，一個故事的詞義，存在於角色與事件之中。你要對他們很熟悉，才能釐清出來彼此的關係。有一點要提醒的。以《戰爭與和平》為例，許多讀者開始要閱讀這本小說巨著時，都會被一堆出場的角色所混淆了，尤其是那些名字聽起來又陌生得不得了。他們很快便放棄了這本書，因為他們立刻認為自己永遠不會搞清楚這些人彼此之間的關係了。對任何大部頭的小說而言，都是如此——而如果小說真的很好，我們可希望它越厚越好。

對懦弱的讀者來說，這樣的情況還不只發生在閱讀上。當他們搬到一個新的城市或郊區，開始上新的學校或開始新的工作，甚至剛到達一個宴會裡時，都會發生類似的情形。在這樣的情境中，他們並不會放棄。他們知道過一陣子之後，個人就會融入整體中，朋友也會從那一批看不清長相的同事、同學與客人中脫穎而出。我們可能沒辦法記住一個宴會中所有人的姓名，但我們會記起一個跟我們聊了一小時的男人，或是我們約好下次要見面的一個女人，或是跟我們孩子同校的一個家長。在小說中也是同樣的情況。我們不期望記住每一個名字，許多人不過是背景人物，好襯托出主角的行動而已。無論如何，當我們讀完《戰爭與和平》或任何大部頭的書時，我們就知道誰是重要的人物，我們也不會忘記。雖然托爾斯泰的作品是我們很多年前讀的書，但是皮耶、安德魯、娜塔莎、瑪麗公主、尼可拉斯——這些名字會立刻回到我們的記憶中。

不管發生了多少事件，我們也會很快就明白其中哪些才是重要的。一般來說，作者在這一點上都會幫上很多忙。他們並不希望讀者錯過主要的情節布局，所以他們從不同的角度來鋪陳。但我們的重點是：就算一開始不太清楚，也不要焦慮。事實上，一開始本來就是不清楚的。故事就像我們的人生一樣，在生命中，我們不可能期望了解每一件發生在我們身上的事，或把一生全都看清楚。但是，當我們回顧過去時，我們便了解為什麼了。所以，讀者在閱讀小說時，全部看完之後再回顧一下，就會了解事件的關聯與活動的前後順序了。

所有這些都回到同一個重點：你一定要讀完一本小說之後，才能談你是否把這個故事讀通了。無論如何，矛盾的是，在小說的最後一頁，故事就不再有生命了。我們的生活繼續下去，故事卻沒有。走出書本之外，那些角色就沒有了生命力。在閱讀一本小說時，在第一頁之前，到最後一頁之後，你對那些角色會發生些什麼事所產生的想像，跟下一個閱讀的人沒什麼兩樣。事實上，這些想像都是毫無意義的。有些人寫了《哈姆雷特》的前部曲，但是都很可笑。當《戰爭與和平》一書結束後，我們也不該問皮耶與娜塔沙的結局是什麼？我們會滿意莎士比亞或托爾斯泰的作品，部分原因是他們在一定的時間裡講完了故事，而我們的需求也不過如此。

我們所閱讀的大部分是故事書，各種各樣的故事。不能讀書的人，也可以聽故事。我們甚至還會自己編故事。對人類而言，小說或虛構的故事似乎是不可或缺的。為什麼？

其中一個理由是：小說能滿足我們潛意識或意識中許多的需要。如果只是碰觸到意識的層面，像論說性作品一樣，當然是很重要的。但小說一樣也很重要，因為它碰觸到潛意識的層面。

簡單來說——如果要深入討論這個主題會很複雜——我們喜歡某種人，或討厭某種人，但卻並不很清楚為什麼。如果是在小說中，某個人受到獎勵或處罰，我們都會有強烈的反應。我們會甚至因而對這本書有藝術評價之外的正面或負面的印象。

譬如小說中的一個角色繼承了遺產，或發了大財，我們通常也會跟著高興。無論如何，這只有當角色是值得同情時才會發生——意思就是我們認同他或她的時候。我們並不是說我們也想繼承遺產，只是說我們喜歡這本書而已。

或許我們都希望自己擁有的愛比現在擁有的還要豐富。許多小說是關於愛情的——或許絕大多數——當我們認同其中戀愛的角色時，我們會覺得快樂。他們很自由，而我們不自由。但我們不願意承認這一點，因為這會讓我們覺得我們所擁有的愛是不完整的。

其實，在每個人的面具之下，潛意識裡都可能有些虐待狂或被虐狂。這些通常在小說中獲得了滿足，我們會認同那位征服者或被虐者，或是兩者皆可。在這樣的狀況中，我們只會簡單地說：我們喜歡「那種小說」——用不著把理由說得太清楚。

最後，我們總是懷疑生命是不公平的。為什麼好人受苦，壞人卻成功？我們不知道，也無法知道為什麼，但這個事實讓所有的人焦慮。在故事中，這個混亂又不愉快的情況被矯正過來了，我們覺得格外的滿足。

在故事書中——小說、敘事詩或戲劇——公理正義確實是存在的。人們得到他們該得的。對書中的角色來說，作者就像上帝一樣，依照他們的行為給他們應得的獎勵或懲罰。在一個好故事中，在一個能滿足我們的故事中，至少該做到這一點。關於一個壞故事最惹人厭的一點是，一個人受獎勵或懲罰一點都不合情合理。真正會說故事的人不會在這一點上出錯。他要說服我們：正義——我們稱之為詩的正義（poetic justice）——已經戰勝了。

大悲劇也是如此。可怕的事情發生在好人身上，我們眼中的英雄不該承受這樣的惡運，但最後也只好理解命運的安排。而我們也非常渴望能與他分享他的領悟。如果我們知道如此——我們也能面對自己在現實世界中所要碰上的事了。《我要知道為什麼》（*I Want to know Why*）是薛伍德・安德生（Sherwood Anderson）所寫的一個故事，也可以用作許多故事的標題。那個悲劇英雄確實學習到了為什麼，當然過程很困難，而且是在生活都被毀了之後才明白的。我們可以分享他的洞察力，卻不需要分享他的痛苦遭遇。

因此，在批評小說時，我們要小心區別這兩種作品的差異：一種是滿足我們個人特殊潛意識需求的小說——那會讓我們說：「我喜歡這本書，雖然我並不知道為什麼。」另一種則是滿足大多數人潛意識需求的小說。用不著說，後者會是一部偉大的作品，世代相傳，永不止息。只要人活著一天，這樣的小說就能滿足他，給他一些他需要的東西——對正義的信念與領悟，平息心中的焦慮。我們並不知道，也不能確定真實的世界是很美好的。但是在偉大的作品中，世界多多少少是美好的。只要有可能，我們希望能經常住在那兒。

## 關於史詩的重點

在西方傳統作品中，最偉大的榮耀，也是最少人閱讀的就是史詩了。特別像是荷馬的《伊里亞德》與《奧德賽》，維吉爾的《阿奈德》，但丁的《神曲》與彌爾頓的《失樂園》。其中的矛盾之處值得我們注意。

從過去二千五百年以來只寫成極少數的史詩就可以看出來，這是人類最難寫的一種作品。這並不是我們不願意嘗試，幾百首史詩都曾經開始寫過，其中像是渥茲華斯（Wordsworth）的《序曲》（*Prelude*）、拜倫（Byron）的《唐璜》（*Don Juan*），都已經寫了大部分，卻並沒有真正的完成。執著於這份工作，而且能完成工作的詩人是值得榮耀的。而更偉大的榮耀是屬於寫出那五本偉大作品的詩人，但這樣的作品並不容易閱讀。

這並不只是因為這些書都是用韻文寫的——除了原本就是以英語寫作的《失樂園》之外，其他的史詩都有散文的詮釋作品出現，以幫助我們理解。真正的困難似乎在於如何跟隨作品逐步升高那種環繞著主題的追尋。閱讀任何一部重要的史詩對讀者來說都有額外的要求——要求你集中注意力，全心參與並運用想像力。閱讀史詩所要求的努力確實是不簡單的。

大部分人都沒注意到，只不過因為不肯付出這種努力來閱讀，我們的損失有多大。因為好的閱讀——我們該說是分析閱讀——能讓我們收穫良多，而閱讀史詩，至少就像閱讀其他小說作品一樣，能讓我們的心靈更上層樓。不幸的是，如果讀者不能善用閱讀技巧來閱讀這些史詩，將會一無所獲。

我們希望你能痛下決心，開始閱讀這五本史詩，你會逐步了解這些作品的。如果你這麼做，我們確定你不會失望。你還可能享受到更進一步的滿足感。荷馬、維吉爾、但丁，與彌爾頓——每一個優秀的詩人都是他們的讀者，其他作者也不用說。這五本書再加上《聖經》，是任何一個認真的讀書計畫所不可或缺的讀物。

## 如何閱讀戲劇

一個劇本是一篇小說、故事，同時也真的該像讀一個故事一樣閱讀。因為劇本不像小說將背景描繪得清楚，或許讀者閱讀的時候要更主動一些，才能創造出角色生活與活動的世界的背景。不過在閱讀時，兩者的基本問題是相似的。

然而，其中還是有一個重要的差異。你在讀劇本時，不是在讀一個已經完全完成的作品。完成的劇本（作者希望你能領會的東西）只出現在舞台的表演上。就像音樂一樣必須能傾聽，閱讀劇本所缺乏的就是身體語言實際的演出。讀者必須自己提供那樣的演出。

要做到這一點的唯一方法是假裝看到演出的實景。因此，一旦你發現這個劇本在談的是什麼，不論是整體或部分，一旦你能回答有關閱讀的所有問題後，你就可以開始導演這個劇本。假設你有六、七個演員在你眼前，等待你的指令。告訴他們如何說這一句台詞，如何演那一幕。解釋一下重要的句子，說明這個動作如何讓整齣戲達到高潮。你會玩得很開心，也會從這齣戲中學到很多。

有個例子可以說明我們的想法。在《哈姆雷特》第二幕第二景中，波隆尼爾向國王與王后密告哈姆雷特的愚行，因為他愛上了奧菲莉雅，而她會阻礙王子的前程。國王與王后有點遲疑，波隆尼爾便要國王跟他躲在掛毯後面，好偷聽哈姆雷特與奧菲莉雅的談話。這一幕出現在第二幕第二景中，原文第一六〇至一七〇行。很快的，哈姆雷特上場了，他對波隆尼爾說的話像打啞謎，於是波隆尼爾說道：「他雖瘋，但卻有一套他自己的理論。」過了一陣子，第三幕的開頭，哈姆雷特進場，說出了著名的獨白：「要活，還是要死？」然後奧菲莉雅出現在他眼前，打斷了他的話。他與她說了一段話，看起來神智正常，但突然間他狂叫道：「啊！啊！你是真誠的嗎？」（第三幕，第一景，一〇三行）。現在的問題是：哈姆雷特是否偷聽到波隆尼爾與國王準備偵察他的對話？或是他聽到了波隆尼爾說要「讓我的女兒去引誘他」？如果真是如此，那麼哈姆雷特與波隆尼爾及奧菲莉雅的對話代表的都是同一件事。如果他並沒有聽到這個密謀，那又是另一回事了。莎士比亞並沒有留下任何舞台指導，讀者（或導演）必須自己去決定。你自己的判斷會是了解整齣劇的中心點。

莎士比亞的許多劇本都需要讀者這樣主動地閱讀。我們的重點是，無論劇作家寫得多清楚，一字不誤地告訴我們發生了什麼事，還是很值得做這件事。（我們沒法抱怨說聽不清楚，因為對白全在我們眼前。）如果你沒有將劇本搬上心靈的舞台演出過，或許你還不能算是讀過劇本了。就算你讀得再好，也只是讀了一部分而已。

前面我們提過，這個閱讀規則有一個有趣的例外，就是劇作家不能像小說家一樣對讀者直接說話。（費爾汀所寫的《湯姆瓊斯》就會直接向讀者發言，這也是一部偉大的小說。）其中有兩個例外前後將近相差了二十五世紀之久。亞里士多芬尼（Aristophanes），古希臘的喜劇劇作家，寫過一些所謂的「古老喜劇」（Old Comedy）的例子留傳下來。在亞里士多芬尼的戲劇中，經常會或至少會有一次，主要演員會從角色中脫身而出，甚至走向觀眾席，發表一場政治演說，內容與整齣戲是毫無關聯的。那場演說只是在表達作者個人的感覺而已。現在偶爾還有戲劇會這麼做——沒有一項有用的藝術手法是會真正失傳的——只是他們表現的手法或許比不上亞里士多芬尼而已。

另一個例子是蕭伯納，他不但希望自己的劇本能夠演出，還希望能讓讀者閱讀。他出版了所有的劇本，甚至有一本《心碎之家》（*Heartbreak House*）是在演出之前就出版的。在劇本之前，他寫了很長的序言，解釋劇本的意義，還告訴讀者要如何去理解這齣劇。（在劇本中他還附上詳盡的舞台指導技巧。）要閱讀蕭伯納式的劇本，卻不讀蕭伯納所寫的前言，就等於是拒絕了作者最重要的幫助，不讓他輔助你理解這齣戲。同樣的，一些現代的劇作家也學習蕭伯納的做法，但都比不上他的有影響力。

另一點建議可能也有幫助，尤其是在讀莎士比亞時更是如此。我們已經提過，在閱讀劇本時最好是一氣呵成，才能掌握住整體的感覺。但是，許多劇本都是以韻文寫的，自從一六〇〇年以來語言的變遷之後，韻文的句子讀起來就相當晦澀，因此，把劇本大聲地讀出來倒經常是不錯的方法。要慢慢讀，就像是聽眾在聽你說話一樣，還要帶著感情讀——也就是說要讓那些句子對你別有深意。這個簡單的建議會幫助你解決許多的問題。只有當這樣做之後還有問題，才要找註解來幫助你閱讀。

## 關於悲劇的重點

大多數的劇本是不值得閱讀的。我們認為這是因為劇本並不完整。劇本原來就不是要來閱讀的——而是要演出的。有許多偉大的論說性作品，也有偉大的小說、故事與抒情詩，卻只有極少數的偉大劇本。無論如何，這些少數的劇作——伊斯奇勒斯（Aeschylus）、沙孚克里斯（Sophocles）、尤里皮底斯（Euripedes）的悲劇，莎士比亞的戲劇，莫里哀（Molière）的喜劇及少數的現代作品——都是非常偉大的作品。因為在他們的作品中包含了人類所能表現的既深刻又豐富的洞察力。

在這些劇本中，對初學者來說，希臘悲劇可能是最難入門的。其中一個原因是，在古代，這些悲劇是一次演出三幕的，三幕談的都是同一個主題，但是今天除了伊斯奇勒斯的《歐列斯底亞》（*Oresteia*）之外，其他的都只剩下獨幕劇。另一個原因是，幾乎很難在心中模擬這些悲劇，因為我們完全不知道希臘的導演是如何演出這樣的戲劇的。還有一個原因，這些悲劇通常來自一些故事，這對當時的觀眾來說是耳熟能詳的事，對我們而言卻只是一個劇本。以伊迪帕斯的故事為例，儘管我們非常熟悉那個故事，就像我們熟悉華盛頓與櫻桃樹的故事一樣，但是看沙孚克里斯如何詮釋這個故事是一回事，把伊迪帕斯當作是一個主要的故事，然後來想像這個熟悉的故事所提供的背景是什麼，又是另一回事。

不過，這些悲劇非常有力量，雖然有這麼多障礙卻仍然流傳至今。把這些劇本讀好是很重要的，因為它們不只告訴我們有關這個世界的一切，也是一種文學形式的開端，後來的許多劇作家如拉辛（Racine）及歐尼爾（O'Neill）都是以此為基礎的。下面還有兩點建議可能對你閱讀希臘悲劇有幫助。

第一，記住悲劇的精髓在時間，或是說缺乏時間。如果在希臘悲劇中有足夠的時間，就沒有解決不了的事。問題是時間永遠不夠。決定或選擇都要在一定的時刻完成，沒有時間去思考，衡量輕重。因為就算悲劇英雄也是會犯錯的——或許是特別會犯錯——所做的決定也是錯的。對我們來說很容易看出來該做些什麼，但我們能在有限的時間中看清楚一切嗎？在閱讀希臘悲劇時，你要一直把這個問題放在心中。

第二點是我們確實知道在希臘的戲劇中，所有的悲劇演員都穿一種高出地面幾英寸的靴子（他們也戴面具）。敘述旁白的演員雖然有時會戴面具，但不會穿這種靴子。因此，一邊是悲劇的主角，另一邊是敘述旁白的演員，兩相比較之下，就可以看出極大的差異了。因此你要記得，在讀旁白的部分時，你要想像這些台詞是跟你一般身高的人所說出來的話，而在讀悲劇人物的台詞時，你要想像這是出自一個大人物的口中，他們不只是在形象上，在實際身高上也高出你一截。

## 如何閱讀抒情詩（Lyric Poetry）

最簡單的有關詩的定義，（就跟這個標題一樣，這裡所謂的詩是有所限制的）就是詩人所寫的東西。這樣的定義看起來夠淺顯明白了，但是仍然有人會為此爭執不已。他們認為詩是一種人格的自然宣洩，可能藉文字表達出來，也可能藉身體的行動傳達出來，或是由音樂宣洩出來，甚至只是一種感覺而已。當然，詩與這些都有點關係，詩人也能接受這樣的說法。關於詩有一種很古老的觀念，那就是詩人要向內心深處探索，才能創造出他們的詩句。因此，他們的心靈深處是一片神秘的「創造之泉」。從這個角度來看，任何人在任何時間，只要處於孤獨又敏感的狀態，都可以創造出詩句來。雖然我們都承認這樣的定義已經說中了要點，不過下面我們要用來說明詩的又是更狹窄的定義。無論我們心中如何激盪著原始的詩情，但是詩仍是由文字組成的，而且是以條理分明、精巧熟練的方式所組合出來的。

另一種關於詩的定義，同樣也包含了一些要點。那就是詩（主要是抒情詩）如果不是讚美，或是喚起行動（通常是革命行動），或者如果不是以韻文寫作，特別是運用所謂的「詩的語言」來寫作，那就算不上是真正的詩。在這個定義中，我們故意將一些最新跟最舊的理論融合起來。我們的觀點是，所有這些定義，包括我們還會提到的一些定義，都太狹隘了。而上一段所說的詩的定義，又太廣泛了。

在狹隘與廣泛的定義之間，有一個核心概念，那就是只要他們覺得適合，就會承認那是詩了。如果我們想要特別說明出這核心概念是什麼，我們就是在給自己找麻煩，而我們不打算這麼做。此外，我們也確定你知道我們在談的是什麼。我們十之八九敢肯定，或是百分之九十九確定你會同意我們所說的X是詩，Y不是詩的道理。這個概念足夠說明我們的議題了。

許多人相信他們不能讀抒情詩——尤其是現代詩。他們認為這種詩讀起來很困難，含糊不清又複雜無比，需要花上很多的注意力，自己要很努力才行，因此實在不值得花上這麼多時間來讀。我們要說兩個觀念：第一，抒情詩，任何現代詩，只要你肯拿起來讀，你會發現並不像你想的要花那麼大的工夫。其次，那絕對是值得你花時間與精力去做的事。

我們並不是說你在讀詩就不用花精神。一首好詩可以用心研讀，一讀再讀，並在你一生當中不斷地想起這首詩。你會在詩中不斷地找到新點子、新的樂趣與啟示，對你自己及這個世界產生新的想法。我們的意思是，接近一首詩，研讀這首詩，並不像你以為的那樣困難。

閱讀抒情詩的第一個規則是：不論你覺得自已懂不懂，都要一口氣讀完，不要停。這個建議與閱讀其他類型書的建議相同，只是比起閱讀哲學或科學論文，甚至小說或戲劇，這個規則對詩來說更重要。

事實上，許多人在閱讀詩，尤其是現代詩時會有困難，是因為他們並不知道閱讀詩的第一個規則。面對艾略特、迪蘭．湯瑪士（Dylan Thomas）或其他「費解」的現代詩時，他們決定全神投入，但讀了第一行或第一段之後便放棄了。他們沒法立即了解這行詩，便以為整首詩都是如此了。他們在字謎間穿梭，想重新組合混亂的語法，很快的他們放棄了，並下結論說：他們懷疑現代詩對他們而言是太難理解了。

不光是現代抒情詩難懂。許多好詩用詞都很複雜，而且牽涉到他們當時的語言與思想。此外，許多外表看起來很簡單的詩，其實內在的架構都很複雜。

但是任何一首詩都有個整體大意。除非我們一次讀完，否則無法理解大意是什麼，也很難發現詩中隱藏的基本感覺與經驗是什麼。尤其是在一首詩中，中心思想絕不會在第一行或第一段中出現的。那是整首詩的意念，而不是在某一個部分裡面。

閱讀抒情詩的第二個規則是：重讀一遍——大聲讀出來。我們在前面這樣建議過，譬如像是詩般的戲劇如莎士比亞的作品就要朗誦出聲來。讀戲劇，那會幫助你了解。讀詩，這卻是基本。你大聲朗誦詩句，會發現似乎說出來的字句可以幫助你更了解這首詩。如果你朗誦出來，比較不容易略過那些不了解的字句，你的耳朵會抗議你的眼睛所忽略的地方。詩中的節奏或是有押韻的地方，能幫助你把該強調的地方突顯出來，增加你對這首詩的了解。最後，你會對這首詩打開心靈，讓它對你的心靈發生作用——一如它應有的作用。

在閱讀抒情詩時，前面這兩個規則比什麼都重要。我們認為如果一個人覺得自己不能讀詩，只要能遵守前面這兩個規則來讀，就會發現比較容易一些了。一旦你掌握住一首詩的大意時，就算是很模糊的大意，你也可以開始提出問題來。就跟論說性作品一樣，這是理解之鑰。

對論說性作品所提出的問題是文法與邏輯上的問題。對抒情詩的問題卻通常是修辭的問題，或是句法的問題。你無法與詩人達成共識，但是你能找出關鍵字。你不會從文法中分辨出來，而是從修辭上找到。為什麼詩中有些字會跳出來，凝視著你？是因為節奏造成的？還是押韻的關係？還是這個字一直在重複出現？如果好幾段談的都是同樣的概念，那麼彼此之間到底有什麼關聯？你找出的答案能幫助你了解這首詩。

在大部分好的抒情詩中，都存在著一些衝突。有時是對立的兩方——或是個人，或是想像與理想的象徵——出場了，然後形容雙方之間的衝突。如果是這樣的寫法，就很容易掌握。但是通常衝突是隱藏在其中，沒有說出口的。譬如大多數的偉大抒情詩——或許最主要的都是如此——所談的都是愛與時間、生與死、短暫的美與永恆的勝利之間的衝突。但是在詩的本身，卻可能看不到這些字眼。

有人說過，所有莎士比亞的十四行詩都是在談他所謂的「貪婪的時間」造成的毀壞。有些詩確實是如此，因為他一再地強調出來：

我曾窺見時間之手的殘酷
被陳腐的歲月掩埋就是輝煌的代價

這是第六十四首十四行詩，列舉了時間戰勝了一切，而人們卻希望能與時間對抗。他說：

斷垣殘壁讓我再三思量，
歲月終將奪走我的愛人。

這樣的十四行詩當然沒有問題。在第一一六首的名句中，同樣包含了下面的句子：

愛不受時間愚弄，雖然紅唇朱顏
敵不過時間舞弄的彎刀；
愛卻不因短暫的鐘點與週期而變貌，
直到末日盡頭仍然長存。

而在同樣有名的第一三八首十四行詩中，開始時是這麼寫的：

我的愛人發誓她是真誠的
我真的相信她，雖然我知道她在說謊，

談的同樣是時間與愛的衝突，但是「時間」這兩個字卻沒有出現在詩中。這樣你會發現讀詩並不太困難。而在讀馬維爾（Marvell）的慶典抒情詩〈致羞怯的情人〉（To His Coy Mistress）時，你也不會有困難。因為這首詩談的是同樣的主題，而且一開始便點明了：

如果我們擁有全世界的時間，
這樣的害羞，女郎，絕不是罪過。

但是我們沒有全世界的時間，馬維爾繼續說下去：

在我背後我總是聽見
時間的馬車急急逼進；
無垠的遠方橫亙在我們之上
遼闊的沙漠永無止境。

因此，他懇求女主人：

讓我們轉動全身的力量

讓全心的甜蜜融入舞會中，
用粗暴的爭吵撕裂我們的歡愉
徹底的掙脫生命的鐵門。
這樣，雖然我們不能讓陽光
靜止，卻能讓他飛奔而去。

阿契伯・麥克萊西（Archibald MacLeish）的詩〈你，安德魯・馬維爾〉（You, Andrew Marvell），可能比較難以理解，但所談的主題卻是相同的。這首詩是這樣開始的：

在這裡臉孔低垂到太陽之下
在這裡望向地球正午的最高處
感覺到陽光永遠的來臨
黑夜永遠升起

麥克萊西要我們想像一個人（詩人？說話的人？讀者？）躺在正午的陽光下——同樣的，在這燦爛溫暖的當兒，警覺到「塵世黑暗的淒涼」。他想像夕陽西沉的陰影——所有歷史上依次出現過又沉沒了的夕陽——吞蝕了整個世界，淹沒了波斯與巴格達……他感到「黎巴嫩漸漸淡出，以及克里特」，「與西班牙沉入海底／非洲海岸的金色沙灘也消失了」……「現在海上的一束過光也不見了」。他最後的結論是：

在這裡臉孔沉落到太陽之下
感覺到多麼快速，多麼神秘，
夜晚的陰影來臨了……

這首詩中沒有用到「時間」這兩個字，也沒有談到愛情。此外，詩的標題讓我們聯想到馬維爾的抒情詩的主題：「如果我們擁有全世界的時間」。因此，這首詩的組合與標題訴求的是同樣的衝突，在愛（或生命）與時間之間的衝突——這樣的主題也出現在我們所提的其他詩之中。

關於閱讀抒情詩，還有最後的一點建議。一般來說，閱讀這類書的讀者感覺到他們一定要多知道一點關於作者及背景的資料，其實他們也許用不上這些資料。我們太相信導論、評論與傳記——但這可能只是因為我們懷疑自己閱讀的能力。只要一個人願意努力，幾乎任何人都能讀任何詩。你發現任何有關作者生活與時代的資訊，只要是確實的都有幫助。但是關於一首詩的大量背景資料並不一定保證你能了解這首詩。要了解一首詩，一定要去讀它——一遍又一遍地讀。閱讀任何偉大的抒情詩是一生的工作。當然，並不是說你得花一生的時間來閱讀偉大的抒情詩，而是偉大的抒情詩值得再三玩味。而在放下這首詩的時候，我們對這首詩所有的體會，可能更超過我們的認知。

第十六章

# 如何閱讀歷史書

「歷史」就跟「詩」一樣，含有多重的意義。為了要讓這一章對你有幫助，我們一定要跟你對這兩個字達成共識——也就是說我們是如何運用這兩個字的。

首先，就事實而言的歷史（history as fact）與就書寫記錄而言的歷史（history as a written record of the facts）是不同的。顯然，在這裡我們要用的是後者的概念，因為我們談的是「閱讀」，而事實是無法閱讀的。所謂的歷史書有很多種書寫記錄的方式。收集特定事件或時期的相關資料，可以稱作那個時期或事件的歷史。口頭採訪當事人的口述記錄，或是收集這類的口述記錄，也可以稱作那個事件或那些參與者的歷史。另外一些出發點相當不同的作品，像是個人日記或是信件收集，也可以整理成一個時代的歷史。歷史這兩個字可以用在，也真的運用在幾乎各種針對某一段時間，或讀者感興趣的事件上所寫的讀物。

在下面我們所要用到的「歷史」這兩個字，同時具有更狹義與更廣義的含義。所謂更狹義，指的是我們希望限制在針對過去某段時期、某個事件或一連串的事件，來進行基本上屬於敘事風格，多少比較正式的描述。這也是「歷史」的傳統詞義，我們毋須為此道歉。就像我們為抒情詩所下的定義一樣，我們認為你會同意我們所採用的一般定義，而我們也會將焦點集中在這種一般類型上。

但是，在更廣義的部分，我們比當今許多流行的定義還要廣。我們認為，雖然並不是所有的歷史學家都贊同，但我們還是強調歷史的基本是敘事的，所謂的事指的就是「故事」，這兩個字能幫助我們理解基本的含義。就算是一堆文狀的收集，說的還是「故事」。這些故事可能沒有解說——因為歷史學家可能沒有將這些資料整理成「有意義的」秩序。但不管有沒有秩序，其中都隱含著主題。否則，我們認為這樣的收集就不能稱之為那個時代的歷史。

然而，不論歷史學家贊不贊同我們對歷史的理念，其實都不重要。我們要討論的歷史書有各種寫作形態，至少你可能會想要讀其中的一、兩種。在這一點上我們希望能幫助你使把勁。

## 難以捉摸的史實

或許你加入過陪審團，傾聽過像是車禍這類單純的事件。或許你加入的是高等法院陪審團，必須要決定一個人是否殺了另一個人。如果這兩件事你都做過，你就會知道要一個人回憶他親眼見到的事情，將過去重新整理出來有多困難——就是一個小小的單純事件也不容易。

法庭所關心的是最近發生的事件與現場目擊的證人，而且對證據的要求是很嚴格的。一個目擊者不能假設任何事，不能猜測，不能保證，也不能評估（除非是在非常仔細的情況掌控之下）。當然，他也是不可以說謊的。

在所有這些嚴格規範的證據之下，再加上詳細檢驗之後，身為陪審團的一員，你是否就能百分之百的確定，你真的知道發生了什麼事嗎？

法律的設定是你不必做到百分之百的確定。因為法律設定陪審團的人心中總是有些懷疑的感覺。實際上，為了審判可以有這樣與那樣的不同決定，法律雖然允許這些懷疑影響你的判斷，但一定要「合理」

才行。換句話說，你的懷疑必須強到要讓你的良心覺得困擾才行。

歷史學家所關心的是已經發生的事件，而且絕大部分是發生在很久以前的事件。所有事件的目擊者都死了，他們所提的證據也不是在庭上提出的——也就是沒有受到嚴格、仔細的規範。這樣的證人經常在猜測、推想、估算、設定與假設。我們沒法看到他們的臉孔，好推測他們是否在撒謊（就算我們真的能這樣判斷一個人的話）。他們也沒有經過嚴格檢驗。沒有人能保證他們真的知道他們在說些什麼。

所以，如果一個人連一件單純的事件都很難確知自己是否明白，就像法庭中的陪審團難下決定一樣，那麼想知道歷史上真正發生了什麼事的困難就更可想而知了。一件歷史的「事實」——雖然我們感覺很相信這兩個字代表的意義，但卻是世上最難以捉摸的。

當然，某一種歷史事實是可以很確定的。一八六一年四月十二日，美國在桑姆特要塞掀起了內戰；一八六五年四月九日，李將軍在阿波米脫克斯法庭向格蘭將軍投降，結束了內戰。每個人都會同意這些日期。雖然不是絕無可能，但總不太可能當時全美國的日曆都不正確。

但是，就算我們確實知道內戰是何時開始，何時結束，我們又從中學到了什麼？事實上，這些日期確實被質疑著——不是因為所有的日曆都錯了，而是爭論的焦點在這場內戰是否應該起於一八六〇年的秋天，林肯當選總統，而結束於李將軍投降後五天，林肯被刺為止。另外一些人則聲稱內戰應該開始得更早一點——要比一八六一年還早個五到十或二十年——還有，我們也知道到一八六五年美國一些邊陲地帶仍然繼續進行著戰爭，因此北方的勝利應該推遲到一八六五年的五月、六月或七月。甚至還有人認為美國的內戰直到今天也沒有結束——除非哪一天美國的黑人能獲得完全的自由與平等，或是南方各州能脫離聯邦統治，或是聯邦政府可以下達各州的控制權能夠確立，並為所有的美國人所接受，否則美國的內戰就永遠稱不上結束。

你可以說，至少我們知道，不論內戰是不是從桑姆特之役開始，這場戰役確實是發生在一八六一年四月十二日。這一點是無庸置疑的——我們前面提過，這是在特定限制之下的史實。但是為什麼會有桑姆特之役？這顯然是另一個問題。在那場戰役之後，內戰是否仍然可以避免呢？如果可以，我們對一個多世紀之前，一個如此這般的春日，所發生的如此這般的戰役，還會如此關心嗎？如果我們不關心——我們對許多確實發生過，但自己卻一無所知的戰役都不關心——那麼桑姆特之役仍然會是一件意義重大的史實嗎？

## 歷史的理論

如果非要分類不可的話，我們應該會把歷史，也就是過去的**故事**——歸類為小說，而非科學——就算不分類，如果能讓歷史停格在這兩類書之中的話，那麼通常我們會承認，歷史**比較**接近小說，而非科學。

這並不是說歷史學家在捏造事實，就像詩人或小說家那樣。不過，太強調這些作家都是在編造事實，也可能自找麻煩。我們說過，他們在創造一個世界。這個新世界與我們所居住的世界並非截然不同——事實上，最好不是——而一個詩人也是人，透過人的感官進行自己的學習。他看事情跟我們沒什麼兩樣（雖然角度可能比較美好或有點不同）。他的角色所用的語言也跟我們相同（否則我們沒法相信他們）。

只有在夢中，人們才會創造真正全新不同的世界——但是就算在最荒謬的夢境中，這些想像的事件與生物也都是來自每天的生活經驗，只是用一種奇異而嶄新的方法重新組合起來而已。

當然，一個好的歷史學家是不會編造過去的。他認為自己對某些觀念、事實，或精準的陳述責無旁貸。不過，有一點不能忘記的是，歷史學家一定要編纂一些事情。他不是在許多事件中找出一個共通的模式，就是要套上一個模式。他一定要假設他知道為什麼這些歷史上的人物會做出這些事。他可能有一套理論或哲學，像是上帝掌管人間的事物一樣，編纂出適合他理論的歷史。或者，他會放棄任何置身事外或置身其上的模式，強調他只是在如實報導所發生過的事件。但是即使如此，他也總不免要指出事件發生的原因及行為的動機。你在讀歷史書時，最基本的認知就是要知道作者在運作的是哪一條路。

不想採取這個或那個立場，就得假設人們不會故意為某個目的而做一件事，或者就算有目的，也難以察覺——換句話說，歷史根本就沒有模式可循。

托爾斯泰對歷史就有這樣的理論。當然，他不是歷史學家，而是小說家。但是許多歷史學家也有同樣的觀點，尤其是近代的歷史學家更是如此。托爾斯泰認為，造成人類行為的原因太多，又太複雜，而且動機又深深隱藏在潛意識裡，因此我們無法知道為什麼會發生某些事。

因為關於歷史的理論不同，因為歷史家的理論會影響到他對歷史事件的描述，因此如果我們真的想要了解一個事件或時期的歷史，就很有必要多看一些相關的論著。如果我們所感興趣的事件對我們又有特殊意義的話，就更值得這麼做了。或許對每個美國人來說，知道一些有關內戰的歷史是有特殊意義的。我們仍然生活在那場偉大又悲慘的衝突的餘波中，我們生活在這件事所形成的世界中。但是如果我們只是經由一個人的觀點，單方面的論斷，或是某個現代學院派歷史學家來觀察的話，是沒法完全理解這段歷史的。如果有一天，我們打開一本新的美國內戰史，看到作者寫著：「公正客觀的美國內戰史——由南方的觀點談起」，那這位作者看起來是很認真的。或許他真的如此，或許這樣的公正客觀真的可能。無論如何，我們認為每一種歷史的寫作都必定是從某個觀點做出發的。為了要追求真相，我們必要從更多不同的角度來觀察才行。

## 歷史中的普遍性

關於一個歷史事件，我們不見得總能讀到一種以上的書。當我們做不到的時候，我們必須承認，我們沒有那麼多機會提出問題，以學習到有關的事實——明白**真正發生了什麼**。不過，這並不是閱讀歷史的唯一理由。可能會有人說，只有專業歷史學家，那個寫歷史的人，才應該嚴格檢驗他的資料來源，與其他相反的論點做仔細的核對驗證。如果他知道關於這個主題他該知道些什麼，他就不會產生誤解。我們，身為歷史書的半吊子讀者，介於專業歷史學家與閱讀歷史純粹只是好玩、不負任何責任的外行讀者之間。

讓我們用修西狄底斯（Thucydides）做例子。你可能知道他寫過一本有關西元前五世紀末，伯羅奔尼撒戰爭的史實，這是當時唯一的一本主要的歷史書。在這樣的情況下，沒有人能查證他作品的對錯。那麼，我們也能從這樣的書中學到什麼嗎？

希臘現在只是個小小的國家。一場發生在二十五世紀以前的戰爭，對今天的我們真的起不了什麼作用。每一個參與戰事的人都早已長眠，而引發戰爭的特殊事件也早已不再存在。勝利者到了現在也毫無意義了，失敗者也不再有傷痛。那些被征服又失落的城市已化作煙塵。事實上，如果我們停下來想一想，伯羅奔尼撒戰爭所遺留下來的似乎也就只有修西狄底斯這本書了。

但是這樣的記錄還是很重要的。因為修西狄底斯的故事——我們還是覺得用這兩個字很好——影響到後來人類的歷史。後代的領導者會讀修西狄底斯的書。他們會發現自己的處境彷彿與慘遭分割的希臘城邦的命運一樣，他們把自己比作雅典或斯巴達。他們把修西狄底斯當作藉口或辯解的理由，甚至行為模式的指引。結果，就因為修西狄底斯在西元前五世紀的一些觀點，整個世界的歷史都逐漸被一點點雖然極為微小，卻仍然可以察覺的改變所影響。因此我們閱讀修西狄底斯的歷史，不是因為他多麼精準地描述出在他寫書之前的那個世界，而是因為他對後代發生的事有一定的影響力。雖然說起來很奇怪，但是我們閱讀他的書是為了想要了解目前發生的事。

亞里斯多德說：「詩比歷史更有哲學性。」他的意思是詩更具一般性，更有普遍的影響力。一首好詩不只在當時當地是一首好詩，也在任何時間任何地點都是好詩。這樣的詩對所有人類來說都有意義與力量。歷史不像詩那樣有普遍性。歷史與事件有關，詩卻不必如此。但是一本好的歷史書仍然是有普遍性的。

修西狄底斯說過，他寫歷史的原因是：希望經由他所觀察到的錯誤，以及他個人受到的災難與國家所受到的苦楚，將來的人們不會重蹈覆轍。他所描述的人們犯下的錯誤，不只對他個人或希臘有意義，對整個人類來說更有意義。在二千五百年以前，雅典人與斯巴達人所犯的錯誤，今天人們仍然同樣在犯——或至少是非常接近的錯誤——修西狄底斯以降，這樣的戲碼一再上演。

如果你閱讀歷史的觀點是設限的，如果你只想知道真正發生了什麼事，那你就不會從修西狄底斯，或任何一位好的歷史學家手中學到東西。如果你真把修西狄底斯讀通了，你甚至會扔開想要深究當時到底發生了什麼事的念頭。

歷史是由古到今的故事。我們感興趣的是現在——以及未來。有一部分的未來是由現在來決定的。因此，你可以由歷史中學習到未來的事物，甚至由修西狄底斯這樣活在二千年前的人身上學到東西。

總之，閱讀歷史的兩個要點是：第一，對於你感興趣的事件或時期，盡可能閱讀一種以上的歷史書。第二，閱讀歷史時，不只要關心在過去某個時間、地點真正發生了什麼事，還要讀懂在任何時空之中，尤其是現在，人們為什麼會有如此這般行動的原因。

## 閱讀歷史書要提出的問題

儘管歷史書更接近小說，而非科學，但仍然能像閱讀論說性作品一樣來閱讀，也應該如此閱讀。因此，在閱讀歷史時，我們也要像閱讀論說性作品一樣，提出基本的問題。因為歷史的特性，我們要提出的問題有點不同，所期待的答案也稍微不同。

第一個問題關心的是，每一本歷史書都有一個特殊而且有限定範圍的主題。令人驚訝的是，通常讀者很容易就看出這樣的主題，不過，不見得會仔細到看出作者為自己所設定的範圍。一本美國內戰的書，固然不是在談十九世紀的世界史，可能也不涉及一八六〇年代的美國西部史。雖然不應該，但它可能還是把當年的教育狀況，美國西部拓荒的歷史或美國人爭取自由的過程都略過不提。因此，如果我們要把歷史讀好，我們就要弄清楚這本書在談的是什麼，沒有談到的又是什麼。當然，如果我們要批評這本書，我們一定要知道它所沒談到的是什麼。一位作者不該因為他沒有做到他根本就沒想做的事情而受到指責。

根據第二個問題，歷史書在說一個故事，而這個故事當然是發生在一個特定的時間裡。一般的綱要架構因此決定下來了，用不著我們去搜尋。但是說故事的方法有很多種，我們一定要知道這位作者是用什麼方法來說故事的。他將整本書依照年代、時期或世代區分為不同的章節？還是按照其他的規則定出章節？他是不是在這一章中談那個時期的經濟歷史，而在別章中談戰爭、宗教運動與文學作品的產生？其中哪一個對他來說最重要？如果我們能找出這些，如果我們能從他的故事章節中發現他最重視的部分，我們就能更了解他。我們可能不同意他對這件事的觀點，但我們仍然能從他身上學到東西。

批評歷史有兩種方式。我們可以批評——但永遠要在我們完全了解書中的意義之後——這本歷史書不夠逼真。也許我們覺得，人們就是不會像那樣行動的。就算歷史學家提供出資料來源，就算我們知道這些是相關的事實，我們仍然覺得他誤解了史實，他的判斷失真，或是他無法掌握人性或人類的事物。譬如，我們對一些老一輩歷史學家的作品中沒有包括經濟事務，就可能會有這種感覺。對另一些書中所描述的一些大公無私、有太多高貴情操的「英雄」人物，我們也會抱持著懷疑的態度。

另一方面，我們會認為——尤其是我們對這方面的主題有特殊研究時——作者誤用了資料。我們發現他竟然沒有讀過我們曾經讀過的某本書時，會有點生氣的感覺。他對這件事所掌握的知識可能是錯誤的。在這種狀況下，他寫的就不是一本好的歷史書。我們希望一位歷史學家有完備知識。

第一種批評比較重要。一個好的歷史學家要能兼具說故事的人與科學家的能力。他必須像某些目擊者或作家說一些事情**確實**發生過一樣，知道一些事情就是可能發生過。

關於最後一個問題：這與我何干？可能沒有任何文學作品能像歷史一樣影響人類的行為。諷刺文學及烏托邦主義的哲學對人類的影響不大。我們確實希望這個世界更好，但是我們很少會被一些只會挖苦現實，只是區別出理想與現實的差異這類作者的忠告所感動。歷史告訴我們人類過去所做的事，也經常引導我們做改變，嘗試表現出更好的自我。一般來說，政治家接受歷史的訓練會比其他的訓練還要收穫良多。歷史會建議一些可行性，因為那是以前的人已經做過的事。既然是做過的事，就可能再做一次——或是可以避免再做。

因此，「與我何干」這個問題的答案，就在於實務面，也就是你的政治行為面。這也是為什麼說要把歷史書讀好是非常重要的。不幸的是，政治領導人物固然經常根據歷史知識來採取行動，但卻還不夠。這個世界已經變得很渺小又危機四伏，每個人都該開始把歷史讀好才行。

## 如何閱讀傳記與自傳

傳記是一個真人的故事。這種作品一直以來就是有混合的傳統，因此也保持著混雜的特性。有些傳記作者可能會反對這樣的說法。不過，一般來說，一本傳記是關於生活、歷史、男人或女人及一群人的一種敘述。因此，傳記也跟歷史一樣有同樣的問題。讀者也要問同樣的問題——作者的目的是什麼？他所謂的真實是包含哪些條件？——這也是在讀任何一本書時都要提出的問題。

傳記有很多種類型。「**定案本**」（definitive）的傳記是對一個人的一生做詳盡完整的學術性報告，這個人重要到夠得上寫這種完結篇的傳記。定案本的傳記絕不能用來寫活著的人。這類型的傳記通常是先出現好幾本非定案的傳記之後，才會寫出來。而那些先出的傳記當中總會有些不完整之處。在寫作這樣的傳記時，作者要閱讀所有的資料及信件，還要查證大批當代的歷史。因為這種收集資料的能力，與用來寫成一本好書的能力不同，因此「定案本」的傳記通常是不太容易閱讀的。這是最可惜的一點。一本學術性的書不一定非要呆板難讀不可。鮑斯威爾（Boswell）的《約翰生傳》（*Life of Johnson*）就是一本偉大的傳記，但卻精彩絕倫。這確實是一本定案本的傳記（雖然之後還出現了其他的約翰生傳記），但是非常獨特有趣。

一本定案本的傳記是歷史的一部分——這是一個人和他生活的那個時代的歷史，就像從他本人的眼中所看到的一樣。應該用讀歷史的方法來讀這種傳記。「**授權本**」（authorized）傳記又是另一回事了。這樣的工作通常是由繼承人，或是某個重要人物的朋友來負責的。因為他們的寫作態度很小心，因此這個人所犯的錯，或是達到的成就都會經過潤飾。有時候這也會是很好的作品，因為作者的優勢——其他作者則不見得——能看到所有相關人士所掌控的資料。當然，授權本的傳記不能像定案本的傳記那樣受到相同的信任。讀這種書不能像讀一般的歷史書一樣，讀者必須了解作者可能會有偏見——這是作者希望讀者能用這樣的想法來看書中的主角，這也是他的朋友希望世人用這樣的眼光來看他。

授權本的傳記是一種歷史，卻是非常不同的歷史。我們可以好奇什麼樣利害關係的人會希望我們去了解某一個人的私生活，但我們不必指望真正了解這個人的私生活真相。在閱讀授權本的傳記時，這本書通常在告訴我們有關當時的時代背景，人們的生活習慣與態度，以及當時大家接受的行為模式——關於不可接受的行為也同時做了點暗示及推論。如果我們只讀了單方面的官方傳記，我們不可能真的了解這個人的真實生活，就像我們也不可能指望了解一場戰役的真相一樣。要得到真相，必須要讀所有正式的文件，詢問當時在場的人，運用我們的頭腦從混亂中理出頭緒來。定案本的傳記已經做過這方面的工作了，授權本的傳記（幾乎所有活著的人的傳記都是屬於這一種）還有很多要探索的。

剩下的是介於定案本與授權本之間的傳記。或許我們可以稱這種傳記是一般的傳記。在這種傳記中，我們希望作者是正確的，是了解事實的。我們最希望的是能超越另一個時空，看到一個人的真實面貌。人是好奇的動物，尤其是對另一個人特別的好奇。

這樣的書雖然比不上定案本的傳記值得信任，卻很適合閱讀。如果世上沒有了艾沙克·華登（Izaak Walton）為他的朋友，詩人約翰·但恩（John Donne）與喬治·賀伯特（George Herbert）所寫的《生活》（*Lives*）〔華登最著名的作品當然是《完美的垂釣者》（*The Compleat Angler*）〕，或是約翰·丁達爾（John Tyndall）為朋友麥可·法拉第（Michael Faraday）寫的《發明家法拉第》（*Faraday the Discoverer*），這世界將會遜色不少。

有些傳記是教誨式的，含有道德的目的。現在很少人寫這類傳記了，以前卻很普遍。（當然，兒童書中還有這樣的傳記。）普魯塔克（Plutarch）的《希臘羅馬英雄傳》（*Lives of the Noble Grecians and Romans*）就是這種傳記。普魯塔克告訴人們有關過去希臘、羅馬人的事跡，以幫助當代的人也能有同樣的高貴情操，並幫助他們避免落入過去的偉人所經常犯——或確實犯下的錯誤。這是一本絕妙的作品。雖然書中有許多關於某個人物的敘述，但我們並不把這本書當作是收集資料的傳記來讀，而是一般生活的讀物。書中的主角都是有趣的人物，有好有壞，但絕不會平淡無奇。普魯塔克自己也了解這一點。

他說他原本要寫的是另一本書，但是在寫作的過程中，他卻發現在「讓這些人物一個個進出自己的屋子之後」，卻是自己受益最多，受到很大的啟發。

此外，普魯塔克所寫的其他的歷史作品對後代也有相當的影響力。譬如他指出亞歷山大大帝模仿阿基利斯的生活形態（他是從荷馬的書中學到的），所以許多後代的征服者也模仿普魯塔克所寫的亞歷山大大帝的生活方式。

自傳所呈現的又是不同的有趣問題。首先要問的是，是否有人真的寫出了一本真實的自傳？如果了解別人的生活很困難，那麼了解自己的生活就更困難了。當然，所有自傳所寫的都是還未完結的生活。沒有人能反駁你的時候，你可能會掩蓋事實，或誇大事實，這是無可避免的事。每個人都有些不願意張揚的秘密，每個人對自己都有些幻想，而且不太可能承認這些幻想是錯誤的。無論如何，雖然不太可能寫一本真實的自傳，但也不太可能整本書中都是謊言。就像沒有人能撒謊撒得天衣無縫，即使作者想要掩蓋一些事實，自傳還是會告訴我們一些有關作者的真面目。

一般人都容易認為盧梭的《懺悔錄》或同一時期的某部其他作品（約十八世紀中葉），是真正稱得上自傳的開始。這樣就忽略了像奧古斯汀的《懺悔錄》（*Confessions*）及蒙田的《隨筆集》（*Essays*）。真正的錯誤還不在這裡。事實上，任何人所寫的任何主題多少都有點自傳的成分。像柏拉圖的《共和國》（*Republic*）、彌爾頓的《失樂園》或歌德的《浮士德》（*Faust*）中，都有很強烈的個人的影子——只是我們沒法一一指認而已。如果我們對人性感興趣，在合理的限度內，我們在閱讀任何一本書的時候，都會張開另一隻眼睛，去發現作者個人的影子。

自傳在寫得過火時，會陷入所謂「感情謬誤」（pathetic fallacy）的狀態中，但這用不著過度擔心。不過我們要記得，沒有任何文字是自己寫出來的——我們所閱讀到的文字都是由人所組織撰寫出來的。柏拉圖與亞里斯多德說過一些相似的事，也說過不同的事。但就算他們完全同意彼此的說法，他們也不可能寫出同樣的一書本，因為他們是不同的人。我們甚至可以發現在阿奎那的作品《神學大全》，這樣一部顯然一切攤開來的作品中，也有些隱藏起來的東西。

因此，所謂**正式的**（formal）自傳並不是什麼新的文學形式。從來就沒有人能讓自己完全擺脫自己的作品。蒙田說過：「並不是我在塑造我的作品，而是我的作品在塑造我。一本書與作者是合而為一的，與自我密切相關，也是整體生活的一部分。」他還說：「任何人都能從我的書中認識我，也從我身上認識我的書。」這不只對蒙田如此，惠特曼談到他的《草葉集》（*Leaves of Grass*）時說：「這不只是一本書，接觸到這本書時，也就是接觸到一個生命。」

在閱讀傳記與自傳時還有其他的重點嗎？這裡還有一個重要的提醒。無論這類的書，尤其是自傳，揭露了多少有關作者的秘密，我們都用不著花上一堆時間來研究作者並未言明的秘密。此外，由於這種書比較更像是文學小說，而不是敘事或哲學的書，是一種很特別的歷史書，因此我們還有一點點想提醒大家的地方。當然，你該記得，如果你想知道一個人的一生，你就該盡可能去閱讀你能找到的資料，包括他對自己一生的描述（如果他寫過）。閱讀傳記就像閱讀歷史，也像閱讀歷史的原因。對於任何自傳都要有一點懷疑心，同時別忘了，在你還不了解一本書之前，不要妄下論斷。至於「這本書與我何干？」

這個問題，我們只能說：傳記，就跟歷史一樣，可能會導引出某個實際的、良心的行動。傳記是有啟發性的。那是生命的故事，通常是成功者的一生故事——也可以當作是我們生活的指引。

## 如何閱讀關於當前的事件

我們說過，分析閱讀的規則適用於任何作品，而不只是書。現在我們要把這個說法做個調整，分析閱讀並不是永遠都有必要的。我們所閱讀的許多東西都用不上分析閱讀的努力跟技巧，那也就是我們所謂第三層次的閱讀能力。此外，雖然這樣的閱讀技巧並不一定要運用出來，但是在閱讀時，四個基本問題是一定要提出來的。當然，即使當你在面對我們一生當中花費大多時間閱讀的報紙、雜誌、當代話題之類的書籍時，也一定要提出這些問題來。

畢竟，歷史並沒有在一千年或一百年前停頓下來，世界仍在繼續運轉，男男女女繼續寫作世上在發生些什麼事情，以及事情在如何演變。或許現代的歷史沒法跟修西狄底斯的作品媲美，但這是要由後代來評價的。身為一個人及世界的公民，我們有義務去了解圍繞在我們身邊的世界。

接下來的問題就是要知道當前確實發生了些什麼事。我們會用「確實」這兩個字是有用意的。法文是用「確實」（actualités）這兩個字代表新聞影片。所謂當前發生的事件（current events），也就是跟「新聞」這兩個字很類似。我們要如何獲得新聞，又如何知道我們獲得的新聞是真實的？

你會立刻發現我們面對的問題與歷史本身的問題是一樣的。就像我們無法確定過去的事實一樣，我們不能確定我們所獲得的是不是事實——我們也無法確定我們現在所知道的是事實。但是我們還是要努力去了解真實的情況。

如果我們能同時出現在任何地方，收聽到地球上所有的對話，看穿所有活著的人的心裡，我們就可以確定說我們掌握了當前的真實情況。但是身為人類就有先天的限制，我們只能仰賴他人的報導。所謂記者，就是能掌握一小範圍內所發生的事，再將這些事在報紙、雜誌或書中報導出來的人。我們的資訊來源就要靠他們了。

理論上，一位記者，不論是哪一類的記者，都該像是一面清澈的玻璃，讓真相反映出來——或透射過來。但是人類的頭腦不是清澈的玻璃，不是很好的反映材料，而當真相透射過來時，我們的頭腦也不是很好的過濾器。它會將自認為不真實的事物排除掉。當然，記者不該報導他認為不真實的事。但是，他也可能會犯錯。

因此，最重要的是，在閱讀當前事件的報導時，要知道**是誰在寫這篇報導**。這裡所說的並不是要認識那位記者，而是要知道他寫作的心態是什麼。濾鏡式的記者有許多種類型，要了解記者心中戴著什麼樣的過濾器，我們一定要提出一連串的問題。這一連串的問題與任何一種報導現狀的作品都有關。這些問題是：

(1) 這個作者想要證明什麼？
(2) 他想要說服誰？
(3) 他具有的特殊知識是什麼？

(4) 他使用的特殊語言是什麼？
(5) 他真的知道自己在說些什麼嗎？

大體而言，我們可以假設關於當前事件的書，都是想要證明什麼事情。通常，這件事情也很容易發現。書衣上通常就會將這本書的主要內容寫出來了。就算沒有出現在封面，也會在作者的前言中出現。問過作者想要證明的是什麼之後，你就要問作者想要說服的是什麼樣的人了？這本書是不是寫給那些「知道內情的人」（in the know）——你是其中一個嗎？這本書是不是寫給一小群讀過作者的描繪之後能快速採取某種行動的讀者，或者，就是為一般人寫的？如果你並不屬於作者所訴求的對象，可能你就不會有興趣閱讀這樣的一本書。

接下來，你要發現作者假設你擁有哪種特定的知識。這裡所說的「知識」含義很廣，說成「觀念」或「偏見」可能還更適合一些。許多作者只是為了同意他看法的讀者而寫書。如果你不同意作者的假設，讀這樣的書只會使你光火而已。

作者認為你與他一起分享的假設，有時很難察覺出來。巴西・威利（Basil Willey）在《十七世紀背景事件》（*The Seventeenth Century Background*）一書中說：

「想要知道一個人慣用的假設是極為困難的。所謂『以教條為事實』，在運用形上學的幫助以及長期苦思之後，你會發現教條就是教條，卻絕不是事實。」

他繼續說明想要找出不同時代的「以教條為事實」的例子很容易，而這也是他在書中想要做的事。無論如何，閱讀當代作品時，我們不會有時空的隔閡，因此我們除了要釐清作者心中的過濾器之外，也要弄清楚自己的想法才行。

其次，你要問作者是否使用了什麼特殊的語言？在閱讀雜誌或報紙時，這個問題尤其重要。閱讀所有當代歷史書的時候也用得上這個問題。特定的字眼會激起我們特定的反應，卻不會對一個世紀以後的人發生作用。譬如「共產主義」或「共產黨」就是一個例子。我們應該能掌握相關的反應，或至少知道何時會產生這樣的反應。

最後，你要考慮這五個問題中最後的一個問題，這也可能是最難回答的問題。你所閱讀的這位報導作者真的知道事實嗎？是否知道被報導的人物私下的思想與決定？他有足夠的知識以寫出一篇公平客觀的報導嗎？

換句話說，我們所強調的是：我們要注意的，不光是一個記者可能會有的偏差。我們最近聽到許多「新聞管理」（management of the news）這樣的話題。這樣的觀念不只對我們這些大眾來說非常重要，對那些「知道內情」的記者來說更重要。但是他們未必清楚這一點。一個記者儘管可能抱持著最大的善意，一心想提供讀者真實的資料，在一些秘密的行動或協議上仍然可能「知識不足」。他自己可能知道這一點，也可能不知道。當然，如果是後者，對讀者來說就非常危險了。

你會注意到，這裡所提的五個問題，其實跟我們說過閱讀論說性作品時要提出的問題大同小異。譬如知道作者的特殊用語，就跟與作者達成共識是一樣的。對身為現代讀者的我們來說，當前事件的著作或與當代有關的作品傳達的是特殊的問題，因此我們要用不同的方法來提出這些疑問。

也許，就閱讀這類書而言，整理一堆「規則」還比不上歸納為一句警告。這個警告就是：**讀者要擦亮眼睛**（Caveat lector）！在閱讀亞里斯多德、但丁或莎士比亞的書時，讀者用不著擔這種心。而寫作當代事件的作者卻可能（雖然不見得一定）在希望你用某一種方式了解這件事的過程中，有他自己的利益考慮。就算他不這麼想，他的消息來源也會這麼想。你要搞清楚他們的利益考慮，閱讀任何東西都要小心翼翼。

## 關於文摘的注意事項

我們談過在閱讀任何一種作品時，都有一種基本的區別——為了獲得資訊而閱讀，還是為了理解而閱讀。其實，做這種區別還有另一種後續作用。那就是，有時候我們必須閱讀一些有關理解的資訊——換言之，找出其他人是如何詮釋事實的。讓我們試著說明如下。

我們閱讀報紙、雜誌，甚至廣告，主要都是為了獲得資訊。這些資料的量太大了，沒有人有時間去閱讀所有的資訊，頂多閱讀一小部分而已。在這類閱讀領域中，大眾的需要激發了許多優秀的新事業的出現。譬如像《時代》（*Time*）或《新聞週刊》（*Newsweek*），這種新聞雜誌，對大多數人來說就有難以言喻的功能，因為它們能代替我們閱讀新聞，還濃縮成包含最基本要素的資訊。這些雜誌新聞寫作者基本上都是讀者。他們閱讀新聞的方法，則已經遠遠超越一般讀者的能力。

對《讀者文摘》（*Reader's Digest*）這類出版品來說，也是同樣的情況。這樣的雜誌聲稱要給讀者一種濃縮的形式，讓我們將注意力由一般雜誌轉移到一冊塞滿資訊的小本雜誌上。當然，最好的文章，就像最好的書一樣，是不可能經過濃縮而沒有遺珠之憾的。譬如像蒙田的散文如果出現在現代的期刊上，變成一篇精華摘要，是絕對沒法滿足我們的。總之，在這樣的情況下，濃縮的唯一功能就是激勵我們去閱讀原著。至於一般的作品，濃縮是可行的，而且通常要比原著還好。因為一般的文字主要都是與資訊有關的。要編纂《讀者文摘》或同類期刊的技巧，最重要的就是閱讀的技巧，然後是寫作要清晰簡單。我們沒幾個人擁有類似的技巧——就算有時間的話——它為我們做了我們自己該做的事，將核心的資訊分解開來，然後以比較少的文字傳達出主題。

畢竟，最後我們還是得閱讀這些經過摘要的新聞與資訊的期刊。如果我們希望獲得資訊，不論摘要已經做得多好，我們還是無法避免閱讀這件事。在所有分析的最後一步，也就是閱讀摘要這件事情，與雜誌編輯以緊湊的方式濃縮原文的工作是一樣的。他們已經替我們分擔了一些閱讀的工作，但不可能完全取代或解決閱讀的問題。因此，只有當我們盡心閱讀這些摘要，就像他們在之前的盡心閱讀以幫助我們做摘要一樣，他們的功能對我們才會真正的有幫助。

這其中同時涉及了為了增進理解而閱讀，以及為了獲得資訊而閱讀的兩件事。顯然，越是濃縮過的摘要，篩選得越厲害。如果一千頁的作品摘成九百頁，這樣的問題不大。如果一千頁的文字濃縮成十頁或甚至一頁，那麼到底留下來的是些什麼東西就是個大問題了。內容被濃縮得越多，我們對濃縮者的特質就更要有所了解。我們在前面所提出的「警告」在這裡的作用就更大了。畢竟，在經過專業濃縮過的句子中，讀者更要能讀出言外之意才行。你沒法找回原文，看看是刪去了哪些，你必須要從濃縮過的文字中自己去判定。因此，閱讀文摘，有時是最困難又自我要求最多的一種閱讀方式。

# 第十七章 如何閱讀科學與數學

這一章的標題可能會讓你誤解。我們並不打算給你有關閱讀任何一種科學與數學的建議。我們只限定自己討論兩種形式的書：一種是在我們傳統中，偉大的科學與數學的經典之作。另一種則是現代的科普著作。我們所談的往往也適用於閱讀一些主題深奧又特定的研究論文，但是我們不能幫助你閱讀這類文章。原因有兩個，第一個很簡單，我們沒有資格這麼做。

第二個則是：直到大約十九世紀末，主要的科學著作都是給門外漢所寫的。這些作者——像是伽利略、牛頓與達爾文——並不反對在他們領域中的專家來閱讀，事實上，他們也希望接觸到這樣的讀者。但在那個時代，愛因斯坦所說的「科學的快樂童年時代」，科學專業的制度還沒有建立起來。聰明又能閱讀的人閱讀科學書就跟閱讀歷史或哲學一樣，中間沒有艱困與速度的差距，也沒有不能克服的障礙。當代的科學著作，並沒有明顯的表示出要忽視一般讀者或門外漢。不過大多數現代科學著作並不關心門外漢讀者的想法，甚至也不想嘗試著要讓這樣的讀者理解。

今天，科學論文已經變成是專家寫給專家看的東西了。就某個嚴肅的科學主題的溝通中，讀者也要有相對的專業知識才行，通常不是這個領域中的讀者根本無法閱讀這類的文章。這樣的傾向有明顯的好處，這使科學的進步更加快速。專家之間彼此交換專業知識，很快就能互相溝通，達到重點——他們很快便能看出問題所在，並想辦法解決。但是付出的代價也很明顯。你——也就是我們在本書中所強調的一般水平的讀者——就沒法閱讀這類的文章了。

事實上，這樣的情況也已經出現在其他的領域中，只是科學的領域更嚴重一些罷了。今天，哲學家也不再為專業的哲學家以外的讀者寫作，經濟學家只寫給經濟學家看，甚至連歷史學家都開始寫專業的論著。而在科學界，專家透過專業論文來做溝通早已是非常重要的方式，比起寫給所有讀者的那種傳統敘事性的寫法，這樣的方式更方便彼此的意見交流。

在這樣的情況下，一般的讀者該怎麼辦呢？他不可能在任何一個領域中都成為專家。他必須要退一步，也就是閱讀流行的科普書。其中有些是好書，有些是壞書。但是我們不只要知道這中間的差別，最重要的是還要能在閱讀好書時達到充分的理解。

## 了解科學這一門行業

科學史是學術領域中發展最快速的一門學科。在過去的幾年當中，我們看到這個領域在明顯的改變。「嚴肅的」科學家瞧不起科學歷史家，是沒多久以前的事。在過去，科學歷史家被認為是以研究歷史為主，因為他們沒有能力拓展真正的科學領域。這樣的態度可以用蕭伯納的一句名言來做總結：「有能力的人，就去做。沒有能力的人，就去教。」

目前已經很少聽到有關這種態度的描述了。科學史這個部門已經變得很重要，卓越的科學家們研究也寫出有關科學的歷史。其中有個例子就是「牛頓工業」（Newton industry）。目前，許多國家都針對牛頓的理論及其獨特的人格，做密集又大量的研究。最近也出版了六、七本相關的書籍。原因是科學家比以前更關心科學這個行業的本身了。

因此，我們毫不遲疑地要推薦你最少要閱讀一些偉大的科學經典巨著。事實上，你真的沒有藉口不閱讀這樣的書。其中沒有一本是真的很難讀，就算是牛頓的《自然哲學的數學原理》，只要你真的肯努力，也是可以讀得通的。

這是我們給你最有幫助的建議。你要做的就是運用閱讀論說性作品的規則，而且要很清楚地知道作者想要解決的問題是什麼。這個分析閱讀的規則適用於任何論說性的作品，尤其適用於科學與數學的作品。

換句話說，你是門外漢，你閱讀科學經典著作並不是為了要成為現代專業領域中的專家。相反的，你閱讀這些書只是為了要了解科學的歷史與哲學。事實上，這也是一個門外漢對科學應有的責任。只有當你注意到偉大的科學家想要解決的是什麼問題時——注意到問題的本身及問題的背景——你的責任才算結束了。

要跟上科學發展的腳步，找出事實、假定、原理與證據之間的互相關聯，就是參與了人類理性的活動，而那可能是人類最成功的領域。也許，光這一點就能印證有關科學歷史研究的價值了。此外，這樣的研究還能在某種程度上消除一些對科學的謬誤。最重要的是，那是與教育的根本相關的腦力活動，也是從蘇格拉底到我們以來，一直被認為是中心的目標，也就是透過懷疑的訓練，而釋放出一個自由開放的心靈。

## 閱讀科學經典名著的建議

所謂科學作品，就是在某個研究領域中，經過實驗或自然觀察得來的結果，所寫成的研究報告或結論。敘述科學的問題總是要盡量描述出正確的現象，找出不同現象之間的互動關係。

偉大的科學作品，儘管最初的假設不免個人偏見，但不會有誇大或宣傳。你要注意作者最初的假設，放在心上，然後把他的假設與經過論證之後的結論做個區別。一個越「客觀」的科學作者，越會明白地要求你接受這個、接受那個假設。科學的客觀不在於沒有**最初的偏見**，而在於**坦白承認**。

在科學作品中，主要的詞彙通常都是一些不常見或科技的用語。這些用語很容易找出來，你也可以經由這些用語找到主旨。主旨通常都是很一般性的。科學不是編年史，科學家跟歷史學家剛好相反，他們要擺脫時間與地點的限制。他要說的是一般的現象，事物變化的一般規則。

在閱讀科學作品時，似乎有兩個主要的難題。一個是有關論述的問題。科學基本上是歸納法，基本的論述也就是經由研究查證，建立出來的一個通則——可能是經由實驗所創造出來的一個案例，也可能是長期觀察所收集到的一連串案例。還有另外一些論述是運用演繹法來推論的。這樣的論述是藉著其他已經證明過的理論，再推論出來的。在講求證據這一點上，科學與哲學其實差異不大。不過歸納法是科學的特質。

會出現第一個困難的原因是：為了要了解科學中歸納法的論點，你就必須了解科學家引以為理論基礎的證據。不幸的是，那是很難做到的事。除了手中那本書之外，你仍然一無所知。如果這本書不能啟發一個人時，讀者只有一個解決辦法，就是自己親身體驗以獲得必要的特殊經驗。他可能要親眼看到實驗的過程，或是去觀察與操作書中所提到的相同的實驗儀器。他也可能要去博物館觀察標本與模型。

任何人想要了解科學的歷史，除了閱讀經典作品外，還要能自己做實驗，以熟悉書中所談到的關係重大的實驗。經典實驗就跟經典作品一樣，如果你能親眼目睹，親自動手做出偉大科學家所形容的實驗，那也是他獲得內心洞察力的來源，那麼對於這本科學經典巨著，你就會有更深入的理解。

這並不是說你一定要依序完成所有的實驗才能開始閱讀這本書。以拉瓦錫（Lavoisier）的《化學原理》（*Elements of Chemistry*）為例，這本書出版於一七八九年，到目前已不再被認為是化學界有用的教科書了，一個高中生如果想要通過化學科的考試，也絕不會笨到來讀這本書。不過，在當時他所提出來的方法仍是革命性的，他所構思的化學元素大體上我們仍然沿用至今。因此在閱讀這本書的重點是：你用不著讀完所有的細節才能獲得啟發。譬如他的前言便強調了科學方法的重要，便深具啟發性。拉瓦錫說：

「任何自然科學的分支都要包含三個部分：在這個科學主題中的連續事實，呈現這些事實的想法，以及表達這些事實的語言……因為想法是由語言來保留與溝通的，如果我們沒法改進科學的本身，就沒法促進科學語言的進步。換個角度來看也一樣，我們不可能只改進科學的語言或術語，卻不改進科學的本身。」

這正是拉瓦錫所做的事。他藉著改進化學的語言以推展化學，就像牛頓在一個世紀以前將物理的語言系統化、條理化，以促進物理的進步——你可能還記得，在這樣的過程中，他發展出微積分學。

提到微積分使我們想到在閱讀科學作品時的第二個困難，那就是數學的問題。

## 面對數學的問題

很多人都很怕數學，認為自己完全無法閱讀這樣的書。沒有人能確定這是什麼原因。一些心理學家認為這就像是「符號盲」（Symbol blindness）——無法放下對實體的依賴，轉而理解在控制之下的符號轉換。或許這有點道理，但文字也轉換，轉換得多少比較更不受控制，甚至也許更難以理解。還有一些人認為問題出在數學的教學上。如果真是如此，我們倒要鬆口氣，因為近來有許多研究已經投注在如何把數學教好這個問題上了。

其中的部分原因是沒有人告訴我們，或是沒有早點告訴我們，好讓我們深入了解：數學其實是一種語言，我們可以像學習自己的語言一樣學習它。在學習自己的語言時，我們要學兩次：第一次是學習如何說話，第二次是學習如何閱讀。幸運的是，數學只需要學一次，因為它完全是書寫的語言。

我們在前面說過，學習新的書寫語言，牽涉到基礎閱讀的問題。當我們在小學第一次接受閱讀指導時，我們的問題在要學習認出每一頁中出現的特定符號，還要記得這些符號之間的關聯。就算是後來變成閱讀高手的人，偶爾還是要用基礎閱讀來閱讀。譬如我們看到一個不認得的字時，還是得去翻字典。如果我們被一個句子的句法搞昏頭時，也得從基礎的層次來解決。只有當我們解決了這些問題時，我們的閱讀能力才能更上層樓。

數學既然是一種語言，那就擁有自己的字彙、文法與語境（Syntax），初學者一定要學會這些東西。特定的符號或符號之間的關係要記下來。因為數學的語言與我們常用的語言不同，問題也會不同，但理論上來說，不會難過我們學習英語、法文或德文。事實上，從基礎閱讀的層次來看，可能還要簡單一點。

任何一種語言都是一種溝通的媒介，藉著語言人們能彼此了解共同的主題。一般日常談話的主題不外是關於情緒上的事情或人際關係。其實，如果是兩個不同的人，對於那樣的主題彼此未必能**完全**溝通。但是不同的兩個人，撇開情緒性的話題，卻**可以**共同理解與他們無關的第三種事件，像是電路、等腰三角形或三段論法。原因是當我們的話題牽涉到情緒時，我們很難理解一些言外之意。數學卻能讓我們避免這樣的問題。只要能適當地運用數學的共識、主旨與等式，就不會有情緒上言外之意的問題。

除此之外，也沒有人告訴我們，至少沒有早一點告訴我們，數學是如何優美、如何滿足智力的一門學問。如果任何人願意費點力氣來讀數學，要領略數學之美永遠不嫌晚。你可以從歐幾里得開始，他的《幾何原理》是所有這類作品中最清晰也最優美的作品。

讓我們以《幾何原理》第一冊的前五個命題來做說明。（如果你手邊有這本書，你該打開來看看。）基本幾何學的命題有兩種：(1)有關作圖問題的敘述。(2)有關幾何圖形與各相關部分之間的關係的定理。作圖的問題必須著手去做，定理的問題就得去證明。在歐幾里得作圖問題的結尾部分，通常會有 Q.E.F.（Quod erat faciendum）的字樣，意思是「作圖完畢」，而在定理的結尾，你會看到 Q.E.D.（Quod erat demonstrandum）的字樣，意思是「證明完畢」。

《幾何原理》第一冊的前三個命題的問題，都是與作圖有關的。為什麼呢？一個答案是這些作圖是為了要證明定理用的。在前四個命題中，我們看不出來，到了第五個，就是定理的部分，我們就可以看出來了。譬如等腰三角形（一個三角形有兩個相等的邊）的兩底角相等，這就需要運用上「命題三」，一條短線取自一條長線的道理。而「命題三」又跟「命題二」的作圖有關，「命題二」則跟「命題一」的作圖有關，所以為了要證明「命題五」，就必須要先作三個圖。

我們也可以從另外一個目的來看作圖的問題。作圖很明顯的與公設（postulate）相似，兩者都聲稱幾何的運作是可以執行出來的。在公設的案例中，這個可能性是**假定**（assumed）出來的。在命題的案例中，那是要**證明**（proved）出來的。當然，要這樣證明，需要用到公設。因此，舉例來說，我們可能會疑惑是否真的有「定義二〇」中所定義的等邊三角形這回事。但是我們用不著為這些數學物件是否存在而困擾，至少我們可以看到「命題一」所說的：基於有這些直線與圓的**假定**，自然可以**導引**出有像等邊三角形這樣東西的存在了。

我們再回到「命題五」，有關等腰三角形的內角相同的定理。要達到這個結論，牽涉前面許多命題與公設，並且必須證明本身的命題。這樣就可以看出，如果**某件事為真**（也就是我們有一個等腰三角形的假設），並且如果其他某些**附加條件也成立**（定義、公設與前面其他的命題），**那麼另一件事**（也就是結論）**亦為真**。命題所重視的是「若……則」這樣的關係。命題要確定的不是假設是否為真，也不是結論是否為真——除非假設為真的時候。而除非命題得到證明，否則我們就無法確認假設和結論的關係是否為真。命題所證明的，純粹是這種關係是否為真。別無其他。

說這樣的東西是優美的，有誇大其詞嗎？我們並不這麼認為。我們在這裡所談的只是針對一個**真正有範圍限制的問題**，做出**真正邏輯的解釋**。在解釋的清晰與問題範圍有限制的特質之中，有一種特別的吸引力。在一般的談話中，就算是非常好的哲學家在討論，也沒法將問題如此這般說得一清二楚。而在哲學問題中，即使用上邏輯的概念，也很難像這樣清晰地解說出來。

關於前面所列舉的「命題五」的論點，與最簡單的三段式論法之間的差異性，我們再做些說明。所謂的三段式論法就是：

所有的動物終有一死；
所有的人都是動物；
因此，所有的人終有一死。

這個推論也確實適用於某些事。我們可以把它想成是數學上的推論。假定有動物及人這些東西，再假設動物是會死的。那就可以導引出像前面所說三角形那樣確切的結論了。但這裡的問題是動物和人是確切存在的，我們是就一些真實存在的東西來假設一些事情。我們一定得用數學上用不著的方法，來檢驗我們的假設。歐幾里得的命題就不擔心這一點。他並不在意到底有沒有等腰三角形這回事。他說的是，如果有等腰三角形，如果如此定義，那一定可以導引出兩個底角相同的結論。你真的用不著懷疑這件事——永遠不必。

## 掌握科學作品中的數學問題

關於歐幾里得的話題已經有點離題了。我們所關心的是在科學作品中有相當多的數學問題，而這也是一個主要的閱讀障礙。關於這一點有幾件事要說明如下。

第一，你至少可以把一些比你想像的基礎程度的數學讀得更明白。我們已經建議你從歐幾里得開始，我們確定你只要花幾個晚上把《幾何原理》讀好，就能克服對數學的恐懼心理。讀完歐幾里得之後，你可以進一步，看看其他經典級的希臘數學大師的作品——阿基米德（Archimedes）、阿波羅尼斯（Apollonius）、尼可馬奇斯（Nicomachus）。這些書並不真的很難，而且你可以跳著略讀。

這就帶入了我們要說的第二個重點。如果你閱讀數學書的企圖是要了解數學本身，當然你要讀數學，從頭讀到尾——手上還要拿枝筆，這會比閱讀任何其他的書還需要在書頁空白處寫些筆記。但是你的企圖可能並非如此，而是只想讀一本有數學在內的科學書，這樣跳著略讀反而是比較聰明的。

以牛頓的《自然哲學的數學原理》為例，書中包含了很多命題，有作圖問題與定理。但你用不著真的每一個都仔細地去讀，尤其第一次從頭看一遍的時候更是如此。先看定理的說明，再看看結論，掌握一下這是如何證明出來的。讀讀引理（lemmas）及系理（corollaries）的說明，再讀所謂的旁註（scholiums）（基本上這是討論命題與整個問題之間的關係）。這麼做了之後，你會看到整本書的全貌，也會發現牛頓是如何架構這個系統的——哪個先哪個後，各個部分又如何密切呼應起來。用這樣的方法讀這本書，覺得困難就不要看圖表（許多讀者是這麼做的），只挑你感興趣的內容來看，但要確定沒錯過牛頓所強調的重點。其中一個重點出現在第三卷的結尾，名稱是「宇宙系統」，牛頓稱之為一般的旁註，不但總結了前人的重點，也提出了一個物理學上幾乎所有後人都會思考的偉大問題。

牛頓的《光學》也是另一部偉大的科學經典作品，你應該也試著讀一下。其實書中談到的數學部分不多，但你一開始看時可能不這麼認為，因為書中到處都是圖表。其實這些圖表只是用來說明牛頓的實驗：讓陽光穿過一個小洞，射進一個黑暗的房間，用稜鏡截取光線，下面放一張白紙，就可以看到光線中各種不同的顏色呈現在紙上。你自己就可以很簡單的重複這樣的實驗，這是做起來很好玩的事，因為色彩很美麗，而且描繪得一清二楚。除了有關這個實驗的形容，你還會想讀一下有關不同定理或命題的說明，以及三卷書中每卷結尾部分的討論，牛頓在這裡會對他的發現做個總結，並指出其意義。第三卷的結尾尤其出名，在這裡牛頓對科學這個行業做了一些說明，很值得一讀。

科學作品中經常會包括數學，主要因為我們前面說過數學精確、清晰與範圍限定的特質。有時候你能讀懂一些東西，卻用不著深入數學的領域，像是牛頓的書就是個例子。奇怪的是，就算數學對你來說可怕得不得了，但是一點也沒有數學有時造成的麻煩還可能更大呢！譬如在伽利略的《兩種新科學》中，這是物質能量與運動的名作，對現代讀者來說特別困難，因為基本上這不是數學的書，而是以對話形式來進行的。對話的形式被諸如柏拉圖的大師運用在舞台或哲學討論上，非常適合，運用在科學的討論上就不太適合了。因此要明白伽利略到底談的是什麼其實是很困難的。不過如果你試著讀一下，你會發現他在談一些革新的創見。

當然，並不是所有的科學經典作品都用上了數學，或是一定要用數學。像是希臘醫學之父，希波克里特（Hippocrates）的作品就沒有數學。你可以很容易讀完這本書，發現希波克里特的醫學觀點——預防勝於治療的藝術。不幸的是，現代已經不流行這樣的想法。威廉・哈維討論血液循環的問題，或是威廉・吉伯特討論磁場的問題，都與數學無關。只要你記住，你的責任**不是成為這個主題的專家，而是要去了解相關的問題**，在閱讀時就會輕鬆許多。

## 關於科普書的重點

從某一方面而言，關於閱讀科普書，我們沒有什麼更多的話要說了。就定義上來說，這些書——不論是書或文章——都是為廣泛的大眾而寫的，而不只是為專家寫的。因此，如果你已經讀了一些科學的經典名作，這類流行書對你來說就毫無問題了。這是因為這些書雖然與科學有關，但一般來說，讀者都已經避免了閱讀原創性科學鉅著的兩個難題。第一，**他們只談論一點相關的實驗內容**（他們只報告出實驗的結果）。**第二，內容只包括一點數學**（除非是以數學為主的暢銷書）。

科普文章通常比科普書要容易閱讀，不過也並非永遠如此。有時候這樣的文章很好——像是《科學美國人》（*Scientific American*）月刊或更專業的《科學》（*Science*）週刊。當然，無論這些刊物有多好，編輯有多仔細多負責任，都還是會出現上一章結尾時所談到的問題。在閱讀這些文章時，我們就得靠記者為我們過濾資訊了。如果他們是好的記者，我們就很幸運。如果不是，我們就一無所獲。

閱讀科普書絕對比閱讀故事書要困難得多。就算是一篇三頁沒有實驗報告，沒有圖表，也沒有數學方程式需要讀者去計算的有關ＤＮＡ的文章，閱讀的時候如果你不全神貫注，就是沒法理解。因此，在閱讀這種作品時所需要的主動性比其他的書還要多。要確認主題。要發現整體與部分之間的關係。要與作者達成共識。要找出主旨與論述。在評估或衡量意義之前，要能完全了解這本書才行。現在這些規則對你來說應該都很熟悉了。但是在這裡運用起來更有作用。

短文通常都是在傳遞資訊，你閱讀的時候用不著太多主動的思考。你要做的只是去了解，明白作者所說的話，除此之外大多數情況就用不著花太大的力氣了。至於閱讀另外一些很出色的暢銷書，像是懷海德（Whitehead）的《數學入門》（*Introduction to Mathematics*）、林肯・巴尼特（Lincoln Barnett）的《宇宙與愛因斯坦》、巴里・康芒納（Barry Commoner）的《封閉的循環》（*The Closing Circle*）等等，需要的則比較多了。尤其是康芒納的書更是如此，他所談的主題——環保危機——對現代的我們來說都很感興趣又很重要。他的書寫得很密實，需要一直保持注意力。整本書就是一個暗示，仔細的讀者不該忽略才對。雖然這不是實用的作品，不是我們在第十三章中所談到的作品，但是書中的結論對我們的生活有重大影響。書中的主題——環保危機——談的就是這個。環保問題是我們的問題，如果出現了危機，我們就不得不注意。就算作者沒有說明——事實上他說了——我們還是身處在危機中。在面對危機時，（通常）會出現特定的反應，或是停止某種反應。因此康芒納的書雖然基本上是理論性的，但已經超越了理論，進入實用的領域。

這並不是說康芒納的書特別重要，而懷海德或巴尼特的書不重要。《宇宙與愛因斯坦》寫出來之後，像這樣一本為・般讀者所寫，研究原子的歷史的理論書，讓大家警覺到以剛發明不久的原子彈為主要代表，但不是全部代表的原子物理本質上的嚴重危機。因此，理論性的書一樣會帶來實際的結果。就算現代人不注意逐漸逼近的原子或核能戰爭，閱讀這類的書仍然有實際的需要。因為原子或核能物理是我們這個年代最偉大的成就，為我們帶來許多美好的承諾，同樣的也帶來許多重大的危機。一個有知識，而且有心的讀者應該要盡可能閱讀有關這方面的書籍。

在懷海德的《數學入門》中，是另一個有點不同的重要訊息。數學是現代幾個重要的神秘事物之一。或許，也是最有指標性的一個，在我們社會中占有像古代宗教所占有的地位。如果我們想要了解我們存活的這個年代，我們就該了解一下數學是什麼，數學家是如何運用數學，如何思考的。懷海德的作品雖然沒有深入討論這個議題，但對數學的原理卻有卓越的見解。如果這本書對你沒有其他的作用，至少也對細心的讀者顯示了數學家並不是魔術師，而是個普通的人。這樣的發現，對一個想要超越一時一地的思想與經驗，想要擴大自己領域的讀者來說尤其重要。

# 第十八章 如何閱讀哲學書

小孩常會問些偉大的問題：「為什麼會有人類？」「貓為什麼會那樣做？」「這世界最初名叫什麼？」「上帝創造世界的理由是什麼？」這些話從孩子的口中冒出來，就算不是智慧，至少也是在尋找智慧。根據亞里斯多德的說法，哲學來自懷疑。那必然是從孩提時代就開始的疑問，只是大多數人的疑惑也就止於孩提時代。

孩子是天生的發問者。並不是因為他提出的問題很多，而是那些問題的特質，使他與成人有所區別。成人並沒有失去好奇心，好奇心似乎是人類的天生特質，但是他們的好奇心在性質上有了轉化。他們想要知道事情是否如此，而非為什麼如此。但是孩子的問題並不限於百科全書中能解答的問題。

從托兒所到大學之間，發生了什麼事使孩子的問題消失了？或是使孩子變成一個比較呆板的成人，對於事實的真相不再好奇？我們的頭腦不再被好問題所刺激，也就不能理解與欣賞最好的答案的價值。要知道答案其實很容易。但是要發展出不斷追根究柢的心態，提出真正有深度的問題——這又是另一回事了。

為什麼孩子天生就有的心態，我們卻要努力去發展呢？在我們成長的過程中，不知是什麼原因，成人便失去了孩提時代原本就有的好奇心。或許是因為學校教育使頭腦僵化了——死背的學習負荷是主因，儘管其中有大部分或許是必要的。另一個更可能的原因是父母的錯。就算有答案，我們也常告訴孩子說沒有答案，或是要他們不要再問問題了。碰到那些看來回答不了的問題時，我們覺得困窘，便想用這樣的方法掩蓋我們的不自在。所有這些都在打擊一個孩子的好奇心。他可能會以為問問題是很不禮貌的行為。人類的好問從來沒有被扼殺過，但卻很快的降格為大部分大學生所提的問題——他們就像接下來要變成的成人一樣，只會問一些資訊而已。

對這個問題我們沒有解決方案，當然也不會自以為是，認為我們能告訴你如何回答孩子們所提出來的深刻問題。但是我們要提醒你一件很重要的事，就是最偉大的哲學家所提出來的深刻問題，正是孩子們所提出的問題。能夠保留孩子看世界的眼光，又能成熟地了解到保留這些問題的意義，確實是非常稀有的能力——擁有這種能力的人也才可能對我們的思想有重大的貢獻。

我們並不一定要像孩子般地思考，才能了解存在的問題。孩子們其實並不了解，也沒法了解這樣的問題——就算真有人能了解的話。但是我們一定要能夠用赤子之心來看世界，懷疑孩子們懷疑的問題，問他們提出的問題。成人複雜的生活阻礙了尋找真理的途徑。偉大的哲學家總能釐清生活中的複雜，看出簡單的差別——只要經由他們說明過，原先困難無比的事就變得很簡單了。如果我們要學習他們，提問題的時候就一定也要有孩子氣的單純——而回答時卻成熟而睿智。

## 哲學家提出的問題

這些哲學家所提出的「孩子氣的單純」問題，到底是些什麼問題？我們寫下來的時候，這些問題看起來並不簡單，因為要回答起來是很困難的。不過，由於這些問題都很根本也很基礎，所以乍聽之下很簡單。

下面就拿「**有**」或「**存在**」這樣的問題作例子：存在與不存在的區別在哪裡？所有存在事物的共同點是什麼？每一種存在事物的特質是什麼？事物存在的方法是否各有不同——各有不同的存在形式？是否某些事物只存在心中，或只為了心靈而存在？而存在於心靈之外的其他事物，是否都為我們所知，或是否可知？是否所有存在的事物都是具體的，或是在具體物質之外仍然存在著某些事物？是否所有的事都會改變，還是有什麼事是永恆不變的？是否任何事物都有存在的必要？還是我們該說：目前存在的事物不見得從來都存在？是否可能存在的領域要大於實際存在的領域？

一個哲學家想要探索存在的特質與存在的領域時，這些就是他們會提出來的典型問題。因為是問題，並不難說明或理解，但要回答，卻是難上加難——事實上困難到即使是近代的哲學家，也無法做出滿意的解答。

哲學家會提的另一組問題不是存在，而是跟**改變**或**形成**有關。根據我們的經驗，我們會毫不遲疑地指出某些事物是存在的，但是我們也會說所有這些事物都是會改變的。他們存在過，卻又消失了。當他們存在時，大多數都會從一個地方移動到另一個地方，其中有許多包括了質與量上的改變：他們會變大或變小，變重或變輕，或是像成熟的蘋果與過老的牛排，顏色會有改變。

改變所牽涉到的是什麼呢？在每一個改變的過程中，是否有什麼堅持不變的東西？以及這個堅持不變的東西是否有哪些方面還是要遭逢改變？當你在學習以前不懂的東西時，你因為獲得了知識而在某方面有了改變，但你還是和以前一樣是同一個人。否則，你不可能說因為學習而有所改變了。是否所有的改變都是如此？譬如對於生死這樣巨大的改變——也就是存在的來臨與消失——是否也是如此？還是只對一些不太重要的改變，像是某個地區內的活動、成長或某種質地上的變動來說，才如此？不同的改變到底有多少種？是否所有的改變都有同樣的基本要素或條件？是否所有這些因素或條件都會產生作用？我們說造成改變的原因是什麼意思呢？在改變中是否有不同的原因呢？造成改變——或變化的原因，跟造成存在的原因是相同的嗎？

哲學家提出這樣的問題，就是從注意事物的存在到注意事物的轉變，並試著將存在與改變的關係建立起來。再強調一次，這些問題並不難說明及理解，但要回答得清楚又完整卻極不容易。從上面兩個例子中，你都可以看出來，他們對我們所生活的世界抱持著一種多麼孩子氣的單純心態。

很遺憾，我們沒有多餘的空間繼續深入探討這些問題的類型。我們只能列舉一些哲學家提出來，並想要解答的問題。那些問題不只關於存在或改變，也包括必然性與偶然性，物質與非物質，自然與非自然，自由與不確定性（indeterminacy），人類心智的力量與人類知識的本質及範圍，以及自由意志的問題。

就我們用來區別理論與實用領域的詞義而言，以上這些問題都是屬於思辯性或理論性的問題。但是你知道，哲學並不只限於理論性的問題而已。

以**善**與**惡**為例。孩子特別關心好跟壞之間的差別，如果他們弄錯了，可能還會挨打。但是直到我們成人之後，對這兩者之間的差異也不會停止關心。在善與惡之間，是否有普遍被認可的區別？無論在任何情況中，是否某些事永遠是好的，某些事永遠是壞的？或是就像哈姆雷特引用蒙田的話：「沒有所謂的好跟壞，端看你怎麼去想它。」

當然，善與惡跟對與錯並不相同。這兩組詞句所談的似乎是兩種不同的事。尤其是，就算我們會覺得凡是對的事情就是善的，但我們可能不覺得凡是錯的事情就一定是惡的。那麼，要如何才能清楚地區分呢？

「善」是重要的哲學字眼，也是我們日常生活重要的字眼。想要說明善的意義，是一件棘手的事。在你弄清楚以前，你已經深陷哲學的迷思中了。有許多事是善的，或像我們常用的說法，有許多善行。能將這些善行整理出條理來嗎？是不是有些善行比另一些更重要？是否有些善行要依賴另一些善行來完成？在某些情況中，是否兩種善行會互相牴觸，你必須選擇一種善行，而放棄另一種？

同樣的，我們沒有空間再深入討論這個問題。我們只能在這個實用領域中再列舉一些其他問題。有些問題不只是善與惡，對與錯或是善行的等級，同時是義務與責任，美德與罪行，幸福與人生的目標，人際關係與社會互動之中的公理及正義，禮儀與個人的關係，美好的社會與公平的政府與合理的經濟，戰爭與和平等問題。

我們所討論的兩種問題，區分出兩種主要不同的哲學領域。第一組，關於存在與變化的問題，與這個世界上**存在**與**發生**的事有關。這類問題在哲學領域中屬於理論或思辯型的部分。第二組，關於善與惡，好與壞的問題，和我們**應該**做或探尋的事有關，我們稱這是隸屬於哲學中實用的部分，更正確來說該是規範（normative）的哲學。一本教你做些什麼事的書，像是烹飪書，或是教你如何做某件事，像是駕駛手冊，用不著爭論你該不該做個好廚師或好駕駛，他們假設你有意願要學某件事或做某件事，只要教你如何憑著努力做成功而已。相對的，哲學規範的書基本上關心的是所有人都**應該**追求的目標——像是過好生活，或組織一個好社會——與烹飪書或駕駛手冊不同的是，他們就**應該**運用什麼方法來達成目的的這一點上，卻僅僅只會提供一些最普遍的共識。

哲學家提出來的問題，也有助於哲學兩大領域中次分類的區分。如果思辯或理論型的哲學主要在探討存在的問題，那就屬於形上學。如果問題與變化有關——關於特質與種類的演變，變化的條件與原因——就是屬於自然哲學的。如果主要探討的是知識的問題——關於我們的認知，人類知識的起因、範圍與限制，確定與不確定的問題——那就是屬於認識論（epistemology）的部分，也稱作知識論。就理論與規範哲學的區分而言，如果是關於如何過好生活，個人行為中善與惡的標準，這都與倫理學有關，也就是理論哲學的領域；如果是關於良好的社會，個人與群體之間的行為問題，則是政治學或政治哲學的範疇，也就是規範哲學的領域。

## 現代哲學與傳承

為了說明簡要，讓我們把世上存在及發生了什麼事，或人類該做該追求的問題當作是「第一順位問題」。我們要認知這樣的問題。然後是「第二順位問題」：關於我們在第一順位問題中的知識，我們在回答第一順位問題時的思考模式，我們如何用語言將思想表達出來等問題。

區別出第一順位與第二順位問題是有幫助的。因為那會幫助我們理解近年來的哲學界發生了什麼變化。當前主要的專業哲學家不再相信第一順位的問題是哲學家可以解決的問題。目前大多數專業哲學家將心力投注在第二順位的問題上，經常提出來的是如何用言語表達思想的問題。

往好處想，細部挑剔些總沒什麼壞處。問題在於今天大家幾乎全然放棄了第一順位的疑問，也就是門外漢讀者來說最可能感興趣的那些問題。事實上，今天的哲學，就像當前的科學或數學一樣，已經不再為門外漢寫作了。第二順位的問題，幾乎可以顧名思義，都是些訴求比較窄的問題，而專業的哲學家，就像科學家一樣，他們唯一關心的只有其他專家的意見。

這使得現代哲學作品對一個非哲學家來說格外的難讀——就像科學書對非科學家來說一樣的困難。只要是關於第二順位的哲學作品，我們都無法指導你如何去閱讀。不過，還是有一些你可以讀的哲學作品，我們相信也是你該讀的書。這些作品提出的問題是我們所說的第一順位問題。毫無意外的，這些書主要也是為門外漢而寫的，而不是專業哲學家寫給專業同行看的書。

上溯至一九三〇年或稍晚一點，哲學書是為一般讀者而寫作的。哲學家希望同行會讀他們的書，但也希望一般有知識的讀者也能讀。因為他們所提的問題，想要回答的問題都是與一般人切身相關的，因此他們認為一般人也該知道他們的思想。

從柏拉圖以降，所有哲學經典巨著，都是從這個觀點來寫作的。一般門外漢的讀者也都能接受這樣的書，只要你願意，你就能讀這些書。我們在這一章所說的一切，都是為了鼓勵你這麼做。

## 哲學的方法

至少就提出與回答第一順位問題的哲學而言，了解哲學方法的立足點是很重要的。假設你是一個哲學家，你對我們剛才提的那些孩子氣的單純問題感到很頭痛——像是任何事物存在的特質，或是改變的特質與成因等問題。那你該怎麼做？

如果你的問題是科學的，你會知道要如何回答。你該進行某種特定的研究，或許是發展一種實驗，以檢驗你的回答，或是廣泛地觀察各種現象以求證。如果你的問題是關於歷史的，你會知道也要做一些研究，當然是不同的研究。但是要找出普遍存在的特質，卻沒有實驗方法可循。而要找出改變是什麼，事情為什麼會改變，既沒有特殊的現象可供你觀察，更沒有文獻記載可以尋找閱讀。你唯一能做的是思考問題的本身，簡單來說，哲學就是一種思考，別無他物。

當然，你並不是在茫然空想。真正好的哲學並不是「純」思維——脫離現實經驗的思考。觀念是不能任意拼湊的。回答哲學問題，有嚴格的檢驗，以確認答案是否合乎邏輯。但這樣的檢驗純粹是來自一般的經驗——你身而為人就有的經驗，而不是哲學家才有的經驗。你透過人類共同經驗而對「改變」這種現象的了解，並不比任何人差——有關你的一切，都是會改變的。只要改變的經驗持續下去，你就可以像個偉大的哲學家一樣，思考有關改變的特質與起因。而他們之所以與你不同，就在他們的思想極為縝密：他們能整理出所有可能問到的最尖銳的問題，然後再仔細清楚地找出答案來。他們用什麼方法找出答案來呢？不是觀察探索，也不是尋找比一般人更多的經驗，而是比一般人更深刻地思考這個問題。

了解這一點還不夠。我們還要知道哲學家所提出來與回答的問題，並非全部都是真正哲學的問題。他們自己沒法隨時覺察到這一點，因而在這一點上的疏忽或錯誤，常會讓洞察力不足的讀者倍增困擾。要避免這樣的困難，讀者必須有能力把哲學家所處理真正哲學性的問題，和他們可能處理，但事實上應該留給後來科學家來尋找答案的其他問題做一區別。哲學家看不出這樣的問題可以經由科學研究來解決的時候，就會被誤導——當然，在他寫作的那個年代，他很可能料想不到有這一天。

其中一個例子是古代哲學家常會問天體（celestrial bodies）與地體（terrestrial bodies）之間的關係。因為沒有望遠鏡的幫助，在他們看來，天體的改變移動只是位置的移動，從沒有像動物或植物一樣誕生與消失的問題，而且也不會改變尺寸或性質。因為天體只有一種改變的方式——位置的移動——而地體的改變卻是不同的方式，古人便下結論說組成天體的成分必然是不同的。他們沒有臆測到，他們也不可能臆測到，在望遠鏡發明之後，我們會知道天體的可變性遠超過我們一般經驗所知。因此，過去認為應該由哲學家回答的問題，其實該留到後來由科學家來探索。這樣的調查研究是從伽利略用望遠鏡發現木星的衛星開始的，這引發了後來克普勒（Kepler）發表革命性的宣言：天體的性質與地球上的物體完全一樣。而這又成了後來牛頓天體機械理論的基礎，在物理宇宙中，各運動定律皆可適用。

整體來說，除了這些可能會產生的困擾之外，缺乏科學知識的缺點並不影響到哲學經典作品的本身。原因是當我們在閱讀一本哲學書時，所感興趣的是哲學的問題，而不是科學或歷史的問題。在這裡我們要冒著重複的風險再說一次，我們要強調的是，要回答哲學的問題，除了思考以外，別無他法。如果我們能建造一座望遠鏡或顯微鏡，來檢驗所謂存在的特質，我們當然該這麼做，但是不可能有這種工具的。

我們並不想造成只有哲學家才會犯我們所說的錯誤的印象。假設有一位科學家為人類該過什麼樣的生活而困擾。這是個規範哲學的問題，除了思考以外沒有別的回答方法。但是科學家可能不了解這一點，而認為某種實驗或研究能給他答案。他可能會去問一千個人他們想要過什麼樣的生活，然後他的答案便是根據這些回答而來。但是，顯然他的答案是毫無意義的，就像亞里斯多德對天體的思考一樣是離題的。

## 哲學的風格

雖然哲學的方法只有一種，但是在西方傳統中，偉大的哲學家們至少採用過五種論述的風格。研究或閱讀哲學的人應該要能區別出其間的不同之處，以及各種風格的優劣。

(1)**哲學對話**：第一種哲學的論說形式，雖然並不是很有效，但首次出現在柏拉圖的《對話錄》（*Dialogues*）中。這種風格是對話的，甚至口語的，一群人跟蘇格拉底討論一些主題（或是後來一些對話討論中，是和一個名叫「雅典陌生人」[the Athenian Stranger] 的人來進行的）。通常在一陣忙亂的探索討論之後，蘇格拉底會開始提出一連串的問題，然後針對主題加以說明。在柏拉圖這樣的大師手中，這樣的風格是啟發性的，的確能引領讀者自己去發現事情。這樣的風格再加上蘇格拉底的故事的高度戲劇性——或是說高度的喜劇性——就變得極有力量。

柏拉圖卻一聲不響地做到了。懷海德有一次強調，所有西方的哲學，不過是「柏拉圖的註腳」。後來的希臘人自己也說：「無論我想到什麼，都會碰到柏拉圖的影子。」無論如何，不要誤會了這些說法。柏拉圖自己顯然並沒有哲學系統或教條——若不是沒有教條，我們也沒法單純地保持對話，提出問題。因為柏拉圖，以及在他之前的蘇格拉底，已經把後來的哲學家認為該討論的所有重要問題，幾乎都整理、提問過了。

(2) **哲學論文或散文：**亞里斯多德是柏拉圖最好的學生，他在柏拉圖門下學習了二十年。據說他也寫了對話錄，卻完全沒有遺留下來。所遺留下來的是一些針對不同的主題，異常難懂的散文或論文。亞里斯多德無疑是個頭腦清晰的思想家，但是所存留的作品如此艱澀，讓許多學習者認為這些原來只是演講或書本的筆記——不是他自己的筆記，就是聽到大師演講的學生記錄下來的。我們可能永遠不知道事情的真相，但是無論如何，亞里斯多德的文章是一種哲學的新風格。

亞里斯多德的論文所談論的主題，所運用的各種不同的敘述方式，都表現出他的研究發現，也有助於後來幾個世紀中建立起哲學的分科與方法。關於他的作品，一開始是一些所謂的很普及的作品——大部分是對話錄，傳到今天只剩下一些殘缺不全的資料。再來是文獻的收集，我們知道其中最重要的是希臘一五八個城邦的個別憲法。其中只有雅典的憲法存留下來，那是一八九〇年從一捲紙莎草資料中發現的。最後是他主要的論文，像是《物理學》、《形上學》（*Metaphysics*）、《倫理學》、《政治學》與《詩學》。這些都是純粹的哲學作品，是一些理論或規範。其中有一本《論靈魂》（*On the Soul*）則是混合了哲學理論與早期的科學研究。其他一些諸如生物論文的作品，則是自然歷史中主要的科學著作。

雖然從哲學的觀點來看，康德受到柏拉圖的影響很大，但是他採用了亞里斯多德的論說方法。與亞里斯多德不同的是，康德的作品是精緻的藝術。他的書中會先談到主要問題，然後有條不紊地從方方面面完整地討論主題，最後，或是順便再討論一些特殊的問題。也許，康德與亞里斯多德作品的清楚明白，立足於他們處理一個主題的秩序上。我們可以從他們的作品中看到哲學論述的開頭、發展與結尾。同時，尤其是在亞里斯多德的作品中，我們會看到他提出觀點與反對立場。因此，從某個角度來看，論文的形式與對話的形式差不多。但是在康德或亞里斯多德的作品中都不再有戲劇化的表現手法，不再像柏拉圖是由立場與觀點的衝突來表達論說，而是由哲學家直接敘述自己的觀點。

(3)**面對異議**：中世紀發展的哲學風格，以聖‧托馬斯‧阿奎那的《神學大全》為極致，兼有前述兩者的風貌。我們說過，哲學中不斷提到的問題大部分是柏拉圖提出的；我們應該也談到，蘇格拉底在對話過程中問的是那種小孩子才會問的簡單又深刻的問題。而亞里斯多德，我們也說過，他會指出其他哲學家的不同意見，並做出回應。

阿奎那的風格，結合了提出問題與面對異議的兩種形態。《神學大全》分成幾個部分：論文、問題與決議。所有文章的形式都相同。先是提出問題，然後是呈現對立面（錯誤）的回答，然後演繹一些支持這個錯誤回答的論述，然後先以權威性的經文（通常摘自《聖經》）來反駁這些論述，最後，阿奎那提出自己的回答或解決方案。開頭一句話一定是：「我回答如下」然後陳述過他自己的觀點之後，針對每一個錯誤回答的論述做出回應。

對一個頭腦清晰的人來說，這樣整齊有序的形式是十分吸引人的。但這並不是托馬斯式的哲學中最重要的一點。在阿奎那的作品中，最重要的是，他能明確指陳各種衝突，將不同的觀點都說明出來，然後再面對所有不同的意見，提出自己的解決方案。從對立與衝突中，讓真理逐漸浮現，這是中世紀非常盛行的想法。在阿奎那的時代，哲學家接受這樣的方式，事實上是因為他們隨時要準備當眾，或在公開的論爭中為自己的觀點做辯護——這些場合通常群聚著學生和其他利害相關的人。中世紀的文化多半以口述方式流傳，部分原因可能是當時書籍很少，又很難獲得。一個主張要被接受，被當作是真理，就要能接受公開討論的測試。哲學家不再是孤獨的思考者，而是要在智力的市場上（蘇格拉底可能會這麼說），接受對手的挑戰。因此，《神學大全》中便滲透了這種辯論與討論的精神。

(4) **哲學系統化**：在十七世紀，第四種哲學論說形式又發展出來了。這是兩位著名的哲學家，笛卡兒與史賓諾莎所發展出來的。他們著迷於數學如何組織出一個人對自然的知識，因此他們想用類似數學組織的方式，將哲學本身整理出來。

笛卡兒是偉大的數學家，雖然某些觀點可能是錯的，也是一位值得敬畏的哲學家。基本上，他嘗試要做的是為哲學披上數學的外衣——給哲學一些確定的架構組織，就像二千年前，歐幾里得為幾何學所做的努力。在這方面，笛卡兒並不算完全成功，但是他主張思想要清楚又獨立，對照著當時混亂的知識氛圍，其影響在相當程度上是不言自明的。他也寫一些多少有點傳統風格的哲學論文，其中包括一些他對反對意見的回應。

史賓諾莎將這樣的概念發展到更深的層次。他的《倫理學》是用嚴格的數學方式來表現的，其中有命題、證明、系理、引理、旁註等等。然而，關於形上學或倫理道德的問題，用數學的方法來解析不能讓人十分滿意，數學的方法還是比較適合幾何或其他的數學問題，而不適合用在哲學問題上。當你在閱讀史賓諾莎的時候，可以像你在閱讀牛頓的時候那樣略過很多地方，在閱讀康德或亞里斯多德時，你什麼也不能略過，因為他們的理論是一直連續下來的。讀柏拉圖時也不能省略，你漏掉一點就像看一幕戲或讀一首詩時，卻錯過了其中一部分，這樣整個作品就不完整了。

或許，我們可以說，遣字用句並沒有絕對的規則。問題是，像史賓諾莎這樣用數學的方法來寫哲學的作品，是否能達到令人滿意的結果？就像伽利略一樣，用對話的形式來寫科學作品，是否能產生令人滿意的科學作品？事實上，這兩個人在某種程度上都無法與他們想要溝通的對象做溝通，看起來，這很可能在於他們所選擇的溝通形式。

(5) **格言形式**：還有另一種哲學論說形式值得一提，只不過沒有前面四種那麼重要。這就是格言的形式，是由尼采（Nietzsche）在他的書《查拉圖斯特拉如是說》（*Thus Spake Zarathustra*）中所採用的，一些現代的法國哲學家也運用這樣的方式。上個世紀這樣的風格之所以受到歡迎，可能是因為西方的讀者對東方的哲學作品特別感興趣，而那些作品就多是用格言的形式寫作的。這樣的形式可能也來自巴斯卡（Pascal）的《沉思錄》（*Pensées*）。當然，巴斯卡並不想讓自己的作品就以這樣簡短如謎的句子面世，但是在他想要以文章形式寫出來之前，他就已經去世了。

用格言的形式來解說哲學，最大的好處在有啟發性。這會給讀者一個印象，就像是在這些簡短的句子中還有言外之意，他必須自己運用思考來理解——他要能夠自己找出各種陳述之間的關聯，以及不同論辯的立足點。同樣的，這樣的形式也有很大的缺點，因為這樣的形式完全沒法論說。作者就像個撞了就跑的駕駛，他碰觸到一個主題，談到有關的真理與洞見，然後就跑到另一個主題上，卻並沒有為自己所說的話做適當的辯解。因此，格言的形式對喜歡詩詞的人來說是很有意思的，但對嚴肅的哲學家來說卻是很頭痛的，因為他們希望能跟隨著作者的思想，對他作出評論。

到目前為止，我們知道在西方的文化傳統中，沒有其他重要的哲學形式了。〔像盧克萊修（Lucretius）的《物性論》（*On the Nature of Things*）並不是特例，這本書原是以韻文寫作，但是風格發展下去，跟其他的哲學論文又差不多了。不管怎麼說，今天我們讀到的一般都是翻譯成散文的版本。〕也就是說，所有偉大的哲學作品都不出這五種寫作形式，當然，有時哲學家會嘗試一種以上的寫作方式。不論過去或現在，哲學論文或散文都可能是最普遍的形式，從最高超最困難的作品，像康德的書，到最普遍的哲學論文都包括在其中。對話形式是出了名的難寫，而幾何形式是既難讀又難寫。格言形式對哲學家來說是絕對不能滿意的。而托馬斯形式則是現代較少採用的一種方式。或許這也是現代讀者不喜歡的一種方式，只是很可惜這樣的方式卻有很多的好處。

## 閱讀哲學的提示

到目前為止，讀者應該很清楚在閱讀任何哲學作品時，最重要的就是要發現問題，或是找到書中想要回答的問題。這些問題可能詳細說明出來了，也可能隱藏在其中。不管是哪一種，你都要試著找出來。

作者會如何回答這些問題，完全受他的中心思想與原則的控制。在這一方面作者可能也會說明出來，但不一定每本書都如此。我們前面已經引述過巴西・威利的話，要找出作者隱藏起來，並未言明的假設，是多麼困難——也多麼重要的——事情。這適用於每一種作品。運用在哲學書上尤其有力。

偉大的哲學作品不致於不誠實地隱藏起他們的假設，或是提出含混不清的定義或假定。一位哲學家之所以偉大，就是因為他能比其他的作者解說得更淋漓盡致。此外，偉大的哲學家在他的作品背後，都有自己特定的中心思想與原則。你可以很容易就看出他是否清楚地寫在你讀的那本書裡。但是他也可能不這麼做，保留起來在下一本書裡再說明白，也可能他永遠都不會明講，但是在每本書裡都有點到。

這樣的中心思想的原則，很難舉例說明。我們所舉出的例子可能會引起哲學家的抗議，我們在這裡也沒有多餘的空間能為自己的選擇做辯解。然而，我們可以指出柏拉圖一個中心思想的原則是什麼——他認為，有關哲學主題的對話，可能是人類所有活動中最重要的一個活動。在柏拉圖的各種對話中，幾乎看不到他明講這種觀點——只有《自辯篇》（*Apology*）中蘇格拉底講過沒有反省的生活是不值得活下去的生活，以及柏拉圖在《第七封信》（*Seventh Letter*）中提到過。重點是，柏拉圖在許多其他地方都提到這樣的觀點，雖然使用的字數不多。譬如在《詭辯篇》（*Protagoras*）中，詭辯者普塔格羅斯不願意繼續跟蘇格拉底談話時，旁邊的聽眾就表現出很不滿意的樣子。另一個例子是在《共和國》第一卷，史佛洛斯剛好有事要辦，便離去了。雖然並沒有詳盡的說明，但柏拉圖想要說的似乎是：一個人不論是為了任何理由而拒絕參與追求真理，都是人性最深沉的背叛。但是，就像我們強調過的，一般人並不會把這一點當作是柏拉圖的一個「觀念」，因為在他的作品中，幾乎從沒有明白地討論過這一點。

我們可以在亞里斯多德中找到其他的例子。在閱讀亞里斯多德的書時，一開始就要注意到一件重要的事：在他所有作品中，所討論的問題都是彼此相關的。他在《工具論》（*Organon*）中詳細說明的邏輯基本原則，在《物理學》中卻是他的假設。其次，由於部分原因歸之於這些論文都是未完成的工作，因此他中心思想的原則也就沒法到處都很清楚地說明出來。《倫理學》談到很多事：幸福、習慣、美德、喜悅等等——可以寫上一長串。但是只有最細心的讀者才能看出他所領悟的原則是什麼。這個領悟就是幸福是善的**完整**（whole of the good），而不是**最高的**（highest）善，因為如果是那樣，那就只有一種善了。認知到這一點，我們可以看出幸福並不是在追求自我完美或自我改進的善，雖然這些在一些部分的善中是最高的。幸福，如亞里斯多德所言，是一個**完整**生命的品質。他所說的「完整」不只是從一時的觀點來看，也是從整體生命的所有角度來看的。因而我們現在或許可以說，一個幸福的人，是具現了生命的完整，而且一生都繼續保持。這一點就是幾乎影響到《倫理學》中有想法與觀點的中心思想，但是在書中卻並沒有怎麼明白說明。

再舉個例子。康德的成熟思想通常被認為是批判的哲學。他自己將「批判主義」與「教條主義」做了比較，把過去許多哲學家歸類為後者。他所謂的「教條主義」，就是認為只要憑著思考，用不著考慮本身的局限性，人類的知性就可以掌握最重要的真理。照康德的看法，人類的第一要務就是要嚴格的檢查並評估心智的資源與力量。因此，人類心智的局限就是康德中心思想的原則，在他之前沒有任何一位哲學家這樣說過。在《純粹理性批判》中，這個概念被清楚地解說出來了。但是在康德主要的美學著作《判斷力批判》（*Critique of Judgment*）中，卻沒有說明出來，而只是假設如此。然而，不管怎麼說，在那本書裡，這還是他的中心思想原則。

關於由哲學作品中找出中心思想的原則，我們能說的就是這些，因為我們不確定是否能告訴你如何找到這樣的中心思想。有時候那需要花上許多年的時間，閱讀很多書，然後又重新閱讀過，才能找到。對一個思慮周詳的好讀者來說，這是一個理想的目標，畢竟，你要記得，如果你想要了解你的作者，這還是你必須要做的事。儘管要找出中心思想的原則很困難，但是我們仍然不主張你走捷徑，去閱讀一些關於哲學家生活或觀察點的書。你自己找到的原則，會比其他人的觀點還更有價值。

一旦你找到作者中心思想的原則後，你就會想要看作者是否能將這樣的概念在整本書中貫徹到底。遺憾的是，哲學家們，就算是最好的哲學家，通常也做不到這一點。愛默生說過，一貫性「是小智小慧的騙人伎倆」（hobgoblin of little minds）。雖然我們也該記住這個非常輕鬆的說法，但也不該忘了，哲學家說法前後不一致是個非常嚴重的問題。如果哲學家前後說法不一，你就要判斷他所說的兩個想法中哪一個才是真的——他在前面說的原則，還是最後沒有從原則中導引出來的結論？或許你會決定兩者都不可信。

閱讀哲學作品有些特點，這些特點和哲學與科學的差異有關。我們這裡所談的哲學只是理論性作品，如形上學的論述或關於自然哲學的書。

哲學問題是要去解說事物的本質，而不像科學作品要的是描述事物的本質。哲學所詢問的不只是現象之間的聯繫，更要追尋潛藏在其中的最終原因與條件。要回答這些問題，只有清楚的論述與分析，才能讓我們感到滿意。

因此，讀者最要花力氣的就是作者的詞義與基本主旨。雖然哲學家跟科學家一樣，有一些專門的技術用語，但他們表達思想的詞句通常來自日常用語，只是用在很特殊的意義上。讀者需要特別注意這一點。如果他不能克服自己，總是想將一個熟悉的字看作一般意義的想法，最後他會讓整本書變成胡說八道又毫無意義。

哲學討論的基本詞義就像科學作品一樣，當然是抽象的。其實，任何具有共通性的知識，除了抽象的詞義外，無從表達。抽象並沒什麼特別難的。我們每天都在運用，也在各談話中運用這些抽象詞義。不過，似乎很多人都為「抽象」或「具體」的用詞而感到困擾。

每當你一般性地談到什麼事情，你就使用抽象的字眼。你經由感官察覺到的永遠是具體與個別的，而你腦中所想的永遠是抽象又普遍的。要了解一個「抽象的字眼」，就要掌握這個字眼所表達的概念。所謂你對某件事「有了概念」，也就是你對自己具體經驗到的某些事情的普遍性層面有了了解。你不能看到，碰觸到，甚或想像到這裡所謂的普遍性層面。如果你做得到，那麼感官與思想就毫無差別了。人們總想想像出是什麼概念在困擾他們，最後卻會對所有抽象的東西感到絕望。

在閱讀科學作品時，歸納性的論證是讀者特別需要注意的地方。在哲學作品中也是一樣，你一定要很注意哲學家的原則。這很可能是一些他希望你跟他一起接受的假設，也可能是一些他所謂的自明之理。假設的本身沒有問題。但就算你有自己相反的假設，也不妨看看他的假設會如何導引下去。假裝相信一些其實你並不相信的事，是很好的心智訓練。當你越清楚自己的偏見時，你就越不會誤判別人的偏見了。

另外有一種原則可能會引起困擾。哲學作品幾乎沒有不陳述一些作者認為不證自明的主旨。這種主旨都直接來自經驗，而不是由其他主旨證明而來。

要記住的是，我們前面已經提過不只一次，這些來自哲學本身的經驗，與科學家的特殊經驗不同，是人類共同的經驗。哲學家並沒有在實驗室中工作，也不做田野研究調查。因此要了解並測驗一位哲學家的主要原則，你用不著借重經由方法調查而獲得的特殊經驗，這種額外的助力。他訴求的是你自己的普通常識，以及對你自己所生存的這個世界的日常觀察。

換句話說，你在閱讀哲學書時要用的方法，就跟作者在寫作時用的方法是一樣的。哲學家在面對問題時，除了思考以外，什麼也不能做。讀者在面對一本哲學書時，除了閱讀以外，什麼也不能做——那也就是說，要運用你的思考。除了思考本身外，沒有任何其他的幫助。

這種存在於讀者與一本書之間的必要的孤獨，是我們在長篇大論討論分析閱讀時，一開始就想像到的。因此你可以知道，我們在敘述並說明閱讀的規則時，為什麼認為這些規則用在哲學書上的時候，會比其他書來得更適用。

## 釐清你的思緒

一本好的哲學理論的書，就像是好的科學論文，不會有滔滔雄辯或宣傳八股的文字。你用不著擔心作者的「人格」問題，也不必探究他的社會或經濟背景。不過，找一些周詳探討過這個問題的其他偉大的哲學家的作品來讀，對你來說會有很實際的幫助。在思想的歷史上，這些哲學家彼此之間已經進行了長久的對話。在你確認自己能明白其中任何一人在說些什麼之前，最好能仔細傾聽。

哲學家彼此意見往往不合的這一點，不應該是你的困擾。這有兩個原因。第一，如果這些不同的意見一直存在，可能就指出一個沒有解決，或不能解決的大問題。知道真正的奧秘所在是件好事。第二，哲學家意見合不合其實並不重要，你的責任只是要釐清自己的思路。就哲學家透過他們的作品而進行的長程對話，你一定要能判斷什麼成立，什麼不成立才行。如果你把一本哲學書讀懂了——意思是也讀懂了其他討論相同主題的書——你就可以有評論的立場了。

的確，哲學問題的最大特色就在每個人必須為自己回答這些問題。採用別人的觀點並沒有解決這些問題，只是在逃避問題而已。你的回答一定要很實在，而且還要有理論根據。總之，這跟科學研究不同，你無法依據專家的證詞來回答。

原因是，哲學家所提出的問題，比其他任何人所提的問題都簡單而重要。孩子除外。

## 關於神學的重點

神學有兩種類型，自然神學（natural theology）與教義神學（dogmatic theology）。自然神學是哲學的一支，也是形而上學的最後一部分。譬如你提出一個問題，因果關係是否永無止境？每件事是否都有起因？如果你的答案是肯定的，你可能會陷入一種永無止境的循環當中。因此，你可能要設定某個不因任何事物而發生的原始起因的別稱。亞里斯多德稱這種沒有起因的原因是「不動的原動者」（unmoved mover）。你可以另外命名——甚至可以說那不過是上帝的別稱——但是重點在，你要透過不需要外力支援的——自然進行的——思考，達成這番認知。

教義神學與哲學則不同，因為教義神學的首要原則就是某個宗教的教徒所信奉的經文。教義神學永遠依賴教義與宣揚教義的宗教權威人士。

如果你沒有這樣的信仰，也不屬於某個教派，想要把教義神學的書讀好，你就得拿出讀數學的精神來讀。但是你得永遠記住，在有關信仰的文章中，信仰不是一種假設。對有信仰的人來說，那是一種確定的知識，而不是一種實驗性的觀點。

今天許多讀者似乎很困難了解這一點。一般來說，在面對教義神學的書時，他們會犯一、兩個錯。第一個錯是拒絕接受——即使是暫時的接受——作者首要原則的經文。結果，讀者一直跟這些首要原則掙扎，根本注意不到書的本身。第二個錯是認為，既然整本書的首要原則是教義的，依據這些教義而來的論述，這些教義所支持的推論，以及所導引出來的結論，都必然也都是屬於教義的。當然，如果我們接受某些原則，立足於這些原則的推論也能令人信服，那麼我們就必須接受這樣所得出的結論——至少在那些原則的範圍內如此。但是如果推論是有問題的，那麼原來再可以接受的首要原則，也會導出無效的結論。

談到這裡，你該明白一個沒有信仰的讀者要閱讀神學書時有多困難了。在閱讀這樣的書時，他要做的就是接受首要原則是成立的，然後用閱讀任何一本好的論說性作品都該有的精神來閱讀。至於一個有信仰的讀者在閱讀與自己信仰有關的書籍時，要面對的則是另一些困難了。這些問題並不只限於閱讀神學才出現。

## 如何閱讀「經書」

有一種很有趣的書，一種閱讀方式，是我們還沒提到的。我們用「經書」（canonical）來稱呼這種書，如果是傳統一點，我們可能會稱作「聖書」（sacred）或「神書」（holy）。但是今天這樣的稱呼除了在某些這類書上還用得著之外，已經不適用於全體這類書籍了。

一個最基本的例子就是《聖經》。這本書不是被當作文學作品來讀，而是被當作神的話語來讀。對正統馬克思主義的信徒來說，閱讀馬克思的書要像猶太人或基督徒閱讀《聖經》一樣的虔誠，而對「虔誠信仰」中國共產主義的人來說，《毛語錄》也就是《聖經》。

經書的範圍不只這些明顯的例子。任何一個機構——教會、政黨或社會——在其他的功能之外，如果(1)有教育的功能，(2)有一套要教育的課本（a body of doctrine to teach），(3)有一群虔誠又順服的成員，那麼屬於這類組織的成員在閱讀的時候都會必恭必敬。他們不會——也不能——質疑這些對他們而言就是「經書」的書籍的權威與正確的閱讀方法。信仰使得這些信徒根本不會發現「神聖的」經書中的錯誤，更別提要找出其中道理不通的地方。

正統的猶太人是以這樣的態度來閱讀《舊約》的。基督徒則是這樣閱讀《新約》。回教徒是這樣讀《可蘭經》。馬克思主義信徒則是這樣閱讀馬克思或列寧的作品，有時看政治氣候的轉變，也會這樣讀史達林的作品。佛洛伊德心理學的信徒就是這樣讀佛洛伊德的。美國的陸軍軍官是這樣讀步兵手冊的。你自己也可以想出更多的例子。

事實上，對大數人來說，就算沒有嚴重到那個程度，在閱讀某些必須要當作經典的作品時，也是抱著這種心態來讀的。一位準律師為了通過律師考試，一定要用虔敬的心來閱讀某些特定的教材，才能在考試中贏得高分。對醫生或其他專業人士來說也都是如此。事實上，對大多數人來說，還在學生時代時，我們都會依照教授的說法，「虔誠的」閱讀教科書。（當然，並不是所有的教授都會當掉跟他唱反調的學生！）

這種閱讀的特質，我們或許可以用「正統」兩個字來概括。這兩個字幾乎是放諸四海皆準的，在英文中，「正統」（orthodox）原始的字根來自希臘文，意思是「正確觀點」。這類作品是一**本或唯一的一本正確的讀物**，閱讀任何其他的作品都會帶來危機，從考試失去高分到靈魂遭天譴都有可能。這樣的特質是有義務性的。一個忠誠的讀者在閱讀經書時，**有義務要從中找到意義**，並能從其他的「事實」中舉證其真實性。如果他自己不能這麼做，**他就有義務去找能做到的人**。這個人可能是牧師或祭司，或是黨派中的上級指導者，或是他的教授。在任何狀況中，他都必須接受對方提供給他的解決之道。他的閱讀基本上是沒有自由可言的。相對地，他也會獲得閱讀其他書所沒有的一種滿足感當作回報。

其實我們該停止了。閱讀《聖經》的問題——如果你相信那是神的話語——是閱讀領域中最困難的一個問題。有關如何閱讀《聖經》的書，加起來比所有其他指導閱讀的書的總和還多。所謂上帝的話語，是人類所能閱讀的作品中最困難的一種，而如果你真的相信那是上帝的話語，對你來說也是最重要的一種。信徒閱讀這本書要付出的努力，和難度成正比。至少在歐洲的傳統中，《聖經》是一本有多重意義的書。在所有的書籍中，那不只是讀者最廣泛，同時也是被最仔細地閱讀的一本書。

# 第十九章 如何閱讀社會科學

社會科學的觀念與術語幾乎滲透了所有我們今天在閱讀的作品中。譬如像現代的新聞記者，不再限定自己只報導事實。只有在報紙頭版出現，簡短的「誰——發生了什麼事——為什麼發生——何時何地發生」新聞提要，才是以事實為主。一般來說，記者都會將事實加上詮釋、評論、分析，再成為新聞報導。這些詮釋與評論都是來自社會科學的觀念與術語。

這些觀念與術語也影響到當代許多的書籍與文章，甚至可以用社會評論來做一個歸類。我們也看到許多的文學作品是以這類的主題來寫作的：種族問題、犯罪、執法、貧窮、教育、福利、戰爭與和平、好政府與壞政府。這類的文學作品便是向社會科學借用了思想意識與語言。

社會科學作品並不只限定於非小說類。仍然有一大批重要的當代作家所寫的是社會科學的小說。他們的目標是創立一個人造的社會模型，能夠讓我們在科技的發展之下，檢驗出社會受到的影響。在小說、戲劇、故事、電影、電視中，對社會的權力組織、各種財富與所有權、財富的分配都做了淋漓盡致的描繪、譴責與讚揚。這些作品被認為是有社會意義，或是包含了「重要的訊息」。在這同時，他們取得也散播了社會科學的元素。

此外，無論是任何社會、經濟或政治的問題，幾乎全都有專家在做研究。這些專家不是自己做研究，就是由直接面對這些問題的官方單位邀請來做。在社會科學專家的協助下，這些問題有系統地闡釋出來，並要想辦法解決這些問題。

社會科學的成長與普及，最重要的因素是在高中與大專教育中引進了社會科學。事實上，選修社會科學課程的學生，遠比選修傳統文學或語言課程的學生還要多很多。而選修社會科學的學生也遠超過選修「純」科學的學生。

## 什麼是社會科學？

我們在談論社會科學時，好像是在談一個完全獨立的學科。事實上並非如此。

究竟社會科學是什麼呢？有一個方法可以找出答案，就是去看看大學中將哪些學科與訓練課程安排在這樣的科系之下。社會科學的部門中通常包括了人類學、經濟學、政治學與社會學。為什麼沒有包括法律、教育、商業、社會服務與公共行政呢？所有這些學科也都是運用社會科學的概念與方法才發展出來的啊？對於這個問題，最常見的回答是：後面這些學科的目的，在於訓練大學校園以外的專業工作者，而前面所提的那些學科卻是比較專注於追求人類社會的系統知識，通常是在大學校園中進行的。

目前各個大學都有建立跨科系的研究中心或機構的趨勢。這些研究中心超越傳統社會科學與專業科系的界限，同時針對許多理論與方法的研究，其中包括了統計學、人口學、選舉學（關於選舉與投票的科學）、政策與決策制定、人事訓練管理、公共行政、人類生態學，以及其他等等。這些中心產生的研究與報告，往往結合了十多種以上的專業。光是要辨認這許多種專業努力的結果就已經夠複雜了，更別提還要判斷這些發現與結論是否成立。

那麼心理學呢？一些劃分嚴格的社會科學家會將心理學排除在社會科學之外，因為他們認為心理學所談的是個人的特質問題，而社會科學關心的卻是文化、制度與環境因素。一些區分比較沒那麼嚴格的學者，則認為生理心理學應該歸類為生物科學，而不論是正常或變態心理學則該隸屬於社會科學，因為個人與社會整體是不可分割的。

附帶一提的是，在現在的社會科學課程中，心理學是最受學生歡迎的一門課。如果全國統計起來，選修心理學的學生可能比任何其他課系的學生都要多。有關心理學的著作，從最專業到最普遍的都出版了許多。

那麼行為科學呢？他們在社會科學中擔任什麼樣的角色？依照原始的用法，行為科學中包括了社會學、人類學、行為生物學、經濟學、地理學、法律、心理學、精神病學與政治科學。行為科學特別強調對可觀察、可測量的行為做系統化的研究，以獲得可被證實的發現。近年來，行為科學幾乎跟社會科學變成同義詞了，但許多講究傳統的人反對這樣的用法。

最後要談的是，歷史呢？大家都知道，社會科學引用歷史的研究，是為了取得資料，並為他們的推論作例證。然而，雖然歷史在敘述特殊事件與人物時，在知識的架構上勉強稱得上科學，但是就歷史本身對人類行為與發展模式及規則，所提供的系統知識而言，卻稱不上科學。

那麼，我們能給社會科學下個定義嗎？我們認為可以，至少就這一章的目的來說可以。諸如人類學、經濟學、政治學、社會學的學科，都是組成社會科學的核心，幾乎所有的社會科學家都會將這些學科歸納進來。此外，我們相信大部分社會科學家應該會認為，即使不是全部，但大部分有關法律、教育、公共行政的作品，及一部分商業、社會服務的作品，再加上相當大量的心理學作品，也都適合社會科學的定義。我們推測這樣的定義雖然並不精密，但你可以明白接下來我們要說的了。

## 閱讀社會科學的容易處

絕大部分社會科學看起來都像是非常容易閱讀的作品。這些作品的內容通常是取材自讀者所熟悉的經驗——在這方面，社會科學就跟詩與哲學一樣——論說的方式也經常是敘述式的，這對讀過小說與歷史的讀者來說都很熟悉。

此外，我們都已經很熟悉社會科學的術語，而且經常在使用。諸如文化（比較文化、反文化、次文化）、集團、疏離、地位、輸入／輸出、下層結構、倫理、行為、共識等很多這樣的術語，幾乎是現代人交談與閱讀時經常會出現的字眼。

想想「社會」，這是一個多麼變色龍的詞，前面不知可以加上多少形容詞，但它總是在表達一種人民群居生活，而非離群索居的廣闊定義。我們聽到過脫序的社會、不健全的社會、沉默的社會、貪婪的社會、富裕的社會……，我們可以從英文字典中第一個字母找起，最後找到「發酵的」（zymotic）社會這樣的形容詞——這是指持續動盪的社會，就跟我們所處的社會一樣。

我們還可以把「社會」看作是形容詞，同樣有許多熟悉的意義。像是社會力量、社會壓力、社會承諾，當然還有無所不在的社會問題。在閱讀或寫作社會科學時，最後一種是特別容易出現的題材。我們敢打賭，如果不是在最近幾週，也是在最近的幾個月內，你總可能讀過，甚至寫過有關「政治、經濟與社會問題」的文章。當你閱讀或寫作時，你可能很清楚政治與經濟問題所代表的意義，但是你，或是作者所說的社會問題，到底指的是什麼呢？

社會學家在寫作時所用的術語及隱喻，加上字裡行間充滿深刻的情感，讓我們誤以為這是很容易閱讀的。書中所引用的資料對讀者來說是很熟悉的，的確，那是他們天天讀到或聽到的字眼。此外，讀者的態度與感覺也都跟著這些問題的發展緊密連結在一起。哲學問題所談論的也是我們一般知道的事情，但是通常我們不會「投入」哲學問題中。不過對於社會科學所討論的問題，我們都會有很強烈的意見。

## 閱讀社會科學的困難處

說來矛盾，我們前面所說的讓社會科學看來很容易閱讀的因素，卻也是讓社會科學不容易閱讀的因素。譬如我們前面所提到的最後一個因素——你身為一個讀者，要對作者的觀點投入一些看法。許多讀者擔心，如果承認自己與作者意見不合，而且客觀地質疑自己閱讀的作品，是一種對自己投入不忠的行為。但是，只要你是用分析閱讀來閱讀，這樣的態度是必要的。我們所談的閱讀規則中已經指出了這樣的態度，至少在做大綱架構及詮釋作品的規則中指出過。如果你要回答閱讀任何作品都該提出的頭兩個問題，你一定要先檢查一下你自己的意見是什麼。如果你拒絕傾聽一位作者所說的話，你就無法了解這本書了。

社會科學中熟悉的術語及觀點，同時也造成了理解上的障礙。許多社會科學家自己很清楚這個問題。他們非常反對在一般新聞報導或其他類型的寫作中，任意引用社會科學的術語及觀點。譬如國民生產毛額（GNP——Gross National Product）這個概念，在嚴肅的經濟作品中，這個概念是有特定限制的用法。但是，一些社會科學家說，許多記者及專欄作者讓這個概念承擔了太多的責任。他們用得太浮濫，卻完全不知道真正的意義是什麼。顯然，如果在你閱讀的作品中，作者將一個自己都不太清楚的詞句當作是關鍵字，那你一定也會跟著摸不著頭腦的。

讓我們把這個觀點再說明清楚一點。我們要先把社會科學與自然科學——物理、化學等——區分出來。我們已經知道，科學作品（指的是後面那種「科學」）的作者會把假設與證明說得十分清楚，同時也確定讀者很容易與他達成共識，並找到書中的主旨。因為在閱讀任何論說性作品時，與作者達成共識並找到主旨是最重要的一部分，科學家的作法等於是幫你做了這部分的工作。不過你還是會發現用數學形式表現的作品很難閱讀，如果你沒法牢牢掌握住論述、實驗，以及對結論的觀察基礎，你會發現很難對這本書下評論——也就是回答「這是真實的嗎？」、「這本書與我何干？」的問題。然而，有一點很重要的是，閱讀科學作品要比閱讀任何其他論說性作品都來得容易。

換句話說，自然科學的作者必須做的是「把他的用語規定出來」——這也就是說，他告訴你，在他的論述中有哪些基本的詞義，而他會如何運用。這樣的說明通常會出現在書的一開頭，可能是解釋、假設、公理等等。既然說明用語是這個領域中的特質，因此有人說它們像是一種遊戲，或是有「遊戲的架構」。說明用語就像是一種遊戲規則。如果你想打撲克牌，你不會爭論三張相同的牌，是否比兩對的牌要厲害之類的遊戲規則。如果你要玩橋牌，你也不會為皇后可以吃傑克（同一種花色），或是最高的王牌可以吃任何一張牌（在定約橋牌中）這樣的規則而與人爭辯。同樣的，在閱讀自然科學的作品時，你也不會與作者爭辯他的使用規則。你接受這些規則，開始閱讀。

直到最近，在自然科學中已經很普遍的用語說明，在社會科學中卻仍然不太普遍。其中一個理由是，社會科學並不能數學化，另一個理由是在社會或行為科學中，要說明用語**比較困難**。為一個圓或等腰三角形下定義是一回事，而為經濟蕭條或心理健康下定義又是另一回事。就算一個社會科學家想要為這樣的詞義下定義，他的讀者也會想質疑他的用法是否正確。結果，社會科學家只好在整本書中為自己的詞義掙扎不已——他的掙扎也帶給讀者閱讀上的困難。

閱讀社會科學作品最困難的地方在：事實上，在這個領域中的作品是混雜的，而不是純粹的論說性作品。我們已經知道歷史是如何混雜了虛構與科學，以及我們閱讀時要如何把這件事謹記在心。對於這種混雜，我們已經很熟悉，也有大量的面對經驗。但在社會科學的狀況卻完全不同。太多社會科學的作品混雜了科學、哲學與歷史，甚至為了加強效果，通常還會帶點虛構的色彩。

如果社會科學只有一種混雜法，我們也會很熟悉，因為歷史就是如此。但是實際上並非如此。在社會科學中，每一本書的混雜方式都不同，讀者在閱讀時必須先確定他在閱讀的書中混雜了哪些因素。這些因素可能在同一本書中就有所變動，也可能在不同的書中有所變動。要區分清楚這一切，並不容易。

你還記得分析閱讀的第一個步驟是回答這個問題：這是本什麼樣的書？如果是小說，這個問題相當容易回答。如果是科學或哲學作品，也不難。就算是形式混雜的歷史，一般來說讀者也會知道自己在讀的是歷史。但是組成社會科學的不同要素——有時是這種，有時是那種，有時又是另一種模式——使我們在閱讀任何有關社會科學的作品時，很難回答這個問題。事實上，**這就跟要給社會科學下定義是同樣**

**困難的事**。

不過，分析閱讀的讀者還是得想辦法回答這個問題。這不只是他要做的第一件工作，也是最重要的工作。如果他能夠說出他所閱讀的這本書是由哪些要素組成的，他就能更進一步理解這本書了。

要將一本社會科學的書列出綱要架構不是什麼大問題，但是要與作者達成共識，就像我們所說的，這可是極為困難的事。原因就在作者無法將自己的用語規則說明清楚。不過，還是可以對關鍵字有些概括性的了解。從詞義看到主旨與論述，如果是本好書，這些仍然都不是問題。但是最後一個問題：這與我何干？就需要讀者有點自制力了。這時，我們前面提過的一種情況就可能發生——讀者可能會說：「我找不出作者的缺點，但是我就是不同意他的看法。」當然，這是因為讀者對作者的企圖與結論已經有偏見了。

## 閱讀社會科學作品

在這一章裡，我們說過很多次「社會科學作品」，卻沒說過「社會科學書」。這是因為在閱讀社會科學時，關於一個主題通常要讀好幾本書，而不會只讀一本書。這不只是因為社會科學是個新領域，只有少數的經典作品，也是因為我們在閱讀社會科學時，主要的著眼點在一個**特殊的事件或問題上**，而非一個**特殊的作者或一本書**。譬如我們對強制執行法感興趣，我們會同時讀上好幾本相關的書。或許我們關心的是種族、教育、稅收與地方政府的問題，這也是同樣的狀況。基本上，在這些領域中，並沒有什麼權威的著作，因此我們必須讀很多本相關的書。而社會科學家本身也有一個現象，就是為了要能跟得上時代，他們必須不斷地推陳出新，重新修訂他們的作品，新作品取代舊作品，過時的論述也不斷被淘汰了。

在某個程度來說，如我們所看到的，哲學也會發生同樣的狀況。要完全了解一位哲學家，你應該閱讀這位哲學家自己在閱讀的書，以及影響他的其他哲學家的書。在某種程度上，歷史也是如此。我們提到過，如果你想要發現過去的事實，你最好多讀幾本書，而不是只讀一本書。不過在這些情況中，你找到一本主要的、權威的著作的可能，是相當大的。社會科學中卻並非如此，因此在閱讀這類書時更需要同時閱讀許多相關書籍了。

分析閱讀的規則並不適用於就一個主題，同時閱讀很多本書的情況。分析閱讀適用於閱讀個別的書籍。當然，如果你想要善用這些規則，就要仔細地研究觀察。接下來要介紹的新的閱讀規則，則需要我們通過第三層次的閱讀（分析閱讀），才能進入這第四層次的閱讀（主題閱讀）。我們現在就準備要討論第四層次的閱讀。因為社會科學作品有這樣的特質，所以必須要用這樣的閱讀。

指出這一點，就可以說明為什麼我們會把社會科學的問題放在本書第三篇的最後來討論。現在你應該明白為什麼我們會這樣整理我們的討論。一開始我們談的是如何閱讀實用性作品，這與其他的閱讀完全不同，因為讀者有特定的義務，也就是如果他同意作者的觀點，就要採取行動。然後我們討論小說與詩，提出和閱讀論說性作品不同的問題。最後，我們討論的是三種理論性的論說作品——科學與數學、哲學、社會科學。社會科學放在最後，是因為這樣的書需要用上主題閱讀。因此這一章可說是第三篇的結尾，也是第四篇的引言。

第四篇

# 閱讀的最終目標

# 第二十章　閱讀的第四個層次：主題閱讀

到目前為止，我們還沒有仔細談過關於就同一個主題，閱讀兩三本書的問題。我們在前面提到過，在討論某個特定的主題時，牽涉到的往往不只是一本書。我們也一再非正式地提醒過，甚至其他領域中相關的作者與書籍，都與這個特定的主題有關。在做主題閱讀時，第一個要求就是知道：對一個特定的問題來說，所牽涉的絕對不是一本書而已。第二個要求則是：要知道就總的來說，應該讀的是哪些書？第二個要求比第一個要求還難做到。

我們在檢驗這個句子：「與同一個主題相關兩本以上的書」時，困難就出現了。我們所說的「同一個主題」是什麼意思？如果這個主題是單一的歷史時期或事件，就很清楚了，但是在其他的領域中，就很難做這樣清楚的區分。《飄》與《戰爭與和平》都是關於偉大戰爭的小說——但是，兩者相似之處也止於此了。斯湯達爾（Stendhal）的《帕瑪修道院》（*The Charterhouse of Parma*）談的拿破崙戰爭，也是托爾斯泰作品中談的戰爭。但是這兩本書當然都不是在談這場戰爭，也不是與一般戰爭有關的書。在這兩個故事中，戰爭只是提供了一個環境或背景，故事的本身所談的是人類的生存與掙扎，戰爭不過是作者想吸引讀者注意的手法。我們可能會了解到有關這場戰役的一些事情——事實上，托爾斯泰就說過，從斯湯達爾所描述的滑鐵盧之役中，他學到很多有關這場戰役的事——但是如果我們的主題是要研究戰爭，就用不著拿這些小說來讀了。

你可能料到小說有這種情況。因為作品的特性，小說溝通問題的方法跟論說性作品不同。但是，論說性作品也有同樣的問題。

譬如說你對「愛」這個概念很感興趣，想要閱讀相關的讀物。因為關於愛的作品很廣泛，你要整理出一個相關書目來閱讀是有點困難的。假設你向專家求教，到一個完備的圖書館中尋找書目，還對照一位優秀學者所寫的論文，終於把書目弄出來了。再假設你進一步捨棄詩人和小說家談的這個主題，只想從論說性的作品中找答案（在後面我們會說明為什麼這樣的做法是明智的）。現在你開始依照書目來閱讀這些書了。你發現什麼？

即使只是匆匆的瀏覽，你也會找到一大堆相關的資料。人類的行為，幾乎沒有任何一種行為沒有被稱作是愛的行為——只是稱呼的方式不同而已。而且愛並不只限於人類。如果你進一步往下閱讀，你會發現宇宙中的萬事萬物皆有愛。也就是說，任何存在的事物都可能愛與被愛——或二者兼而有之。

石頭是愛，因為它是地球的中心。火燄會上揚，是因為愛的功能。鐵刀會吸引磁鐵，被形容為愛的結果。有些書專門研究變形蟲、草履蟲、蝸牛、螞蟻的愛情生活。更別提一些較高等的動物，牠們會愛牠們的主人，也會彼此相愛。談到人類的愛，我們發現作者談到也寫到他們對男人們、女人們、一個男人、一個女人、孩子、他們自己、人類、金錢、藝術、家庭生活、原則、原因、職業或專業、冒險、安全、想法、鄉村生活、愛的本身、牛排或美酒之愛。在某些教材中，天體的運轉被認為是受到愛的啟發。而天使與魔鬼的不同就在愛的品質不同。至於上帝，當然是要來愛人的。

面對如此龐大的相關資料，我們要如何決定我們要研究的主題是什麼呢？我們能確定這中間只有一個單一的主題嗎？當一個人說：「我愛起司。」另一個人說：「我愛橄欖球。」而第三個人說：「我愛人類。」時，他們三個人所用的同樣一個愛字，代表著同樣的意義嗎？畢竟，起司是可以吃的，橄欖球或人類是不能吃的。一個人可以玩橄欖球，卻不能玩起司或其他的人。而不論「我愛人類」是什麼意思，這個愛都與起司或橄欖球之愛不同。但是這三個人用的都是同樣一個愛字。在這其中是否有深刻的理由？一些無法立即浮現的理由？就像這個問題本身的困難，在我們找到答案之前，我們能說我們已經確認了「同一個主題」嗎？

面對如此的混亂，你可能會決定把範圍縮小到人類的愛上——人與人之間的愛，同性愛或異性愛，同年之愛或忘年之愛等等。其中的規則又跟我們前面說的三種愛法不同了。但是就算你只讀了一小部分與主題相關的書，你仍然會找到一堆的相關資料。譬如你會發現某些作者說：愛只是一種占有的欲望，通常是性的欲望，也就是說，愛只是一種所有動物在面對異性時會產生的吸引力。但是你也會發現另一個作者所談的愛是不包含占有的欲望，而是一種慈善。如果說占有的欲望總是暗示著想要為自己追求好東西，而慈善卻暗示著要為別人追求好東西。那麼占有的欲望與慈善之間，是否有相通之處？

至少在占有的欲望與慈善之間，分享著一種共同的傾向，那就是渴望某種非常抽象的東西。但是你對這個主題的研究很快的又讓你發現到：某些作者主張的愛是心靈的，而非肉欲的。這些作者認為愛是知性的行為，而非感性的行為。換句話說，**知道**某個人是**值得仰慕**的，總會引發**渴望**之心，不論是前面所說的哪一種渴望都行。這類作者並不否認有這樣的渴望，但他們不承認那就是愛。

讓我們假設——事實上，我們認為可以做得到——在這麼多有關人類之愛的構想中，你能找出一些共通的意義。就算是這樣，你的問題還是沒有解決。再想想看，在人際之間，愛所表現出來的方式其實是截然不同的。男女之間的愛在戀愛期間、結婚之後、二十多歲時、七十多歲時都相同嗎？一個女人對丈夫的愛與對孩子的愛相同嗎？當孩子長大時，母親對他們的愛就改變了嗎？一個兄弟對姊妹的愛，跟他對父親的愛是一樣的嗎？一個孩子長大之後，對父母的愛會改變嗎？男人對女人的愛——無論是妻子或其他的女人——跟他對朋友的愛是相同的嗎？他和不同朋友之間的關係——像是某人跟他一起打保齡球，某人是一起工作的夥伴，某人是知性的夥伴等——是否各有不同？「愛情」與「友情」之所以不同，是因為其中牽涉到的情緒（如果這是它們被命名的原因）不同，才有不同的名稱嗎？兩個不同年紀的人也能做朋友嗎？兩個在財富與知識水平上有明顯差距的人，也能做朋友嗎？女人之間真的有友誼嗎？兄弟姊妹，或哥哥弟弟、姊姊妹妹之間真的能成為朋友嗎？如果你向人借錢，或是借錢給人，你們之間的友誼能保持下去嗎？如果不能，為什麼？一個男孩子能愛上自己的老師嗎？而這個老師是男是女，會不會造成什麼樣的差別？如果真的有像人一樣的機器人，人類會愛他們嗎？如果我們在火星或其他星球上發現了有智慧的生物，我們會愛他們嗎？我們會不會愛上一個素昧平生的人，像是電影明星或總統？如果我們覺得恨某個人，那是否其實是一種愛的表現？

你只不過讀了一小部分有關愛的論說性作品，這些問題就會浮現在你腦海中，其實還有更多其他的問題會出現。無論如何，我們已經說到重點了。在做主題閱讀時，會出現一種很矛盾的現象。雖然這個層次的閱讀被定義為就同一個主題，閱讀兩種以上的書，意思也是指在閱讀開始之前，這個主題就已經被確認了，但是換個角度來說，這個主題也是跟著閱讀走的，而不是事前就能定出來的。以愛這個例子來說，在你決定自己要讀些什麼之前，你可能已經讀了好幾百本相關的著作了。等你都讀完之後，你會發現有一半的書其實跟主題根本無關。

## 在主題閱讀中，檢視閱讀所扮演的角色

我們已經說過很多次，閱讀的層次是漸進累積的。較高層次的閱讀中也包括了前面的，或較低層次的閱讀。在主題閱讀中，我們就要說明這一點。

你可能還記得，在解說檢視閱讀與分析閱讀的關係時，我們指出在檢視閱讀中的兩個步驟——第一個是瀏覽，第二個是粗淺地閱讀——也就是分析閱讀的前兩個步驟。瀏覽能幫助你準備做分析閱讀的第一個步驟：你能確定自己在讀的是什麼主題，能說明這是什麼樣的書，並擬出大綱架構。粗淺的閱讀對分析閱讀的第一步驟也有幫助。基本上這是進入第二步驟的準備動作。在第二個步驟中，你要能夠與作者達成共識，說明他的主旨，跟隨他的論述，才能夠詮釋整本書的內容。

同樣的，檢視閱讀與分析閱讀也可以當作是進入主題閱讀的前置作業或準備動作。事實上，在這個階段，檢視閱讀已經是讀者在閱讀時主要的工具或手段了。

舉例來說，你有上百本的參考書目，看起來全是與愛有關的主題。如果你全部用分析閱讀來閱讀，你不只會很清楚你在研究的主題是什麼——主題閱讀中的「同一主題」——你還會知道你所閱讀的書中，哪些跟主題無關，是你不需要的書。但是要用分析閱讀將一百本書讀完，會花上你十年的時間。就算你能全心投注在這個研究上，仍然要花上好幾個月的時間。再加上我們前面談過的主題閱讀中會出現

的矛盾問題，顯然必要有一些捷徑。

這個捷徑是要靠你的檢視閱讀技巧來建立的。你收集好書目之後，要做的第一件事是**檢視書單上所有的書**。在做檢視閱讀之前，絕不要用分析閱讀來閱讀。檢視閱讀不會讓你明白有關主題的所有錯綜複雜的內容，或是作者所有的洞察力，但卻具有兩種基本的功能。第一，它會讓你對自己想要研究的主題有個清晰的概念，這樣接下來你針對某幾本書做分析閱讀時，會大有助益。其次，它會簡化你的書目到一個合理的程度。

對學生，尤其是研究生來說，我們很難想到還有比這更管用的方式。只要他們肯照著做，一定會有幫助。根據我們的經驗，在研究所程度的學生中，確實有些人能做到主動的閱讀與分析閱讀。這對他們來說還不夠，他們或許不是完美的讀者，但是至少他們知道要如何掌握一本書的重點，能明確地說出書中的要點，並把這些觀點納入他們研究主題的一部分。但是他們的努力有一大半是浪費掉了，因為他們不知道要**如何才能比別人讀得快一點**。他們閱讀每一本書或每一篇文章都花上同樣的時間與努力，結果他們該花精神好好閱讀的書卻沒有讀好，倒把時間花在那些不太值得注意的書上了。

能夠熟練檢視閱讀的讀者，不但能在心中將書籍分類，而且能對內容有一個粗淺的了解。他也會用非常短的時間就發現，**這本書談的內容對他研究的主題到底重不重要**。這時他可能還不清楚哪些資料才是最重要的——這可能要等到讀下本書的時候才能發現。但是有兩件事至少他已經知道其中之一。那就是他不是發現這本書必須回頭再讀一次，以獲得啟發，便是知道不論這本書多有趣又多豐富，卻毫無啟發性，因此不值得重新再讀。

這個忠告通常會被忽略是有原因的。我們說過，在分析閱讀中，技巧熟練的閱讀者可以同時用上許多技巧，而初學者卻必須把步驟分開來。同樣的，主題閱讀的準備工作——先檢視書目上所有的書，在開始做分析閱讀之前先檢視一遍——可以在做分析閱讀時一併進行。但我們不相信任何讀者能做到這一點，就算技巧再熟練也不行。這也是許多年輕研究生所犯的毛病。他們自以為兩個步驟可以融合為一個，結果閱讀任何書都用同樣的速度，對某些特殊的作品來說不是太快就是太慢，但無論如何，對他們閱讀的大部分書來說，這樣的方法都是不對的。

一旦你檢視過，確定某些書跟你研究的主題相關後，你就可以開始做主題閱讀了。要注意的是，我們並沒有像你以為的說：「開始做分析閱讀」。當然，你需要研讀每一本書，再組合起跟你主題相關的資料，你在做分析閱讀時就已經學會了這些技巧。但是絕不要忘了，**分析閱讀的技巧只適用於單一的作品**，主要的目標是要了解這本書。而我們會看到，主題閱讀的目標卻大不相同。

## 主題閱讀的五個步驟

現在我們準備好要說明如何做主題閱讀了。我們的假設是：你已經檢視了相當多的書，你至少對其中一些書在談些什麼有點概念了，而且你也有想要研究的主題了。接下來你該怎麼辦？

在主題閱讀中一共有五個步驟。這些步驟我們不該稱之為規則——雖然也許我們會——因為只要漏掉其中一個步驟，主題閱讀就會變得很困難，甚至讀不下去了。我們會簡略地介紹一下步驟的順序，不過這些步驟彼此之間還是可以互相取代的。

**主題閱讀步驟一：找到相關的章節**。當然，我們假設你已經學會分析閱讀了，如果你願意，你能把所有相關的書都看透徹了。但是你可能會把閱讀單本的書放在第一順位，而把自己的主題放在其次。事實上，這個順序應該顛倒過來，**在主題閱讀中，你及你關心的主題才是基本的重點，而不是你閱讀的書**。

在你已經確定哪些書是相關的之後，主題閱讀的第一個步驟就是把這些書整體檢視閱讀一遍。你的目標是找出書中與你的主題極為相關的章節。你選擇的書不太可能全本都與你的主題或問題相關。就算是如此，也一定是少數，你應該很快地把這本書讀完。你不該忘了，你的閱讀是別有用心的——也就是說，你是為了要解決自己的問題才閱讀——而不是為了這本書本身的目的而閱讀。

看起來，這個步驟似乎與前面所說的，為了發現這本書是否與你主題相關的檢視閱讀當同一件事來進行。許多狀況的確可以這麼做。但是如果你認為永遠都可以這麼做的話，可能就不太聰明了。記住，第一步的檢視閱讀是要集中焦點在你要進一步做主題閱讀的主題上。我們說過，除非你已經檢閱過書單上大部分的書，否則你無法完全理解這個問題。因此，在確認哪些是相關的書籍的同時，還要確認哪些是相關的章節，其實是很危險的做法。除非你的技巧已經很熟練，而且對你要研究的主題已經很清楚了，否則你最好是將兩部分分開來做。

在主題閱讀中，能夠把你所閱讀的第一批書，與你後來針對這個主題閱讀的許多本書的差別區分出來，是很重要的事。對後來的這些書來說，你可能對自己的主題已經有了很清楚的概念，這時就可以把兩種檢視閱讀合併在一起。但是在一開始時，卻要明顯地區分出來，否則你在找相關章節時會犯下嚴重的錯誤，到後來要更正這些錯誤時又要花上很多的時間與精力。

總之，要記得你最主要的工作不是理解整本書的內容，而是找出這本書對你的主題有什麼幫助，**而這可能與作者本身的寫作目的相去甚遠**。在這個階段的過程中，這並不重要。作者可能是在無意之間幫你解決了問題。我們已經說過，在主題閱讀中，是書在服務你，而不是你在服務書。因此，主題閱讀是最主動的一種閱讀法。當然，分析閱讀也是需要主動的閱讀方式。但是你在分析閱讀一本書時，你就像是把書當作是主人，供他使喚。而你在做主題閱讀時，卻一定要做書的主人。

因此，在與作者達成共識這一點上，這個階段有不同的做法。

**主題閱讀步驟二：帶引作者與你達成共識**。在詮釋閱讀中（分析閱讀的第二步驟），第一個規則是要你與作者達成共識，也就是要能找出關鍵字，發現他是如何使用這些字的。但是現在你面對的是許多不同的作者，他們不可能每個人都使用同樣的字眼，或相同的共識。**在這時候就是要由你來建立起共識，帶引你的作者們與你達成共識，而不是你跟著他們走**。

在主題閱讀中，這可能是最困難的一個步驟。真正的困難在於要**強迫作者使用你的語言**，而不是使用他的語言。這跟我們一般的閱讀習慣都不相同。我們也指出過很多次，我們假設：我們想要用分析閱讀來閱讀的作者，是比我們優秀的人。尤其如果這是一本偉大的著作時，就更可能如此。無論我們在了解他的過程中花了多少力氣，我們都會傾向於接受他的詞義與他安排的主題結構。但在主題閱讀中，如果我們接受任何一位作者所提出來的詞彙（terminology），我們很快就會迷失。我們可能會了解他的書，卻無法了解別人的書。我們也很難找到與自己感興趣的主題的資料。

我們不只要能夠堅決拒絕接受任何一位作者的詞彙，還得願意面對可能**沒有任何一位**作者的詞彙對我們來說是有用的事實。換句話說，我們必須要接受一個事實：我們的詞彙剛好與任何一位書目上的作者相同時，只是一種巧合。事實上，這樣的巧合還滿麻煩的。因為如果我們使用了某一位作者的一個或一組詞義，我們就可能繼續引用他書中其他的詞義，而這只會帶給我們麻煩，沒有其他的幫助。

簡單來說，主題閱讀是一種大量的翻譯工作。我們並不是將一種語言翻成另一種語言，像是法語翻成英語，但是我們要將一種共通的詞彙加諸在許多作者身上，無論他們所使用的是不是相同的語言，或是不是關心我們想解決的問題，是否創造了理想的詞彙供我們使用。

這就是說，在進行主題閱讀時，我們要建立一組詞彙，首先幫助我們了解所有的作者，而不是其中一、兩個作者；其次幫助我們解決我們的問題。這一點認識會帶我們進入第三個步驟。

**主題閱讀步驟三：釐清問題**。詮釋閱讀的第二個規則是要我們找出作者的關鍵句子。然後從中逐步了解作者的主旨。主旨是由詞義組成的，在主題閱讀中，當然我們也要做同樣的工作。但是因為這時是由我們自己來建立詞彙，因此，**我們也得建立起一組不偏不倚的主旨**。最好的方法是先列出一些可以把我們的問題說得比較明白的問題，然後讓那些作者來回答這些問題。

這也是很困難的工作，這些問題必須要以某種形式，某種秩序來說明，以幫助我們解決我們提出的問題，同時這些問題也要是大多數作者都能回答的問題。難就難在我們認為是問題的地方，作者也許並不認為是問題。他們對我們認定的主題可能有相當不同的看法。

事實上，有時候我們必須接受作者可能一個問題也回答不了。在這樣的狀況中，我們必須要將他視為是對這個問題保持沉默，或是尚未作出決定。但是就算他並沒有很清楚地討論這個問題，有時我們也可以在他書中找到間接的回答。我們會得出這麼一個結論：如果他考慮到這個問題了的話，那就會如何如何回答這個問題。在這裡需要一點自我約束。我們不能把思想強加在作者腦海中，也不能把話語放進他們的口中。但是我們也不能完全依賴他們對這個問題的解說。如果我們真的能靠其中任何一位作者來解釋這個問題，或許我們根本就沒有問題要解決。

我們說過要把問題照秩序排列出來，好幫助我們在研究時使用。當然，這個秩序是跟主題有關的，不過還是有一般的方向可循。第一個問題通常跟我們在研究的概念或**現象的存在或特質有關**。如果一位作者說這種現象的確存在，或這種概念有一種特質，那麼對於他的書我們就要提出更進一步的問題了。這個問題可能跟**這個現象是如何被發現，或這個概念是如何表現出來的有關**。最後一部分的問題則是**與回答前面問題所產生的影響有關**。

我們不該期望所有的作者都用同一種方法來回答我們的問題。如果他們這麼做了，我們就又沒有問題要解決了。那個問題會被一致的意見解決了。正因為每個作者都不相同，因此我們要再面對主題閱讀的下一個步驟。

**主題閱讀步驟四：界定議題**。如果一個問題很清楚，如果我們也確定各個作者會用不同的方式來回答——不論贊成或反對——那麼這個議題就被定義出來了。這是介於用這種方法回答問題的作者，和用另外一種（可能是相反的）方法來回答問題的作者之間的議題。

如果檢驗過後，所有的作者提供的答案只有正反兩面的意見，那麼這個問題算是簡單的問題。通常，對一個問題會有超過兩種以上的答案。在這種情況下，我們就要找出不同意見彼此之間的關聯，再根據作者的觀點來做分類。

當兩個作者對同一個問題有相當的了解，所做的回答卻完全相反或矛盾時，這才是一個真正有參與的議題。但是這樣的現象並不像我們希望的那樣經常發生。通常，答案之不同固然來自於各人**對這個主題有不同的觀點**，但也有很多情況是來自於對問題本身的認知不同。所以在做主題閱讀的讀者，要盡可能地確保議題是大家所共同參與的。有時候這會迫使他在列出問題的時候，小心不採取任何一位作者明白採用的方法。

我們要處理的問題，可能會出現很多種不同的議題，不過通常都可以分門別類。譬如像是考慮到某種概念的特質的問題，就會出現一堆相關的議題。許多議題繞著一組相互關聯密切的問題打轉，就會形成這個主題的**爭議**。這樣的爭議可能很複雜，這時主題閱讀的讀者就要能夠將所有爭議的前後關係整理清楚——儘管沒有任何作者做這件事。釐清爭議，同時將相關議題整理出來之後，我們便要進入主題閱讀的最後一個步驟。

**主題閱讀步驟五：分析討論**。到目前為止，我們已經檢驗過作品，找出相關的章節，設定了一個不偏不倚的共識，適用於所有被檢視過的作者，再設定出一整套的問題，其中大部分都能在作者的說明中找到答案。然後就不同的答案界定並安排出議題。接下來該怎麼做呢？

前面四個步驟與分析閱讀的前兩組規則是互相輝映的。這些規則應用在任何一本書中，都會要我們回答一個問題：這本書在說些什麼？是如何說明的？在主題閱讀中，對於與我們的問題相關的討論，我們也要回答類似的問題。在只閱讀一本書的分析閱讀中，剩下還有兩個問題要回答：這是真實的嗎？這與我何干？而在主題閱讀中，我們對於討論也要準備回答同樣的問題。

讓我們假設起頭的那個閱讀問題並不單純，是個幾世紀以來與許多思考者紛爭不已的長久問題，許多人家不同意，並且會繼續不同意的問題。在這個假設中，我們要認知的是，身為主題閱讀的讀者，我們的責任不只是要自己回答這些問題——這些問題是我們仔細整理出來，以便易於說明主題的本身與討論的內容。有關這類問題的真理並不容易發現。如果我們期望真理就存在某一組問題的答案之中，那可能太輕率了。就算能找到答案，也是在一些相互矛盾的答案的衝突中找到有令人信服的證據，而且有支持自己的確切理由。

因此，就可以發現的真理而言，就我們可以找到的問題答案而言，與其說是立足於任何一組主旨或主張上，不如說是立足於順序清楚的討論的本身。因此，為了要讓我們的頭腦接受這樣的真相——也讓別人接受——我們要多做一點工作，不只是問問題與回答問題而已。我們要依照特定的順序來提問題，也要能夠辯護為什麼是這個順序。我們必須說明這些問題的不同答案，並說明原因。我們也一定要能夠從我們檢視過的書中找出支持我們把答案如此分類的根據。只有當我們做到這一切時，我們才能號稱針對我們問題的討論做了分析，也才能號稱真正了解了問題。

事實上，我們所做的可能超過這些。對一個問題完整的分析過後，將來其他人對同一個問題要做研究時，我們的分析討論就會提供他一個很好的研究基礎。那會清除一些障礙，理出一條路，讓一個原創性的思考者能突破困境。如果沒有這個分析的工作，就沒法做到這一點，因為這個問題的各個層面就無法顯現出來。

## 客觀的必要性

要完整地分析一個問題或某個主題，得指出這個討論中的主要議題，或是一些基本的知性反對立場。這並不是說在所有的討論中，反對的意見才是最重要的。相反的，同意或反對的意見總是互相並存的。也就是說，在大多數的議題中，正反兩面的意見總是有幾個，甚至許多個作者在支持。在一個爭議性的立場上，我們很少看到一個孤零零的支持者或反對者。

人類對任何領域某種事物的特質達成一致的觀點，都建立一種假設，意味著他們共同擁有的意見代表著真理。而不同的觀點則會建立起另一個相反的假設——無論你是否參與，這些爭論中的觀點可能沒有一個是完全真實的。當然，在這些衝突的觀點中，也可能有一個是完全真實的，而其他的則是虛假的。不過也可能雙方面都只是表達了整體真理的一小部分。除了一些單調或孤立的爭論之外（就我們在這裡所讀的問題，不太可能有這種形式的討論），很可能**正反雙方的意見都是錯的**，一如所有的人可能都同意了一種錯誤的觀點。而另一些沒有表達出來的觀點才可能是真實的，或接近真實的。

換句話說，主題閱讀的目的，並不是給閱讀過程中發展出來的問題提供最終答案，也不是給這個計畫開始時候的問題提供最終解答。當我們要給這樣的主題閱讀寫一份讀者報告的時候，這個道理特別清楚。如果這份報告就任何所界定並分析過的重要議題，想要主張或證明某一種觀點的真實或虛假，都會太過教條，失去對話的意義。如果這麼做，主題閱讀就不再是主題閱讀，而只是討論過程中的另一個聲音，失去了疏離與客觀性。

我們要說的，並不是我們認為對人類關心的重要議題多一個聲音無足輕重。我們要說的是我們在追求理解的過程中，可以而且應該多貢獻一種不同的形式。而這樣的形式必須是絕對客觀又公正的。主題閱讀所追求的這種特質，可以用這句話來做總結：「客觀的邏輯辯證。」

簡單來說，主題閱讀就是要能**面面俱到，而自己並不預設立場**。當然，這是個嚴格的理想，一般人是沒法做到的。而絕對的客觀也不是人類所能做到的事。他可能可以做到不預設立場，毫無偏見地呈現出任何觀點，對不同的意見也保持中立。但是採取中立比面面俱到要容易多了。在這一方面，主題閱讀的讀者注定會失敗的。一個議題有各種不同的觀點，不可能鉅細靡遺地全都列出來。雖然如此，讀者還是要努力一試。

雖然我們說保持中立要比面面俱到容易一些，但還是沒那麼容易。主題閱讀的讀者必須抗拒一些誘惑，釐清自己的思緒。對於某些衝突性的觀點避免做出**明白**的真偽判斷，並不能保證就能做到完全的公正客觀。偏見可能會以各種微妙的方式進入你的腦海中——可能是總結論述的方式，可能是因為強調與忽略的比重，可能是某個問題的語氣或評論的色彩，甚至可能因為對某些關鍵問題的不同答案的排列順序。

要避免這樣的危險，謹慎的主題閱讀的讀者可以採取一個明顯的手段，盡量多加利用。那就是他要**不斷回頭參閱諸多作者的原文**，重新再閱讀相關的章節。並且，當他要讓更多的人能應用他的研究結果時，他必須照原作者的原文來引用他的觀點或論述。雖然看起來有點矛盾，但這並不影響我們前面所說的，在分析問題時必須先建立一套中立的詞彙。這樣的中立語言還是必要的，而且在總結一個作者的論述時，一定要用這套中立的語言，而不是作者的語言。但是伴隨著總結，一定要有仔細引用的作者原文，以免對文意有所扭曲，這樣閱讀者才能自己判斷你對作者所做的詮釋是否正確。

主題閱讀的讀者必須能夠堅決地避免這個問題，才不會偏離公正客觀的立場。要達到這樣的理想，必須要能不偏不倚地在各種相對立的問題中保持平衡，放下一切偏見，反省自己是否有過與不及的傾向。在最後的分析中，一份主題閱讀的書面報告是否達到對話形式的客觀，雖然也可以由讀者來判斷，但只有寫這份報告的人才真正明白自己是否達到這些要求。

## 主題閱讀的練習實例：進步論

舉個例子可以說明主題閱讀是如何運作的。讓我們以進步這個概念做例子。我們並不是隨便找的這個例子。對這個問題我們做了相當多的研究。④否則這個例子對你來說不會很有用。

我們花了很長的時間研究這個重要的歷史與哲學問題。第一個步驟是列出與研究主題相關的章

④—我們在一九七六年，於紐約佩格（Praeger）出版社出版了相關的研究結果，書名為《進步論》（*The Idea of Progress*）。這項研究是由「哲學研究中心」（Institute for Philosophical Research）贊助的，我們負責監督及指導。

節——也就是列出書目（最後出現的書單超過四百五十本）。要完成這項工作，我們運用了一連串的檢視閱讀。針對許多書籍、文章與相關著作，做了許多次的檢視閱讀。對於討論「進步」這個概念來說，這是非常重要的一個過程。同樣的，對其他的重大研究來說這也是很重要的過程。許多最後被判定為相關的資料多少都是無意間發現的，或至少也是經過合理的猜測才找到的。許多近代的書籍都以「進步」為書名，因此要開始尋找資料並不困難。但是其他的書並沒有標明進步這兩個字，尤其是一些古書，內容雖然相關，卻並沒有運用這個詞句。

我們也讀了一些小說或詩，但最後決定以論說性的作品為主。我們早說過，在主題閱讀中，要包括小說、戲劇與詩是很困難的，原因有很多個。第一，故事的精髓在情節，而非對某個議題所秉持的立場。其次，就算是最能言善道的角色也很少對某個議題清楚表達出立場——譬如湯瑪斯・曼（Thomas Mann）的《魔山》（*Magic Mountain*）中，史坦布林尼就對進步發表過一些見解——我們無法確定那是不是**作者**本身的觀點。是作者在利用他的角色對這個議題做出反諷？還是他想要你看到這個觀點的愚蠢，而非睿智？一般來說，要將小說作者的觀點列入議題的某一方時，需要做很多很廣泛的努力。要花的努力很多，得到的結果卻可能是半信半疑的，因此通常最好是放棄在這方面的努力。

其他一些可以檢驗有關進步這個概念的許多作品，一如常見的情況，顯得一片混亂。面對這樣的問題，我們前面說過，就是要建立起一套中立的語言。這是一個很複雜的工作，下面的例子可以幫助我們說明這是如何進行的。

所謂的「進步」一詞，不同的作者有許多不同的用法。這些不同的用法，大部分顯示的只是意義的輕重不同，因而可以用分析的方法來處理。但是**有些**作者也用這個詞來指出歷史上某種特定的變化，而這種變化不是改善的變化。既然**大多數**作者都用「進步」來指出歷史上某種為了促進人類朝向更美好生活的變化，並且既然往更改善的狀態的變化是這個概念的基礎，那麼同樣的字眼就不能適用於兩種相反的概念了。因此，本例我們取大多數人的用法，那些主張歷史上「非關改善的進展」（non-meliorative advance）的作者，就只好劃為少數派了。我們這麼說的目的是，在討論這些少數作者的觀點時，**就算他們自己運用了「進步」這樣的字眼，我們也不能將他們納入「進步」的概念中**。

我們前面說過，主題閱讀的第三步是釐清問題。在「進步」的例子中，我們對這個問題一開始的直覺，經過檢驗之後，證明是正確的。第一個要問的問題，也是各個作者被認為提供各種不同答案的問題，是「歷史上真的有『進步』這回事嗎？」說歷史的演變整體是朝向改善人類的生存條件，的確是事實嗎？基本上，對這個問題有三種不同的回答：(1)是；(2)否；(3)不知道。然而，回答「是」可以用許多不同的方式來表達，回答「否」也有好幾種說法，而說「不知道」也至少有三種方式。

對這個基本問題所產生的各式各樣相互牽連的答案，構成我們所謂關於進步的一**般性**爭議。所謂一般性，是因為我們研究的每個作者，只要對這個主題有話要說，就會在這個主題所界定的各個議題上選邊站。但是對於進步還有一種特殊的爭論，參與這種議題的，都是一些主張進步論的作者——這些作者主張進步確實發生。**身為進步論的作者**，他們全都強調進步是一種歷史的事實，而所有的議題都應該和進步的本質或特質相關。這裡的議題其實只有三種，只是個別討論起來都很複雜。這三個議題我們可以用問題的形式來說明：(1)進步是必要的？還是要取決於其他事件？(2)進步會一直無止境地持續下去？

還是會走到終點或高原期而消失？(3)進步是人類的天性，還是養成的習慣——來自人類動物的本能，或只是外在環境的影響？

最後，就進步發生的面向而言，還有一些次要議題，不過，這些議題仍然只限於在主張進步論的作者之間。有六個面向是某些作者認為會發生，另外有些作者雖然多少會反對其中一、兩個的發生，但不會全部反對（因為他們在定義上就是肯定進步發生的作者）。這六個面向是：(1)知識的進步；(2)技術的進步；(3)經濟的進步；(4)政治的進步；(5)道德的進步；(6)藝術的進步。關於最後一項有些特殊的爭議。因為在我們的觀點裡，沒有一位作者堅信在這個面向中真的有進步，甚至有些作者否認這個面向有進步。

我們列舉出「進步」的分析架構，只是要讓你明白，在這個主題中包含了多少的議題，與對這些討論的分析——換句話說，這也是主題閱讀的第四及第五個步驟。主題閱讀的讀者必須做類似的工作才行，當然，他用不著非得就自己的研究寫一本厚厚的書不可。⑤

## 如何應用主題工具書

如果你仔細閱讀過本章，你會注意到，雖然我們花了不少時間談這件事，但我們並沒有解決主題閱

⑤—現在這樣的一本書已經寫成也出版了。我們希望這本書在諸如主題閱讀的成果等看法上，可能造成一些突破；我們也希望這本研究「進步」的書能夠對後來的研究者有所幫助，正如其他同樣由「哲學研究中心」出版的書——關於自由、幸福、公平、愛等概念的書所產生的效果一樣。而在這些書出現之前，相關的研究是非常困難的。

讀中的矛盾問題。這個矛盾可以說明如下：除非你知道要讀些什麼書，你沒法使用主題閱讀。但是除非你能做主題閱讀，否則你不知道該讀些什麼書。換句話說，這可以算是主題閱讀中的根本問題。也就是說，如果你不知道從何開始，你就沒法做主題閱讀。就算你對如何開始有粗淺的概念，你花在尋找相關書籍與篇章的時間，遠超過其他步驟所需時間的總和。

當然，至少理論上有一種方法可以解決這個矛盾的問題。理論上來說，你可以對我們傳統中的主要經典作品有一番完整的認識，對每本書所討論的各種觀念都有相當的認知。如果你是這樣的人，就根本用不著任何人幫忙，我們在主題閱讀上也沒法再多教給你什麼了。

從另一個角度來看，就算你本身沒有這樣的知識，你還是可以找有這種知識的人幫忙。但你要認清一點，就算你能找到這樣的人，他的建議最後對你來說，在幫助的同時，幾乎也都會變成障礙。如果那個主題正好是他做過特殊研究的，對他來說就很難只告訴你哪些章節是重要相關的，而不告訴你該**如何讀這些書**——而這一點很可能就造成你的阻礙。但是如果他並沒有針對這個主題做過特殊的研究，他知道的也許還沒有你多——儘管你們雙方都覺得應該比你多。

因此，你需要的是一本工具書，能告訴你在廣泛的資料當中，到哪裡去找與你感興趣的主題相關的章節，而用不著花時間教你如何讀這些章節——也就是對這些章節的意義與影響不抱持偏見。譬如，主題工具書（Syntopicon）就是這樣的一種工具。出版於一九四〇年，名為《西方世界的經典名著》的這套書，包含了三千種話題或主題，就每一個討論到的主題，你可以按照頁碼找到相關的參考資料。某些參考資料長達多頁，某些則只是幾段關鍵文字。你用不著花太多時間，只需要取出其中的某本書，動手翻閱便行了。

當然，主題工具書有一個主要的缺點。這仍然是一套書目的索引（儘管是很大的一套），至於這套書沒有包含的其他作品裡什麼地方可以找到你要的東西，則只有一些粗略的指引。不過，不管你要做哪一類主題閱讀，這套書至少總能幫助你知道要從何處著手。同時，在這整套名著中的書，不論是關於那個主題，也都是你真的想要閱讀的書。因此，主題工具書能幫助成熟的學者，或剛開始研究特定問題的初學者節省許多基本的研究工具，能讓他很快地進入重點，開始做獨立的思考。因為他已經知道前人的思想是什麼了。

主題工具書對這種研究型的讀者很有幫助，而且對初學者更有助益。主題工具書能從三方面幫助剛開始做研究的人：**啟動閱讀**、**建議閱讀**、**指導閱讀**。

在啟動閱讀方面，主題工具書能幫助我們在面對傳統經典作品時，克服最初的困難。這些作品都有點吸引力，我們都很想讀這些書，但往往做不到。我們聽到很多建議，要我們從不同的角度來閱讀這樣的書，而且有不同的閱讀進度，從簡單的作品開始讀，再進展到困難的作品。但是所有這類閱讀計畫都是要讀完整本書，或是至少要讀完其中的大部分內容。就一般的經驗來說，這樣的解決方案很少能達到預期的效果。

對於這類經典巨著，使用主題閱讀再加上主題工具書的幫助，就會產生完全不同的解決方案。主題工具書可以幫讀者就他們感興趣的主題，啟動他們對一些經典著作的閱讀——在這些主題上，先閱讀來自大量不同作者的一些比較短的章節。這可以幫助我們在**讀完**這些經典著作之前，先**讀進去**。

使用主題閱讀來閱讀經典名著，再加上主題工具書的幫助，還能提供我們許多建議。讀者一開始閱讀是對某個主題特別感興趣，但是會逐漸激發出對其他主題的興趣。而一旦你開始研究某位作者，就很難不去探索他的上下文。就在你明白過來之前，這本書你已經讀了一大半了。

最後，主題閱讀加上主題工具書，還能從三種不同的方向指導閱讀。事實上，這是這個層次的閱讀最有利的地方。

**第一**，讀者閱讀的章節所涉及的主題，能夠給他一個詮釋這些章節的方向。但這並不是告訴他這些章節是什麼意思，因為一個章節可能從好幾個或許多個方向與主題相關。而讀者的責任就是要**找出這個章節與主題真正相關的地方在哪裡**。要學習這一點，需要擁有很重要的閱讀技巧。

**第二**，針對同一個主題，從許多不同的作者與書籍中收集出來的章節，能幫助讀者**強化對各個章節的詮釋能力**。有時候我們從同一本書中依照順序來閱讀的章節，以及挑出來比對閱讀的章節，相互對照之下可以讓我們更了解其中的含義。有時候從不同書中摘出來的章節是互相衝突的，但是當你讀到彼此衝突的論點時，就會更明白其中的意義了。有時候從一本書中摘出來的章節，加上另一本書的某個章節當許多補充或評論，實際上可以幫助讀者對第二位作者有更多的了解。

**第三**，如果主題閱讀運用在許多不同的主題上，當你發現同一個章節被主題工具書引述在許多不同主題之下的時候，這件事情的本身就很有指導閱讀的效果。隨著讀者針對不同的主題要對這些章節進行多少不同的詮釋，他會發現這些章節含有豐富的意義。這種多重詮釋的技巧，不只是閱讀技巧中的基本練習，同時也會訓練我們的頭腦面對任何含義豐富的章節時，能習慣性地做出適當的調整。

因為我們相信，對想要做這個層次的閱讀的讀者來說，無論他是資深的學者或初學者，主題工具書都很有幫助，因此我們用主題閱讀的名稱來稱呼這一個閱讀層次。我們希望讀者能原諒我們一點點的自我耽溺。為了回報您的寬容，我們要指出很重要的一點。主題閱讀可以說有兩種，一種是單獨使用的主題閱讀，一種是與主題工具書一起並用。後一種可以當作是構成前一種閱讀計畫的一**部分**，一開始由這裡著手，是最聰明的做法。而前一種主題閱讀所應用的範圍要比後一種廣義許多。

## 構成主題閱讀的原則

有些人說主題閱讀（就上述廣義的定義來說）是不可能做到的事。他們說在一個作者身上強加上一套語言，即使是最「中立」的一套詞彙（就算真有這回事的話），也是錯的。作者本身的詞彙是神聖不可侵犯的，因為在閱讀一本書時絕不能「脫離上下文」，而且將一組詞彙拿來轉成另一種解釋總是很危險的，因為文字並不像數學符號那麼容易控制。此外，反對者認為主題閱讀牽涉的作者太廣泛，時空不同，基本的風格與性質也不同，而主題閱讀就像是將他們都聚在同一個時空，彼此一起討論——這完全扭曲了事實的真相。每位作者都有自己的天地，雖然同一位作者在不同時空所寫的作品之間可能有些聯繫（他們提醒說即使這樣也很危險），但是在這位作者與另一位作者之間卻沒有明顯的聯繫。最後，他們堅持，作者所討論的**主題**比不上討論的**方法**重要。他們說風格代表一個人，如果我們忽略作者是**如何**談一件事，卻只顧他談的是**什麼事**，結果只會兩頭落空，什麼也沒了解到。

當然，我們對所有這些指控都不同意，我們要依序回答這些指控。讓我們一次談一個。

第一，是關於**詞彙**的問題。否認一個概念可以用不同的**詞彙**來說明，就像是否認一種語言可以翻譯成另一種語言。當然，這樣的否認是刻意製造出來的。譬如最近我們閱讀一本《可蘭經》的新譯本，前言一開始便說要翻譯《可蘭經》是不可能的事。但是因為譯者接著又解釋他是如何完成的，所以我們只能假設他的意思是：要翻譯這樣一本被眾人視為神聖的典籍，是一件極為困難的事。我們也同意。不過困難並不代表做不到。

事實上，所謂作者本身的詞彙是神聖不可侵犯的說法，其實只是在說要將一種說法翻譯成另一種說法是非常困難的。這一點我們也同意。但是，同樣的，困難並非不可能做到。

其次，談到**作者各自區隔與獨立的特性**。這就像是說有一天亞里斯多德走進我們辦公室，（當然穿著長袍），身邊跟著一位又懂現代英語又懂古希臘語的翻譯，而我們卻無法聽懂他講什麼，他也無法聽懂我們講什麼一樣。我們不相信有這回事。毫無疑問，亞里斯多德對他看到的許多事一定覺得很訝異，但我們確信在十分鐘之內，只要我們想，我們就能跟他一起討論某個我們一起關心的問題。對於一些特定的概念一定會發生困難，但是只要我們能夠發現，就能解決。

如果這是可行的（我們不認為任何人會否認），那麼讓一本書經由翻譯——也就是主題閱讀的讀者——與另一本書的作者「談話」，並不是不可能的事。當然，這需要很謹慎，而且你要把雙方的語言——也就是兩本書的內容——了解得越透徹越好。這些問題並非不能克服，如果你覺得無法克服只是在自欺欺人。

最後，談到**風格**的問題。我們認為，這就像是說人與人之間無法做理性的溝通，而只能做情緒上的溝通——就像你在跟寵物溝通的層次。如果你用很憤怒的腔調對你的狗說：「我愛你！」牠會嚇得縮成一團，並不知道你在說什麼。有誰能說：人與人之間的語言溝通，除了語氣與姿勢外就沒有其他的東西？說話的語氣是很重要的——尤其當溝通的主要內容是情緒關係的時候；而當我們只能聽（或者看？）的時候，肢體語言中可能就有些要告訴我們的事情。但是人類的溝通，不只這些東西。如果你問一個人出口在那裡？他告訴你沿著B走廊就會看到。這時他用的是什麼語氣並不重要。他可能對也可能錯，可能說實話也可能撒謊，但是重點在你沿著B走廊走，很快就能找到出口了。你知道他說的**是什麼**，也照著做了，這跟他如何說這句話一點關係也沒有。

只要相信翻譯是可行的（因為人類一直在做這件事），書與書之間就能彼此對談（因為人類也一直在這麼做）。只要願意這麼做，人與人之間也有理性客觀的溝通能力（因為我們能彼此互相學習），所以我們相信主題閱讀是可行的。

## 主題閱讀精華摘要

我們已經談完主題閱讀了。讓我們將這個層次的閱讀的每個步驟列舉出來。

我們說過，在主題閱讀中有兩個階段。一個是準備階段，另一個是主題閱讀的本身。讓我們複習一下這些不同的步驟：

**一、觀察研究範圍：主題閱讀的準備階段**

(1) 針對你要研究的主題，設計一份試驗性的書目。你可以參考圖書館目錄、專家的建議與書中的書目索引。

(2)瀏覽這份書目上所有的書，確定哪些與你的主題相關，並就你的主題建立起清楚的概念。

## 二、主題閱讀：閱讀所有第一階段收集到的書籍

(1)瀏覽所有在第一階段被認定與你主題相關的書，找出最相關的章節。

(2)根據主題創造出一套中立的詞彙，帶引作者與你達成共識——無論作者是否實際用到這些詞彙，所有的作者，或至少絕大部分的作者都可以用這套詞彙來詮釋。

(3)建立一個中立的主旨，列出一連串的問題——無論作者是否明白談過這些問題，所有的作者，或者至少大多數的作者都要能解讀為針對這些問題提供了他們的回答。

(4)界定主要及次要的議題。然後將作者針對各個問題的不同意見整理陳列在各個議題之旁。你要記住，各個作者之間或之中，不見得一定存在著某個議題。有時候，你需要針對一些不是作者主要關心範圍的事情，把他的觀點解讀，才能建構出這種議題。

(5)分析這些討論。這得把問題和議題按順序排列，以求突顯主題。比較有共通性的議題，要放在比較沒有共通性的議題之前。各個議題之間的關係也要清楚地界定出來。

注意：理想上，要一直保持對話式的疏離與客觀。要做到這一點，每當你要解讀某個作家對一個議題的觀點時，必須從他自己的文章中引一段話來並列。

# 第二十一章 閱讀與心智的成長

我們已經完成了在本書一開始時就提出的內容大要。我們已經說明清楚，良好的閱讀基礎在於主動的閱讀。閱讀時越主動，就讀得越好。

所謂主動的閱讀，也就是能提出問題來。我們也指出在閱讀任何一本書時該提出什麼樣的問題，以及不同種類的書必須怎樣以不同的方式回答這些問題。

我們也區分並討論了閱讀的四種層次，並說明這四個層次是累積漸進的，前面或較低層次的內容包含在後面較高層次的閱讀裡。接著，我們刻意強調後面較高層次的閱讀，而比較不強調前面較低層次的閱讀。因此，我們特別強調分析閱讀與主題閱讀。因為對大多數的讀者來說，分析閱讀可能是最不熟悉的一種閱讀方式，我們特別花了很長的篇幅來討論，定出規則，並說明應用的方法。不過分析閱讀中的所有規則，只要照最後一章所說的略加調整，就同樣適用於接下來的主題閱讀。

我們完成我們的工作了，但是你可能還沒有完成你的工作。我們用不著再提醒你，這是一本實用性的書，或是閱讀這種書的讀者有什麼特殊的義務。我們認為，如果讀者閱讀了一本實用的書，並接受作者的觀點，認同他的建議是適當又有效的，那麼讀者一定要照著這樣的建議行事。你可能不接受我們所支持的主要目標——也就是你應該有能力讀得更透徹——也不同意我們建議達到目標的方法——也就是檢視閱讀、分析閱讀與主題閱讀的規則。（但如果是這樣，你可能也讀不到這一頁了。）不過如果你接受這個目標，也同意這些方法是適當的，那你就一定要以自己以前可能從沒有經歷過的方式來努力閱讀了。

這就是你的工作與義務。我們能幫得上什麼忙嗎？

我們想應該可以。這個工作主要的責任在你——你要做這所有的事（同時也獲得所有的利益）。不過有幾件關於目標與手段的事情還沒談到。現在就讓我們先談談後者吧！

## 好書能給我們什麼幫助

「手段」（means）這兩個字可以解釋成兩種意義。在前面的章節中，我們將手段當作是閱讀的規則，也就是使你變成一個更好的閱讀者的**方法**。但是手段也可以解釋為**你所閱讀的東西**。空有方法卻沒有可以運用的材料，就和空有材料卻沒有可以運用的方法一樣是毫無用處的。

以「手段」的後一種意思來說，未來提升你閱讀能力的手段其實是你將閱讀的那些書。我們說過，這套閱讀方法適用於任何一本，以及任何一**種**你所閱讀的書——無論是小說還是非小說，想像文學還是論說性作品，實用性還是理論性。但是事實上，起碼就我們在探討分析閱讀與主題閱讀過程中所顯示的這套方法**並不適用於所有的書**。原因是有些書根本用不上這樣的閱讀。

我們在前面已經提過這一點了，但我們想要再提一遍，因為這與你馬上要做的工作有關。**如果你的閱讀目的是想要變成一個更好的閱讀者，你就不能摸到任何書或文章都讀**。如果你所讀的書都在你的能力範圍之內，你就沒法提升自己的閱讀能力。你必須要能操縱超越你能力的書，或像我們所說的，閱讀超越你頭腦的書。只有那樣的書能幫助你的思想增長。除非你能增長心智，否則你學不到東西。

因此，對你來說最重要的是，你不只要能讀得好，還要有能力分辨出哪些書能幫助你增進閱讀能力。一本消遣或娛樂性的書可能會給你帶來一時的歡愉，但是除了享樂之外，你也不可能再期待其他的收穫了。我們並不是反對娛樂性的作品，我們要強調的是**這類書無法讓你增進閱讀的技巧**。同樣的，只是報導一些你不知道的事實，卻沒法讓你增進對這些事實的理解的書，也是同樣的道理。為了訊息而閱讀，就跟為了娛樂閱讀一樣，沒法幫助你心智的成長。也許看起來你會以為是有所成長，但那只是因為你腦袋裡多了一些你沒讀這本書之前所沒有的訊息而已。然而，你的心智基本上跟過去沒什麼兩樣，只是閱讀數量改變了，技巧卻毫無進步。

我們說過很多次，一個好的讀者也是自我要求很高的讀者。他在閱讀時很主動，努力不懈。現在我們要談的是另外一些觀念。你想要用來練習閱讀技巧，尤其是分析閱讀技巧的書，一定要**對你也有所要求**。這些書一定要看起來是超越你的能力才行。你大可不必擔心真的如此，只要你能運用我們所說的閱讀技巧，沒有一本書能逃開你的掌握。當然，這並不是說所有的技巧可以一下子像變魔術一樣讓你達到目標。無論你多麼努力，總會有些書是跑在你前面的。事實上，這些書就是你要找的書，因為它們能讓你變成一個更有技巧的讀者。

有些讀者會有錯誤的觀念，以為那些書——對讀者的閱讀技巧不斷提出挑戰的書籍——都是自己不熟悉的領域中的書。結果一般人都相信，對大多數讀者來說，只有科學作品，或是哲學作品才是這種書。但是事實並非如此。我們已經說過，偉大的科學作品比一些非科學的書籍還要容易閱讀，因為這些科學作者很仔細地想要跟你達成共識，幫你找出關鍵主旨，同時還把論述說明清楚。在文學作品中，找不到這樣的幫助，所以長期來說，那些書才是要求最多，最難讀的書。譬如從許多方面來說，荷馬的書就比牛頓的書難讀——儘管你在第一次讀的時候，可能對荷馬的體會較多。荷馬之所以難讀，是因為他所處理的主題是很難寫好的東西。

我們在這裡所談的困難，跟閱讀一本爛書所談的困難是不同的。閱讀一本爛書也是很困難的事，因為那樣的書會抵銷你為分析閱讀所做的努力，每當你認為能掌握到什麼的時候又會溜走。事實上，一本爛書根本不值得你花時間去努力，甚至根本不值得做這樣的嘗試。你努力半天還是一無所獲。

讀一本好書，卻會讓你的努力有所回報。最好的書對你的回饋也最多。當然，這樣的回饋分成兩種：第一，當你成功地閱讀了一本難讀的好書之後，你的閱讀技巧必然增進了。第二——長期來說這一點更重要——一本好書能教你了解這個世界以及你自己。你不只更懂得如何讀得更好，還更懂得生命。你變得更有智慧，而不只是更有知識——像只提供訊息的書所形成的那樣。你會成為一位智者，對人類生命中永恆的真理有更深刻的體認。

畢竟，人間有許多問題是沒有解決方案的。一些人與人之間，或人與非人世界之間的關係，誰也不能下定論。這不光在科學與哲學的領域中是如此，因為關於自然與其定律，存在與演變，誰都還沒有，也永遠不可能達到最終的理解，就是在一些我們熟悉的日常事物，諸如男人與女人，父母與孩子，或上帝與人之間的關係，也都如此。這些事你不能想太多，也想不好。偉大的經典就是在幫助你把這些問題想得更清楚一點，因為這些書的作者都是比一般人思想更深刻的人。

## 書的金字塔

西方傳統所寫出的幾百萬冊的書籍中，百分之九十九都對你的閱讀技巧毫無幫助。這似乎是個令人困惱的事實，不過連這個百分比也似乎高估了。但是，想想有這麼多數量的書籍，這樣的估算還是沒錯。有許多書只能當作娛樂消遣或接收資訊用。娛樂的方式有很多種，有趣的資訊也不勝枚舉，但是你別想從中學習到任何重要的東西。事實上，你根本用不著對這些書做分析閱讀。掃瞄一下便夠了。

第二種類型的書籍是可以讓你學習的書——學習如何閱讀，如何生活。只有百分之一，千分之一，甚或萬分之一的書籍合乎這樣的標準。這些書是作者的精心傑作，所談論的也是人類永遠感興趣，又有特殊洞察力的主題。這些書可能不會超過幾千本，對讀者的要求卻很嚴苛，值得做一次分析閱讀——一次。如果你的技巧很熟練了，好好的閱讀過一次，你就能獲得所有要獲得的主要概念了。你把這本書讀過一遍，便可以放回架上。你知道你用不著再讀一遍，但你可能要常常翻閱，找出一些特定的重點，或是重新複習一下一些想法或片段。（你在這類書中的空白處所做的一些筆記，對你會特別有幫助。）

你怎麼知道不用再讀那本書了呢？因為你在閱讀時，你的心智反應已經與書中的經驗合而為一了。這樣的書會增長你的心智，增進你的理解力。就在你的心智成長，理解力增加之後，你了解到——這是多少有點神秘的經驗——這本書對你以後的心智成長不會再有幫助了。你知道你已經掌握住這本書的精髓了。你將精華完全吸收了。你很感激這本書對你的貢獻，但你知道它能付出的僅止於此了。

在幾千本這樣的書裡，還有更少的一些書——很可能不到一百種——卻是你讀得再通，也不可能盡其究竟。你要如何分辨哪些書是屬於這一類的呢？這又是有點神秘的事了，不過當你盡最大的努力用分析閱讀讀完一本書之後，把書放回架上的時候，你心中會有點疑惑，好像還有什麼你沒弄清楚的事。我們說「疑惑」，是因為在這個階段可能僅只是這種狀態。如果你確知你錯過了什麼，身為分析閱讀者，就有義務立刻重新打開書來，釐清自己的問題是什麼。事實上，你沒法一下子指出問題在哪裡，但你知道在哪裡。你會發現自己忘不了這本書，一直想著這本書的內容，以及自己的反應。最後，你又重看一次。然後非常特殊的事就發生了。

如果這本書是屬於前面我們所說第二種類型的書，重讀的時候，你會發現**書中的內容好像比你記憶中的少了許多**。當然，原因是在這個階段中你的心智成長了許多。你的頭腦充實了，理解力也增進了。書籍本身並沒有改變，改變的是你自己。這樣的重讀，無疑是讓人失望的。

但是如果這本書是屬於更高層次的書——只占浩瀚書海一小部分的書——你在重讀時會發現**這本書好像與你一起成長了**。你會在其中看到新的事物——一套套全新的事物——那是你以前沒看到的東西。你以前對這本書的理解並不是沒有價值（假設你第一次就讀得很仔細了），真理還是真理，只是過去是某一種面貌，現在卻呈現出不同的面貌。

一本書怎麼會跟你一起成長呢？當然這是不可能的。一本書只要寫完出版了，就不會改變了。只是你到這個時候才會開始明白，你最初閱讀這本書的時候，這本書的層次就遠超過你，現在你重讀時仍然超越過你，未來很可能也一直超越過你。因為這是一本真正的好書——我們可說是偉大的書——所以可以適應不同層次的需要。你先前讀過的時候感到心智上的成長，並不是虛假的。那本書的確提升了你。

但是現在，就算你已經變得更有智慧也更有知識，這樣的書還是能提升你，而且直到你生命的盡頭。

顯然並沒有很多書能為我們做到這一點。我們評估這樣的書應該少於一百本。但**對任何一個特定的讀者來說，數目還會更少**。人類除了心智力量的不同之外，還有許多其他的不同。他們的品味不同，同一件事對這個人的意義就大過對另一個人。你對牛頓可能就從來沒有對莎士比亞的那種感覺，這或許是因為你能把牛頓的書讀得很好，所以用不著再讀一遍，或許是因為數學系統的世界從來就不是你能親近的領域。如果你喜歡數學——像達爾文就是個例子——牛頓跟其他少數的幾本書對你來說就是偉大的作品，而不是莎士比亞。

我們並不希望很權威地告訴你，哪些書對你來說是偉大的作品。不過在我們的第一個附錄中，我們還是列了一些清單，因為根據我們的經驗，這些書對許多讀者來說都是很有價值的書。我們的重點是，**你該自己去找出對你有特殊價值的書來**。這樣的書能教你很多關於閱讀與生命的事情。這樣的書你會想一讀再讀。這也是會幫助你不斷成長的書。

## 生命與心智的成長

有一種很古老的測驗——上一個世紀很流行的測驗——目的在於幫你找出對你最有意義的書目。測驗是這樣進行的：如果你被警告將在一個無人荒島度過餘生，或至少很長的一段時間，而假設你有時間做一些準備，可以帶一些實際有用的物品到島上，還能帶十本書去，你會選哪十本？

試著列這樣一份書單是很有指導性的，這倒不只是因為可以幫助你發現自己最想一讀再讀的書是哪些。事實上，和另外一件事比起來，這一點很可能是微不足道的。那件事就是：當你想像自己被隔絕在一個沒有娛樂，沒有資訊，沒有可以理解的一般事物的世界時，比較起來你是否會對自己了解得更多一點？記住，島上沒有電視也沒有收音機，更沒有圖書館，只有你跟十本書。

你開始想的時候，會覺得這樣想像的情況有點稀奇古怪，不太真實。當真如此嗎？我們不這麼認為。在某種程度上，我們都跟被放逐到荒島上的人沒什麼兩樣。我們面對的都是同樣的挑戰——如何找出內在的資源，過更美好的人類生活的挑戰。

人類的心智有很奇怪的一點，主要是這一點劃分了我們心智與身體的截然不同。我們的身體是有限制的，心智卻沒有限制。其中一個跡象是，在力量與技巧上，身體不能無限制地成長。人們到了三十歲左右，身體狀況就達到了顛峰，隨著時間的變化，身體的狀況只有越來越惡化，而**我們的頭腦卻能無限地成長與發展下去**。我們的心智不會因為到了某個年紀時就停止成長，只有當大腦失去活力，僵化了，才會失去了增加技巧與理解力的力量。

這是人類最明顯的特質，也是萬物之靈與其他動物最主要不同之處。其他的動物似乎發展到某個層次之後，便不再有心智上的發展。但是人類獨有的特質，卻也潛藏著巨大的危險。**心智就跟肌肉一樣，如果不常運用就會萎縮**。心智的萎縮就是在懲罰我們不經常動腦。這是個可怕的懲罰，因為證據顯示，心智萎縮也可能要人的命。除此之外，似乎也沒法說明為什麼許多工作忙碌的人一旦退休之後就會立刻死亡。他們活著是因為工作對他們的心智上有所要求，那是一種人為的支撐力量，也就是外界的力量。一旦外界要求的力量消失之後，他們又沒有內在的心智活動，他們便停止了思考，死亡也跟著來了。

電視、收音機及其他天天圍繞在我們身邊的娛樂或資訊管道，也都是些人為的支撐物。它們會讓我們覺得自己在動腦，因為我們要對外界的刺激做出反應。但是這些外界刺激我們的力量畢竟是有限的。像是藥品一樣，一旦習慣了之後，需要的量就會越來越大。到最後，這些力量就只剩下一點點，甚或毫無作用了。這時，如果我們沒有內在的生命力量，我們的智力、品德與心靈就會停止成長。當我們停止成長時，也就邁向了死亡。

好的閱讀，也就是主動的閱讀，不只是對閱讀本身有用，也不只是對我們的工作或事業有幫助，更能幫助我們的心智保持活力與成長。

# 附錄一　建議閱讀書目

下面所列舉的書單，都是值得你花時間一讀的書。我們說「值得你花時間」是很認真的。雖然這些書並不全都是一般人所認為的是那種「偉大」，但只要你肯花時間努力，你就能得到回饋。所有這些書都超越了大多數的水平——超出許多。因而這些書會強迫大部分讀者做心智上的成長，以了解並欣賞這樣的書。當然，如果你想要增進自己的閱讀技巧，這樣的書就是你該找的書，同時你也會發現在我們文化傳統中有過哪些偉大的思想與說法。

就我們在上一章所談的特殊意義而言有些書特別了不起。每次你重讀，都會發現許多新的想法。這些書是可以一讀再讀，永不會厭倦的。換句話說，這些書——我們不會正確地指出有多少這樣的書，也不會指出是哪些書，因為這是由個人判斷的——超越過所有讀者的水平，就算最有技巧的讀者也不能超越這樣的書。我們在上一章說過，這些作品就是每個人都該特別努力去研讀的書。這些書是真正的偉大作品，任何一個人要去荒島，都該帶著這些書一起去。

這個書單很長，看起來有點難以消受。我們鼓勵你不要因為這個書單而覺得為難。一開始，你可能會先要辨識大部分的作者是誰。這裡面沒什麼是一般人難以了解，因而就該冷僻的道理。最重要的是，我們要提醒你，不論基於什麼理由，最聰明的做法都是從你最感興趣的書開始讀。我們已經說過許多次，主要的目標是要讀得好，而不是要讀得廣。如果一年當中你讀不了幾本書，其實不需要覺得失望。

書單上的書並不是要你在特定時間裡讀完的。這也不是非要讀完所有的書才算完成的挑戰。相反的，這是一個你可以從容接受的邀請，只要你覺得很自在，任何時候都可以開始。

作者名單是按時間前後順序排出來的，以他們確實或大約的出生時期為準。一位作者有很多本書時，也是盡可能按作品時間順序排列的。學者們對每一本書的最早出版時間可能不見得有一致的看法，但這對你來說沒什麼影響。要記得的重點是：這個書單就像是一個時代的演進表，當然，你用不著依時間先後的順序來讀。你甚至可以從最近出版的一本書來讀，再回溯到荷馬及《舊約》。

我們並沒有把每一位作者所有的書都列出來。通常我們都只挑選比較重要的作品，以論說性作品而言，我們挑選的根據是盡可能表現一位作者在不同學習領域裡做了哪些貢獻。在另外一些例子中，我們會列舉一位作者的幾部作品，然後把其中特別重要又有用的書用括號標示出來。

要擬這份書單，最困難的總是跟當代作品有關的部分。作者越接近我們的年代，越難做很公正的評斷。時間能證明一切是句好話，但我們不想等那麼久。因此對現代的作者或作品，我們預留了一些不同觀點的空間，因此在我們書單比較後面部分的書，我們不敢說有前面那些書公認的地位。

對前面部分的書，可能也有人有些不同的觀點，因為我們沒有列入某些作品，可能會認為我們在挑選時有偏見。在某些例子中，我們承認自己是有些偏見。這是我們開的書單，自然會跟別人開的書單有點不同。不過如果任何人想要認真地研擬一份值得一生閱讀的好書書單，以增進閱讀能力的話，其間的差別應該不會太大才對。當然，最後你還是要自己擬出一份書單，然後全力以赴。無論如何，在你列出自己的書單之前，先看一份被一致公認為好書的書單，是很聰明的做法。這份書單是一個可以開始的地方。

我們還要提出一個疏漏之處，這可能會讓一些不幸的讀者覺得很受打擊。這份書單只列出了西方的作品，不包括中國、日本或印度的作品。我們會這麼做有幾個理由。其中一個是我們對西方傳統文化以外的文化並不十分在行，我們建議的書單也不會有什麼分量。另一個原因是東方並不像西方這樣是單一的傳統，我們必須要明白所有的東方文化傳統之後，才能將這份書單擬好。而很少有學者能對所有的東方文化都有深刻的了解。第三，在你想要了解其他世界的文化之前，應該要先了解自己的文化。現代有許多人試著要讀《易經》或《薄伽梵歌》（*Bhagavad-Gita*），都覺得很困難，不只是因為這樣的書本身就很難懂，也因為他們並沒有先利用自己文化中比較容易理解的書——他們比較容易接近的書——把閱讀技巧練習好。

還有另外一個疏忽之處要提提。雖然是一份書單，其中主要以抒情詩詩人為人熟知的作者卻沒幾位。當然，書單中另外有些作者也寫抒情詩，但他們較為人知的是一些較長的其他著作。這方面不該當做是我們對抒情詩有偏見。讀詩，我們認為從一本好的合選集開始閱讀，會比從某一位作者的個人選集開始要好得多。普格瑞福（Palgrave）編輯的《經典名詩選集》（*The Golden Treasury*）及《牛津英詩選》（*The Oxford Book of English Verse*）是最好的入門書。這些老的詩選應該要有現代人做增補的工作——像是沙登・諾德門（Selden Rodman）的《現代詩一百首》（*One Hundred Modern Poems*），這本書用很有趣的概念，廣泛收集了當代隨手可得的英詩。因為閱讀抒情詩需要特殊的技巧，我們也介紹了其他相關的指導書籍——像是馬克・范多倫的《詩的入門》（*Introduction to Poetry*），是一本合選集，同時也包含了一些短論，談到如何閱讀許多有名的抒情詩。

我們依照作者及書名將書單列出來，卻沒有列出出版者及特殊的版本。書單上幾乎所有的書都可以在書店中找到，有許多出了不同的版本，平裝或精裝都有。不過，如果哪位作者或哪本作品已經收錄進我們自己所編輯的兩套書，那就會特別標示出來。其中出現在《西方世界的經典名著》中的，打一個星號；出現在《名著入門》（*Gateway to the Great Books*）中的，打兩個星號。

1. Homer（9the century B.C.?）
   **Iliad*
   **Odyssey*
2. The Old Testament
3. Aeschylus（*c.* 525-456 B.C.）
   *Tragedies
4. Sophocles（*c.* 495-406 B.C.）
   *Tragedies
5. Herodotus（*c.* 484-425 B.C.）
   **History*（of the Persian Wars）
6. Euripides（*c.* 485-406 B.C.）
   *Tragedies
   （esp. *Medea, Hippolytus, The Bacchae*）

7. Thucydides（*c.* 460-400 B.C.）

    **History of the Peloponnesian War*

8. Hippocrates（*c.* 460-377? B.C.）

    *Medical writings

9. Airstophanes（*c.* 448-380 B.C.）

    *Comedies

    （esp. *The Clouds, The Birds, The Frogs*）

10. Plato（*c.* 427-347 B.C.）

    *Dialogues

    （esp. *The Republic, Symposium, Phaedo, Meno, Apology, Phaedrus, Protagoras, Gorgias, Sophist, Theaetetus*）

11. Aristotle（384-322 B.C.）

    *Works

    （esp. *Organon, Physics, Metaphysics, On the Soul, The Nichomachean Ethics, Politics, Rhetoric, Poetics*）

12. **Epicurus（*c.* 341-270 B.C.）

    *Letter to Herodotus*

*Letter to Menoeceus*

13. Euclid（*fl.c.* 300 B.C.）

**Elements*（*of Geometry*）

14. Archimedes（*c.* 287-212 B.C.）

*Works

（esp. *On the Equilibrium of Planes, On Floating Bodies, The Sand-Reckoner*）

15. Apollonius of Perga（*fl.c.* 240 B.C.）

**On Conic Sections*

16. **Cicero（106-43 B.C.）

Works

（esp. *Orations, On Friendship, On Old Age*）

17. Lucretius（*c.* 95-55 B.C.）

**On the Nature of Things*

18. Virgil（70-19 B.C.）

*Works

19. Horace（65-8 B.C.）

Works

(esp. Odes and Epodes, *The Art of Poetry*)

20. Livy (59 B.C.-A.D. 17)

*History of Rome*

21. Ovid (43 B.C.-A.D. 17)

Works

(esp. *Metamorphoses*)

22. **Plutarch (*c.* 45-120)

**Lives of the Noble Grecians and Romans Moralia*

23. **Tacitus (*c.* 55-117)

*Histories

**Annals*

*Agricola*

*Germania*

24. Nicomachus of Gerasa (*fl.c.* A.D.100)

**Introduction to Arithmetic*

25. **Epictetus (*c.* 60-120)

**Discourses*

*Encheiridion*（*Handbook*）

26. Ptolemy（*c.* 100-178; *fl.* 127-151）
    **Almagest*
27. **Lucian（*c.* 120-c. 190）
    Works
    （esp. *The Way to Write History, The True History, The Sale of Creeds*）
28. Marcus Aurelius（121-180）
    **Meditations*
29. Galen（*c.* 130-200）
    **On the Natural Faculties*
30. The New Testament
31. Plotinus（205-270）
    **The Enneads*
32. St. Augustine（354-430）
    Works
    （esp. *On the Teacher, *Confessions, *The City of God, *Christian Doctrine*）
33. *The Song of Roland*（12th century?）

34. *The Nibelungenlied*（13th century）

    （*The Völsunga Saga* is the Scandinavian version of the same legend.）

35. *The Saga of Burnt Njal*
36. St. Thomas Aquinas（*c.* 1225-1274）

    **Summa Theologica*

37. **Dante Alighieri（1265-1321）

    Works

    （esp. *The New Life, On Monarchy, *The Divine Comedy*）

38. Geoffrey Chaucer（*c.* 1340-1400）

    Works

    （esp. **Troilus and Criseyde, *Canterbury Tales*）

39. Leonardo da Vinci（1452-1519）

    *Notebooks*

40. Niccolò Machiavelli（1469-1527）

    **The Prince*

    *Discourses on the First Ten Books of Livy*

41. Desiderius Erasmus（*c.* 1469-1536）

*The Praise of Folly*

42. Nicolaus Copernicus（1473-1543）

**On the Revolutions of the Heavenly Spheres*

43. Sir Thomas More（c. 1478-1535）

*Utopia*

44. Martin Luther（1483-1546）

*Three Treatises*

*Table-Talk*

45. François Rabelais（c. 1495-1553）

**Gargantua and Pantagruel*

46. John Calvin（1509-1564）

*Institutes of the Christian Religion*

47. Michel de Montaigne（1533-1592）

**Essays*

48. William Gilbert（1540-1603）

**On the Loadstone and Magnetic Bodies*

49. Miguel de Cervantes（1547-1616）

*Don Quixote*

50. Edmund Spenser（*c.* 1552-1599）

    *Prothalamion*

    *The Faërie Queene*

51. **Francis Bacon（1561-1626）

    *Essays*

    **Advancement of Learning*

    **Novum Organum*

    **New Atlantis*

52. William Shakespeare（1564-1616）

    *Works

53. **Galileo Galilei（1564-1642）

    *The Starry Messenger*

    **Dialogues Concerning Two New Sciences*

54. Johannes Kepler（1571-1630）

    **Epitome of Copernican Astronomy*

    **Concerning the Harmonies of the World*

55. William Harvey（1578-1657）
  *On the Motion of the Heart and Blood in Animals*
  *On the Circulation of the Blood*
  *On the Generation of Animals*

56. Thomas Hobbes（1588-1679）
  *The Leviathan*

57. René Descartes（1596-1650）
  *Rules for the Direction of the Mind*
  *Discourse on Method*
  *Geometry*
  *Meditations on First Philosophy*

58. John Milton（1608-1674）
  Works
  （esp. *the minor poems, *Areopagitica*, **Paradise Lost*, **Samson Agonistes*）

59. **Molière（1622-1673）
  Comedies
  （esp. *The Miser*, *The School for Wives*, *The Misanthrope*, *The Doctor in Spite of Himself*, *Tartuffe*）

60. Blaise Pascal（1623-1662）

**The Provincial Letters*

**Pensées*

**Scientific treatises*

61. Christiaan Huygens（1629-1695）

**Treatise on Light*

62. Benedict de Spinoza（1632-1677）

**Ethics*

63. John Locke（1632-1704）

**Letter Concerning Toleration*

* "Of Civil Government"（second treatise in *Two Treatises on Government*）

**Essay Concerning Human Understanding Thoughts Concerning Education*

64. Jean Baptiste Racine（1639-1699）

Tragedies

（esp. *Andromache, Phaedra*）

65. Isaac Newton（1642-1727）

**Mathematical Principles of Natural Philosophy*

*Optics*

66. Gottfried Wilhelm von Leibniz（1646-1716）

*Discourse on Metaphysics*

*New Essays Concerning Human Understanding*

*Monadology*

67. **Daniel Defoe（1660-1731）

*Robinson Crusoe*

68. **Jonathan Swift（1667-1745）

*A Tale of a Tub*

*Journal to Stella*

**Gulliver's Travels*

*A Modest Proposal*

69. William Congreve（1670-1729）

*The Way of the World*

70. George Berkeley（1685-1753）

**Principles of Human Knowledge*

71. Alexander Pope（1688-1744）

*An Essay on Criticism*

*The Rape of the Lock*

*An Essay on Man*

72. Charles de Secondat, Baron de Montesquieu（1689-1755）

*Persian Letters*

**Spirit of Laws*

73. **Voltaire（1694-1778）

*Letters on the English*

*Candide*

*Philosophical Dictionary*

74. Henry Fielding（1707-1754）

*Joseph Andrews*

**Tom Jones*

75. **Samuel Johnson（1709-1784）

*The Vanity of Human Wishes*

*Dictionary*

*Rasselas*

*Lives of the Poets*

（esp. the essays on Milton and Pope）

76. **David Hume（1711-1776）

*Treatise of Human Nature*

*Essays Moral and Political*

**An Inquiry Concerning Human Understanding*

77. **Jean Jacques Rousseau（1712-1778）

**On the Origin of Inequality*

**On Political Economy*

*Emile*

**The Social Contract*

78. Laurence Sterne（1713-1768）

**Tristram Shandy*

*A Sentimental Journey Through France and Italy*

79. Adam Smith（1723-1790）

*The Theory of the Moral Sentiments*

**Inquiry into the Nature and Causes of the Wealth of Nations*

80. **Immanuel Kant（1724-1804）

*Critique of Pure Reason*

*Fundamental Priniples of the Metaphysica of Morals*

*Critique of Practical Reason*

*The Science of Right*

*Critique of Judgment*

*Perpetual Peace*

81. Edward Gibbon（1737-1794）

*The Decline and Fall of the Roman Empire Autobiography*

82. James Boswell（1740-1795）

*Journal*

（eps. *London Journal*）

*Life of Samuel Johnson Ll.D.*

83. Antoine Laurent Lavoisier（1743-1794）

*Elements of Chemistry*

84. John Jay（1745-1829）, James Madison（1751-1836）, and Alexander Hamilton（1757-1804）

*Federalist Papers*

（together with *the *Articles of Confederation, the *Constitution of the United States, and the*
**Declaration of Independence*）

85. Jeremy Bentham（1748-1832）
    *Introduction to the Principles of Morals and Legislation*
    *Theory of Fictions*

86. Johann Wolfgang von Goethe（1749-1832）
    **Faust*
    *Poetry and Truth*

87. Jean Baptiste Joseph Fourier（1768-1830）
    **Analytical Theory of Heat*

88. Georg Wilhelm Friedrich Hegel（1770-1831）
    *Phenomenology of Spirit*
    **Philosophy of Right*
    **Lectures on the Philosophy of History*

89. William Wordsworth（1770-1850）
    Poems
    （esp. *Lyrical Ballads, Lucy poems, sonnets; The Prelude*）

90. Samuel Taylor Coleridge（1772-1834）

    Poems

    （esp. "Kubla Khan," *the Rime of the Ancient Mariner*）

    *Biographia Literaria*

91. Jane Austen（1775-1817）

    *Pride and Prejudice*

    *Emma*

92. **Karl von Clausewitz（1780-1831）

    *On War*

93. Stendhal（1783-1842）

    *The Red and the Black*

    *The Charterhouse of Parma*

    *On Love*

94. George Gordon, Lord Byron（1788-1824）

    *Don Juan*

95. **Arthur Schopenhauer（1788-1860）

    *Studies in Pessimism*

96. **Michael Faraday（1791-1867）
*Chemical History of a Candle*
**Experimental Researches in Electricity*

97. **Charles Lyell（1797-1875）
*Principles of Geology*

98. Auguste Comte（1798-1857）
*The Positive Philosophy*

99. **Honoré de Balzac（1799-1850）
*Père Goriot*
*Eugéie Grandet*

100. **Ralph Waldo Emerson（1803-1882）
*Representative Men*
*Essays*
*Journal*

101. **Nathaniel Hawthorne（1804-1864）
*The Scarlet Letter*

102. **Alexis de Tocqueville（1805-1859）

*Democracy in America*

103. **John Stuart Mill（1806-1873）

*A System of Logic*

**On Liberty*

**Representative Government*

**Utilitarianism*

*The Subjection of Women*

*Autobiography*

104. **Charles Darwin（1809-1882）

**The Origin of Species*

**The Descent of Man*

*Autobiography*

105. **Charles Dickens（1812-1870）

Works

（esp. *Pickwick Papers, David Copperfield, Hard Times*）

106 **Claude Bernard（1813-1878）

*Introduction to the Study of Experimental Medicine*

107. **Henry David Thoreau（1817-1862）
_Civil Disobedience_
_Walden_
108. Karl Marx（1818-1883）
*_Capital_
（together with the *_Communist Manifesto_）
109. George Eliot（1819-1880）
_Adam Bede_
_Middlemarch_
110. **Herman Melville（1819-1891）
*_Moby Dick_
_Billy Budd_
111. **Fyodor Dostoevsky（1821-1881）
_Crime and Punishment_
_The Idiot_
*_The Brothers Karamazov_
112. **Gustave Flaubert（1821-1880）

*Madame Bovary*

*Three Stories*

113. **Henrik Ibsen（1828-1906）

Plays

（esp. *Hedda Gabler, A Doll's House, The Wild Duck*）

114. **Leo Tolstoy（1828-1910）

**War and Peace*

*Anna Karenina*

*What Is Art?*

*Twenty-three Tales*

115. **Mark Twain（1835-1910）

*The Adventures of Huckleberry Finn*

*The Mysterious Stranger*

116. **William James（1842-1910）

**The Principles of Psychology*

*The Varieties of Religious Experience*

*Pragmatism*

*Essays in Radical Empiricism*

117. **Henry James（1843-1916）
*The American*
*The Ambassadors*

118. Friedrich Wilhelm Nietzsche（1844-1990）
*Thus Spoke Zarathustra*
*Beyond Good and Evil*
*The Genealogy of Morals*
*The Will to Power*

119. Jules Henri Poincaré（1854-1912）
*Science and Hypothesis*
*Science and Method*

120. Sigmund Freud（1856-1939）
**The Interpretation of Dreams*
**Introductory Lectures on Psychoanalysis*
**Civilization and Its Discontents*
**New Introductory Lectures on Psychoanalysis*

121. **George Bernard Shaw（1856-1950）

Plays（and Prefaces）

（esp. *Man and Superman, Major Barbara, Caesar and Cleopatra, Pygmalion, Saint Joan*）

122. **Max Planck（1858-1947）

*Origin and Development of the Quantum Theory*

*Where Is Science Going?*

*Scientific Autobiography*

123. **Henri Bergson（1858-1941）

*Time and Free Will*

*Matter and Memory*

*Creative Evolution*

*The Two Sources of Morality and Religion*

124. **John Dewey（1859-1952）

*How We Think*

*Democracy and Education*

*Experience and Nature*

*Logic, the Theory of Inquiry*

125 **Alfred North Whitehead（1861-1947）

*An Introduction to Mathematics*

*Science and the Modern World*

*The Aims of Education and Other Essays*

*Adventures of Ideas*

126. **George Santayana（1863-1952）

*The Life of Reason*

*Skepticism and Animal Faith*

*Persons and Places*

127. Nikolai Lenin（1870-1924）

*The State and Revolution*

128. Marcel Proust（1871-1922）

*Remembrance of Things Past*

129. **Bertrand Russell（1872-1970）

*The Problems of Philosophy*

*The Analysis of Mind*

*An Inquiry into Meaning and Truth*

*Human Knowledge; Its Scope and Limits*

130. **Thomas Mann（1875-1955）

*The Magic Mountain*

*Joseph and His Brothers*

131 **Albert Einstein（1879-1955）

*The Meaning of Relativity*

*On the Method of Theoretical Physics*

*The Evolution of Physics*（with L. Infeld）

132 **James Joyce（1882-1941）

"The Dead" in *Dubliners*

*Portrait of the Artist as a Young Man*

*Ulysses*

133. Jacques Maritain（1882-1973）

*Art and Scholasticism*

*The Degrees of Knowledge*

*The Rights of Man and Natural Law*

*True Humanism*

134. Franz Kafka（1883-1924）
*The Trial*
*The Castle*

135. Arnold Toynbee（1889-1975）
*A Study of History*
*Civilization on Trial*

136. Jean Paul Sartre（1905-1980）
*Nausea*
*No Exit*
*Being and Nothingness*

137. Aleksandr I. Solzhenitsyn（1918-2008）
*The First Circle*
*Cancer Ward*

# 附錄二　四種層次閱讀的練習與測驗

## 前言

這個附錄提供了極為精簡的文章，讀者可以自己做閱讀練習，或是像讀書會一樣做小組的閱讀練習。當然，這些習題不能像某些參考書一樣，提供詳盡完整的練習，但是卻能告訴你基本的練習模式，同時找出所有的答案。

針對四種不同的閱讀層次，這個附錄含有簡短的練習與問題測驗：

第一層次的閱讀——基礎閱讀——這是兩位作者的傳記，彌爾及牛頓，這兩篇文章都出現於《西方世界的經典名著》中。

第二層次的閱讀——檢視閱讀——這是兩本書的目錄，但丁的《神曲》與達爾文的《物種起源》，收錄於《西方世界的經典名著》。

第三層次的閱讀——分析閱讀——出自本書的內容。

第四層次的閱讀——主題閱讀——這是由兩本書中摘要出來的章節，亞里斯多德的《政治學》及盧梭的《社約論》，均收錄於《西方世界的經典名著》。

讀者可能會發現，比起後兩種層次的閱讀，前兩種層次閱讀中的例子比較熟悉，也比較傳統。這個附錄沒法和複雜的參考書相提並論，只是把各種不同層次的閱讀，以及各種不同書籍區分得清楚明顯而已。這個附錄並不能算是一種綜合又密集的練習手冊。

一般人批評閱讀測驗練習的理由很多：沒有科學標準；有文化的歧視性；這些測驗並不能預期學業上或事業上的成功與否；這些問題通常包含了一個以上的適當答案或「正確」答案；種種理由都在說明拿這樣的測驗來做評分標準是很武斷的。

許多類似的批評理由都成立，尤其是某些重要的決策，諸如學校的評分標準或對學生的評估，關於員工的雇用機會，如果完全採用這類測驗的結果為依據的話。然而，許多這類測驗確實能有效地區分出不同層次的能力，也會持續廣泛運用在判斷個人學業或工作的傾向上。就算沒有其他的理由，光是這種測驗的本身能讓讀者熟悉一些閱讀技巧，也就值得一試了。

要特別提醒的是，大部分這種閱讀測驗的文章，基本上都是為了測驗題目而挑選出來的。因而大部分文章互相沒有關聯，只是一些片段而已——一些科技上的知識或是一些訊息。

在這個附錄中，雖然只是一些範本，強調的重點卻大不相同。這些文章不只是可供測驗之用，實際上也值得一讀。事實上，任何人想要超越閱讀的第一個層次，這些文章都是不可或缺的讀物。這些挑選出來的文章，根據文章所設定的問題，都是提升閱讀能力的工具。

接下來要說明的是這些問題的形式。一般來說，這樣的測驗中包含了許多不同的問題。當然，短文式的問題，要求受測者回答的也是他所閱讀過的某種聲明。多重選擇題的形式也有很多種，通常是整組出現的問題。有時候測驗中會出現一連串的聲明，受測者要能指出哪一種聲明最能詮釋主旨或文中含義。另外有些問題是針對文中的某個細節，讓讀者做選擇，其中只有一個是合理或比較適合的答案。還有一種方式是只有一個答案是不正確的，其他的都正確。這些問題也可能是一段原文的引述，看看讀者是否注意到或記得這段文字。有時候一個問題可能會引用原文，或是直接取用原文，讓讀者在這段聲明中發現一些空白處，看看是刪掉了哪一、兩個字。還有一些是選擇題，讓讀者從中選擇其一，使這段敘述變得很完整。

大部分問題可以從文章中直接找到答案。但有些問題要求讀者運用他所知的其他資料，才能做出正確的回答。還有些問題是推論的：先從文章中引出一些推論的問題，然後要受測者從一堆推論中找出哪些出自於文章之中，或是要他辨認或刪除一些假的，或與文章無關的推論。

如果一個人要設計的是某種標準測驗，可以廣泛運用在學業或工作上的嚴格評估，那麼問題的選擇與問題本身的形式也就更嚴格了。幸好在這個附錄中，我們用不著面對這樣的問題。相對的，我們只是要提出一些建議，試著幫助一些自己練習閱讀的人增進他們的閱讀技巧。我們所用的形式大多是我們剛描述過的形式——不像通常分隔成一組組的形式——再加上一些其他的問題類型。有些很簡單，有些則很困難。要找出這類難題的答案，其實才是最有趣的地方。

因為有些問題非常困難——這是我們故意設計出來的，目的在刺激你回想曾經讀過的文章——所以我們的答案也比平常會出現的答案短，又比較晦澀難懂。尤其是在這附錄中最後一部分的問題都是如此，那是主題閱讀的部分。現在，我們冒昧地引導著讀者，設計出一些問題來，這些問題可以當作是對文章本身的詮釋，而且盡可能地寫出答案，就像我們親臨考場一樣。

## 第一個閱讀層次的練習與測驗：基礎閱讀

這是兩篇簡短的人物素描。一篇是有關彌爾的生活，另一篇是關於牛頓的。彌爾的傳記先上場，不過當然牛頓的時期比他早了兩個世紀。

這篇彌爾的傳記取材自《西方世界的經典名著》第四十三冊。除了獨立宣言、聯邦條約、美國憲法與漢彌頓、麥迪遜與傑伊的聯邦公報——這些是美國立國的基本文獻——之外，這一冊還包括了彌爾所完成的三件作品：《論自由》（*On Liberty*）、《代議政府》（*Representative Government*）及《功利主義》（*Utilitarianism*）。這三件是彌爾偉大的作品，但卻並沒有耗盡他的寫作才華。譬如像《婦女的屈從》（*The Subjection of Women*）一書，是當代非常感興趣的書。這不只是因為彌爾是西方歷史上第一個擁護女權的人，也因為文章的銳利風格吸引人，同時對男女之間的關係還表達出了超越時空的深刻洞察。

在第一種層次的閱讀中，速度不是基本的問題。彌爾的生活傳記約有一千兩百字長。我們建議你用自己覺得舒服的速度來閱讀——大約六到十分鐘。我們也建議你將特別感興趣的句子或段落圈出來，或記一些筆記，然後試著回答我們附加的問題。

### 彌爾（John Stuart Mill, 1806-1873）

彌爾在他的自傳中說過，他在心智上的發展主要是受到兩個人的影響：他的父親，詹姆斯・彌爾，及他的妻子。

詹姆斯・彌爾為他的兒子精心設計了包羅萬象的教育課程，這是根據海威提亞斯（Helvétius）與邊沁（Bentham）的理論所設計的。那就像是一本百科全書，讓彌爾在十三歲時就已經完成了大學教育所教導的學科。這位父親就像這個男孩的教師，而且經常陪伴著他。他讓彌爾跟他在同一個房間裡工作，甚至當他在寫《印度史》（*History of India*）、《大英百科全書》時，也讓彌爾進來打擾他。稍後彌爾形容這樣的結果，是讓他「成為一個『製造』出來的人，一些特定的觀點牢牢附著在我身上，我所能做的只是重複這些觀點。」

這樣的教育是從三歲開始的，一開始學的是希臘文與算術。到了八歲時，彌爾已經讀完了希羅多德的全集，六本柏拉圖的對話錄及相當多的歷史書。在十二歲之前，他研讀歐幾里得與代數、希臘與拉丁詩人及一些英國詩。他對歷史的興趣持續下去，他甚至試著要寫一本有關羅馬政府的書。十二歲時，他開始學亞里斯多德的《工具論》中的邏輯觀，還有一些拉丁學者對這主題的教學手冊。在他父親教導他的最後一年，也就是他十三歲時，主力放在政治經濟。這個兒子長大之後，提到這一點對他的著作《政治經濟的基礎》（*Elements of Political Economy*）有很大的幫助。接下來他的教育有一段時間是由父親的朋友們來教導的，跟著奧斯汀（Austin）讀法律，李嘉圖（Ricardo）唸經濟。最後他以讀邊沁有關法規的論文完成自己的教育。他覺得這些書給他「一種信條、學說、哲學……與宗教」，讓他變成一個「不一樣的人」。

雖然彌爾從未正式與父親斷絕關係，但是到了二十歲時，他產生了心理「危機」。那是從一個出現在他心裡的問題開始的：「假設你生命中所有的目標都實現了，假設所有你期望的制度與思想的改變在此刻都發生了，這對你來說是不是極大的喜悅與幸福？」他說一種「不可抑制的自覺清楚地回答說：『不！』」結果他被憂鬱症糾纏了好幾年。後來首先讓他破繭而出的是一本馬孟特爾（Marmontel）的《回憶錄》（*Mémoires*）：「我……讀到他父親去世的那一段。全家人都很悲痛，但突然間他受到啟發，他不過是個小男孩，但他覺得，也讓家人覺得他就是全家人的依靠了——他會提供所有他們失去的一切。」他被這一段景象感動得落淚了，從那一刻起，他的「重擔減輕了」。

從十七歲開始，彌爾就在東印度公司工作以養活自己。他的父親是那裡的官員。雖然一開始他只是個普通的職員，很快就晉升為助理審察員（assistant-examiner），一直做了二十年。從他父親去世的那一年，一八三六年，到整個公司的業務被英國政府收回為止，他主管的都是與印度的關係，讓他對政府的問題有更廣泛的實際經驗。除了平日的工作外，他還參與許多活動，準備重整公共輿論的法規。他，他的父親，與他們的朋友形成一個人稱為「哲學激進派」（philosophical radicals）的團體，他們所領導的一個辯論會帶動了一八三二年的法案的修正。彌爾積極揭發他認為違背國會公正原則與法庭正義的事。他經常替對「激進派」很友善的報紙寫稿，幫助成立並編輯《西敏寺匯報》（*Westminster Review*），當作是「激進派」的一個組織。他還參與了幾個閱讀與辯論的協會，討論當代的知性與社會問題。

這些活動並沒有妨礙他追求自己感興趣的知識。他編輯了邊沁的《司法審判證據的原理》（*Rationale of Judicial Evidence*）。他還學習邏輯與科學，希望能用科學的歸納性原理以調整三段論的邏輯，他還出版了《邏輯系統》（*System of Logic*）一書。在這同時，他繼續探討經濟的問題。最早寫出來的作品是《有關政治經濟一些未定案的問題》（*Essays on Some Unsettled Questions in Political Economy*），後來又寫成系統化的論文《政治經濟的原理》（*Principles of Political Economy*）。

他將這些年的發展與貢獻歸功於他與夏瑞特・泰勒（Harriet Taylor）女士的交往，她在一八五一年時成為他的妻子。彌爾是在二十年前，他剛得憂鬱症的「危機」時期不久認識她的。他對她影響自己作品這方面的貢獻是讚譽有加。雖然在他結婚的七年當中，他的出版品比過去少了許多，但他的思想更透徹了，也開始寫作一生最重要的一些作品，包括《論自由》（一八五九）、《關於國會重組的思維》（*Thoughts on Parliamentary Reform*），後來這本書就改寫成為《代議政府》（一八六一），以及《功利主義》（一八六三）。他推崇她讓他了解到人性中抽象的一面，這重新整合了他的主張。她去世後，他說道：「她的回憶對我來說是一種宗教，她認可的標準總括來說都是值得尊敬的事，我會盡力去調整我的生活。」

彌爾將餘生大部分時間貢獻在政治活動上。除了寫作之外，他還是第一個女性投票權組織的創始者。一八六五年，他被認可為國會的一員。他是工黨的激進派份子，在討論迪斯雷利（Disraeli）的修正法上扮演了積極的角色，並鼓吹他長期研究的一些議案，像是女性代議士、倫敦政府的重組、改變在愛爾蘭占據的土地權。主要因為他支持的都是些不受歡迎的議案，所以他沒有再被選為國會議員。他退休後住在亞維農的農莊中，這棟農莊原本就是為了讓他能接近妻子的墓園而建造的。一八七三年五月八日，他在農莊中去世。

注意：這個測驗裡的問題並非全是同一種類型，有些是多重選擇題，有些是申論題。有些問題牽涉到一些並未在本文中出現的資訊——擅長閱讀的人能從其他的閱讀中找到的背景資料。你要把所有你覺得好像正確的答案都選出來——無論是文章中明說還是隱含的，無論是你根據基本的邏輯還是你個人已經知道的背景資料。

**測驗一：約翰・史都德・彌爾傳的問題**

(1)在彌爾的後半生，英國被誰統治？ (a)喬治四世 (b)威廉四世 (c)維多利亞女王 (d)愛德華七世。

(2)彌爾的早年教育大半是被誰設計出來的？ (a)邊沁 (b)他的父親，詹姆斯・彌爾 (c)他父親所編寫的《大英百科全書》 (d)馬孟特爾的《回憶錄》。

(3)在他八歲的時候，彌爾讀了 (a)希羅多德 (b)六部柏拉圖的對話錄 (c)林肯的蓋茨堡宣言。

(4)彌爾到東印度公司工作以養活自己，當時他幾歲？ (a)14 (b)17 (c)21 (d)25。

(5)在二十歲時，彌爾經歷了 (a)與父親爭吵 (b)心理上的危機 (c)心理上的「危機」 (d)與一個已婚的婦人有婚外情。

(6)彌爾，他父親，他們的朋友們自稱為「哲學激進派」，因為他們相信 (a)用暴力推翻政府 (b)必須要由國會議員來重組政府 (c)大學課程中應該刪掉哲學課。

(7)在彌爾年輕時所讀的書籍中，哪一位作者對他的影響最大？ (a)亞里斯多德 (b)杜威 (c)李嘉圖 (d)邊沁。

(8) 以下幾本彌爾的著作中，哪一本沒有出現在本文中？ (a)論自由 (b)代議政府 (c)功利主義 (d)婦女的屈從。

(9) 如果彌爾活在今天，他會不會做以下的事？

(a)女權運動的支持者　會　不會

(b)支持全民教育　會　不會

(c)主張種族隔離主義　會　不會

(d)強烈主張新聞審查制度　會　不會

(10) 從文中可以推測彌爾認為他的妻子（夏瑞特·泰勒女士），在他們的婚姻期間與她去世之後，都是他的 (a)嚴格的批評者 (b)最好的朋友 (c)最偉大的敵人 (d)繆思女神。

——答案請見本書第四二七頁「測驗一」答案欄。

對當前的學者與科學歷史學家來說，艾塞克．牛頓爵士是位極為有趣的人物。這有兩個原因。第一個是老生常談的理由。像伽利略或牛頓這樣的人，能將分析與實驗結合起來——能結合理論與系統化的觀察來解說自然的現象——開創了思想上的革命，引導我們進入現代科學的世界。不只是因為他們發現了物理世界的真相，而且這些發現一直是至關重大的，更重要的是，他們發展出研究自然的新法則，被證明為在各種學術研究中都極為有用。

我們說過，這些都是老生常談的理由。關於牛頓的一生與他的成就，幾個世紀以來人們已經耳熟能詳。近年來，牛頓更成為全世界研究天才特質的焦點。科學與文學界的學者及學生不斷將一些作者及科學家做偉大等級的排列，或是將這些人從卓越排名到天才。而大量研究結論指出牛頓是個超級天才——有史以來最聰明的人。描述天才特質與成因的研究有很多。早熟，專心一致的能力，強烈的直覺力，精確的分析理解力——這些術語都是用來形容天才的。這些形容詞似乎全都適用於牛頓。

以下的牛頓傳記速寫取材自《西方世界的經典名著》第三十四冊。那一冊也包括了牛頓的《自然哲學的數學原理》（通常稱作牛頓原理）與他的《光學》。另外還包括了荷蘭的物理學家克利斯汀那・惠更斯（Christiaan Huygens）的《光論》（*Treatise on Light*）。牛頓傳比彌爾傳稍長一點，因此要花上十到十二分鐘來閱讀。跟以上一篇一樣，把最重要的段落圈出來，做筆記，然後試著回答問題。

## 牛頓（Sir Isaac Newton, 1642-1727）

一六四二年聖誕節那一天，牛頓出生於林肯郡的沃雪浦（Woolsthorpe）。他的父親是一個卑微的農夫，在他出生幾個月之前就死了。一六四五年，他的母親再嫁給北威斯敏地區的牧師，牛頓被留下來跟著外婆住在沃雪浦。在鄰近的一所小學裡受過基礎教育後，十二歲時，牛頓進入葛森姆文法學校，住在一位藥劑師的家中。根據他自己的說法，一開始他是個心不在焉的學生，直到有一次跟一個男孩吵起來，激起了他的競爭心，使他成為班上第一名的學生。他很早就表現出對機械設計的天賦與判斷力，他做出了風車、水表、風箏、日晷，還有人說他發明了一種由騎士所帶動的四輪馬車。

一六五六年，牛頓的母親在第二任丈夫去世之後，又回到沃雪浦，並要大兒子從學校回家，好準備接管農莊的事。但是她很快的就知道他的興趣不在農事，因此在他的叔叔，布登可格里斯的牧師建議之下，他被送到劍橋的三一學院。一六六一年他被正式錄取時，跟其他一些男孩一樣，要在學校做些雜事以支付學費。雖然學校並沒有關於他就學時的正式記錄，但是大家都知道他讀了很多數學與機械的書。他在劍橋一開始讀的是克普勒有關光學的作品，後來又回到歐幾里得，因為他很困擾自己不能理解他在市集中買到的一本天文學書中某些特定的圖表。等他發現書裡一些命題不證自明，就當作是「一本無聊的書」扔到一邊。直到他的老師，艾塞克・巴瑞（Isaac Barrow）督促他再拿起來研究，他才又繼續下去。他似乎是因為研究過笛卡兒的《幾何學》，才啟發他開始做原創性的數學工作。牛頓還是大學生的時候，有一本很普通的小本子，其中記錄了關於尖角面積與四方形的曲線的文章，還有一些關於音符的估算，維耶達（Vieta）及范史考頓（Van Schooten）的幾何問題，關於華爾士（Wallis）《無限大算術》（*Arithmetic of Infinities*）的註解，此外再加上一些對折射現象的觀察，對磨光的球狀光學鏡片的看法、鏡片出現誤差的看法及各種開方根的方法。一六六五年，大約在他拿學士學位的時期，牛頓發現了二項式原理，第一次就記在他所發現的「流數法」（method of fluxions）⑥旁邊。

一六六五年，大瘟疫從倫敦傳到了劍橋，學院關閉了，牛頓回到林肯郡的農莊，在那裡做了光學與化學實驗，並繼續有關數學的思索。也就在一六六六年，他被迫離開學校這一年，他註明了發現萬有引力理論的日子：「在這同一年，我開始想到萬有引力會延伸到月球……將月球固定在她的位置上的力

---

⑥—微分法的古稱。

量，與地球表面的萬有引力的力量相比較，發現兩者的力量差不多。」同時，對於光學的研究讓他寫出了關於白光的作品。關於這幾年的作品，牛頓後來寫道：「所有這些都寫於一六六五及一六六六這兩年，因為那兩年是我生命中主要的發明時期，對數學與哲學的體認也特別深刻。」

一六六七年，三一學院又開始上課了，牛頓被選為院士。兩年後，在他二十七歲的生日之前，他被指派，接替亦師亦友的巴瑞博士就任盧卡斯數學教席。在一六六八年，牛頓已經建造了一個反射式的望遠鏡。一六七一年的十二月，他把自己製造的第二架望遠鏡呈獻給皇家協會。兩個月後，身為協會的一員，他開始傳播有關光學的發現，結果引發了長達多年的論戰，像是霍克（Hooke）、盧卡斯（Lucas）、南勒斯（Linus）等多人都牽涉進去了。牛頓總是覺得論戰是很令人不快的事，「都怪我的輕率，放棄了平靜安寧的生活，去追逐一個看不見的影子。」他有關光學的著作，也是從一六七二年到一六七六年他向皇家協會傳播的最重要資訊，收集在《光學》一書中（一七〇四）。

一直到一六八四年，牛頓才開始想要讓人知道萬有引力的概念。霍克、哈雷（Halley）及克里斯多福・列恩爵士（Sir Christopher Wren）都各自對萬有引力發展出一些理念，但都無法成功地解釋有關天體運行的軌道。那一年，哈雷向牛頓請教有關的問題，很驚訝地發現他已經解決了這個問題。牛頓向他呈遞了四個理論與七個問題，後來知道這是他工作中最核心的發現。從一六八五年到一六八六年之間的十七或十八個月的時間裡，他用拉丁文寫作了《自然哲學的數學原理》。他甚至想到不要再寫第三卷，而哈雷卻堅持要他寫完。一六八七年，皇家協會表示沒法負擔印刷費時，哈雷甚至自己掏腰包印製了這部書。這部書撼動了整個歐洲，一六八九年，當時最出名的科學家惠更斯親自到英國來，對牛頓做私人的拜訪。

在寫作《原理》一書時，牛頓在大學教職上也更惹人注目了。因為他反對詹姆斯國王二世要破壞大學的忠誠與主權的誓約，被選為代表劍橋國會議員。他再回到校園時，身體非常虛弱，在一六九二年到一六九三年之間幾乎不能動彈，讓他的朋友與工作夥伴們都很擔心。等他恢復之後，他離開學校，開始替政府工作。他的朋友像是納克、列恩與哈利法克斯勳爵（Lord Halifax）在一六九五年都被他任用為鑄幣廠的監督人，四年後他成為鑄幣廠的負責人，一直到他去世為止。

在他生涯的最後三十年裡，牛頓只做過一點點原創性的數學作品。在這個領域中，他仍然保持著興趣與技巧，一六九六年他一夜之間就替伯魯尼（Bernoulli）解決了一個數學問題，而那是伯魯尼與人打賭要花六個月時間來解決的問題。一七一六年，他花了幾個小時解決了萊布尼茲（Leibniz）為了想要「感覺英國分析家的脈動」而向他請益的問題。這時他陷身兩場數學的論戰，深感壓力。其中一個是皇家天文學會的天文觀測的問題，另一個則是和萊布尼茲論戰微積分是誰發明的。不過他還花時間做了《原理》一書的第二版的校訂，於一七一三年出版。

牛頓的科學作品帶給他極大的名聲。他經常出入宮廷，在一七〇五年被封為爵士。歐洲大陸給了他極多的殊榮，他和當時最頂尖的科學家都有來往。而不斷來訪的人造成他嚴重的不適。雖然名氣很大，牛頓仍然一直保持樸實的本質。在他臨死之前，他寫道：「我並不知道我在世人眼中是什麼模樣，對我自己來說，我似乎只像是一個在海邊玩耍的男孩，不時找一顆平滑的卵石，或比較美麗的貝殼取悅一下自己，而真理的大海則橫陳在我面前，一無發探。」

牛頓在早年就對神學有興趣，一六九〇年他開始研究預言書。那一年，他寫了一封信給洛克，那就是《聖經中兩位顯要人物墮落的歷史文獻》（*Historical Account of Two Notable Corruptions of the Scriptures*），其中有兩段是關於三一學院的。他還留了一份手稿《觀察但以理書與啟示錄的預言》（*Observations on the Prophecies of Daniel and the Apocalypse*），另外還有一些註解的作品。

一七二五年之後，牛頓的健康情況越來越糟，副廠長接下了他在鑄幣廠的工作。一七二七年二月，他在皇家協會擔任了最後一次主席。那是他從一七〇三年就開始擔任的職務。一七二七年三月二十日，他去世時享年八十五歲。他的靈柩停在耶路撒冷大廳讓人瞻仰，最後被葬在西敏寺教堂中。

## 測驗二：艾塞克・牛頓爵士傳的問題

(1) 在牛頓進入劍橋的三一學院之前，他已經對什麼學科特別感興趣了？ (a) 政治 (b) 神學 (c) 機械設備 (d) 科學與數學。

(2) 牛頓是被哪一位國王封為爵士的？ (a) 查理二世（一六六〇—一六八五） (b) 詹姆斯二世（一六八五—一六八八） (c) 安妮女王（一七〇二—一七一四） (d) 喬治一世（一七一四—一七二七）。

(3) 一六六五年至一六六七年，因為從倫敦傳到劍橋的大瘟疫，使三一學院關閉了兩年，在這期間牛頓跟其他的學生一樣，到歐洲大陸去度長假了。（是或否）

(4) 牛頓被選為國會議員，因為 (a) 他主持學生反皇室的暴動 (b) 他反對詹姆斯二世要破壞大學的忠誠與主權的誓約 (c) 在面對由倫敏傳到劍橋的大瘟疫時，他妥善處理學生及教師的恐慌狀態。

(5)在他的後半生，牛頓被那兩場論戰的壓力占據了 (a)皇家天文學家對天文觀測問題 (b)微積分的發明 (c)但以理書的預言。

(6)牛頓是用哪一種文字寫作《自然哲學的數學原理》？ (a)希臘文 (b)拉丁文 (c)英文。

(7)關於其他的事物，他的作品說明了 (a)蘋果為什麼掉下來 (b)天體的運行 (c)如何使圓形變方形 (d)從某個角度來看，上帝是個幾何學家。

(8)光學是 (a)研究人眼可見的光線，及照射在其他事物上的能量的一種學說 (b)研究人眼及動物眼睛的一種學說 (c)這是一種產生鏡片的技術，可以用來做望遠鏡。

(9)牛頓在他的《光學》一書中 (a)證明光線一小時速度三十萬公里 (b)揭露了未來關於白光的作品 (c)形容白光如何能經由稜鏡被分解成七彩 (d)列舉軍隊使用望遠鏡的方法。

(10)牛頓年老時寫道：「我並不知道我在世人眼中是什麼模樣，對我來說，我似乎只像是一個在海邊玩耍的男孩，不時找一顆平滑的卵石，或是比較美麗的貝殼來取悅自己，而真理的大海則橫陳在我面前，一無發探。」請將這段話用二百五十字做一個評論。

——答案請見本書第四二七頁「測驗二」答案欄。

現在你已經完成了第一層次閱讀兩篇文章的練習。當然你注意到了，就跟我們提醒你的一樣，這些問題不只是從本文中出來，還包含了歷史或本文中沒有的其他資料。對有能力的讀者來說，就算是第一層次的閱讀，也能從中獲得許多有用的資訊。一般而言，他的素養越好，也就讀得越好。

如果你都能回答這些問題，表示你是個非常有表達力的讀者，你已經達到，甚至超越了基礎閱讀的標準。我們希望你也能認知，這個測驗的設計不只是為了提升你的閱讀技巧，還要幫助你學習一些值得知道的知識，或是在你閱讀時應用上你已經知道的事。

## 第二個閱讀層次的練習與測驗：檢視閱讀

下面兩本作品都取材自《西方世界的經典名著》一書。我們拿這兩本書的目錄，一方面當作文章閱讀，一方面當作附錄二這個部分的練習與測驗。此外，兩位作者——但丁與達爾文的傳記也附在這裡，一方面提供給讀者多一點的資訊，一方面測驗題也會從中找出一些題目來。

但丁的傳記及他的《神曲》的目錄都取材自《西方世界的經典名著》第二十一冊。這一冊全本所包括的內容就是《神曲》。不過但丁也寫過其他的東西，有散文也有韻文的，都非常優美又有趣，但只有他的《神曲》（這個神字是後人在他死後才加上的）被現代人廣泛地閱讀著。

你應該還記得，在第四章中談到檢視閱讀的兩個步驟。第一步我們稱之為預讀或瀏覽，第二步是粗淺的閱讀。由於我們並沒有拿全本的《神曲》當做閱讀練習，所以會把這裡全部列出的目錄當作全書來讀。在這裡，我們建議你花十分鐘（速度是這個階段的基礎）有系統地瀏覽過整個目錄之後，再回答問題。然後我們要你再粗淺地閱讀一次目錄——大約要花二十分鐘——再回答更多問題。

因此，花在閱讀《神曲》上的時間一共是三十分鐘。考慮到一些學者一生花了三十年的時間在《神曲》上，我們敢說這三十分鐘的檢視閱讀實在是很粗淺的。不過，這並不是膽大妄為或自視甚高，一個人確實能從這三十分鐘的閱讀中，對這本書有相當多的了解。對一個不太清楚但丁的《神曲》是什麼的人來說，仔細檢視這個目錄能促使他們檢視整本書，甚至帶引他們對全書做分析閱讀——第三層次的閱讀。

在你開始檢視——在預讀或系統化瀏覽——這個目錄之前請先花幾分鐘看一下但丁的傳記。這會幫助你了解他是如何計畫並寫作《神曲》的——同時也能幫助你回答一些問題。

## 但丁・阿利吉耶里（Dante Alighieri, 1265-1321）

一二六五年的五月中旬，但丁出生於佛羅倫斯。這個城市第一次受到民主的統治，急劇地分成格爾夫斯（Guelphs）的教皇黨與吉伯林斯（Ghibellines）的保皇黨。但丁的家族支持格爾夫斯的政黨。就在他幾個月大時，格爾夫斯在巴納文圖一戰中贏得決定性的勝利。阿利吉耶里家族雖然有貴族血統，卻沒有變得富有或被特殊地提過起來。

但丁應該是在佛羅倫斯的聖塔克斯學校中接受到早年的教育。他很明顯的受到巴列圖・拉丁尼（Brunetto Latini）的影響。巴列圖・拉丁尼是個哲學家及學者，在佛羅倫斯的議會中很有影響力。在二十歲之前，但丁就開始寫詩，跟「新甜美風格」派的拉丁詩人開始互相往來，這派詩人喜歡用含有哲理的詩句讚揚他們的愛情與他們所愛的淑女。但丁的「淑女」是他唯一摯愛的獨一無二的碧雅翠絲。根據薄伽邱所寫的但丁的生活，她是碧雅翠絲・薄特拉妮（Beatrice Portinari），佛羅倫斯一位市民的女兒，嫁給一個有錢的銀行家，大約在二十四歲時就去世了。但丁在《新生》（*Vita Nuova*, 1292）中第一次寫到碧雅翠絲，那是一連串的詩與散文，詳述著他的愛情故事：他們是在雙方九歲時第一次相見，彼此打了個招呼。然後是一二八三年的一個五月天又再見面，再來就是一二九〇年碧雅翠絲去世之時。

快到三十歲時，但丁變得很積極參與佛羅倫斯的政治活動。這個城市的憲法由各種公會來執行，但丁加入了醫生與藥劑師公會（這個公會也包括了書商），於是有資格開始參與政務。他參與議會的審議，擔任特別的大使。一三〇〇年他與其他政府官員一共六人被選為最重要的政務官。過去在格爾夫斯與吉伯林斯之間的衝突轉化了一個面貌，又重新出現在政壇上，變成白黨（Whites）與黑黨（Blacks）之爭。身為政務官之一，但丁發揮影響力，降低了派系之爭，將敵對的領導者逐除了佛羅倫斯，其中包括了他妻子的族人，黑黨可索・多納提（Corso Donati），及白黨中的詩人圭多・卡波康提（Guido Cavalcanti），那也是他的「第一個朋友」。儘管但丁與白黨領袖反對教皇干政，教皇波尼斐斯八世（Boniface VIII）還是在一三〇一年邀請了維洛斯的查爾斯（Charles of Valois），法王菲利浦的兄弟，來到佛羅倫斯將兩個不同的派系壓制下去。事實上，他卻幫助黑黨掌握權力，六百多名白黨的人被放逐。一三〇二年，但丁與其他四個白黨的同志被指控腐敗貪污，要在三天之內付出五千硬幣的罰款，否則就要失去他的產業，放逐兩年，而且被褫奪公權，永遠不能再擔任公職。三個月後，因為他拒繳罰金，但丁被放逐了，並且聲明如果他敢靠近這個共和國的領土就要將他活活燒死。

「在羅馬最美麗又出名的女兒，佛羅倫斯市做了快樂的市民之後，她卻把我從她甜美的酥胸中放逐了。」但丁在《饗宴》（*Convivio*）中寫到他的放逐，「幾乎所有和我們說同樣語言的地方我都去過，非我所願地顯示我命運的傷痕。」有記錄顯示但丁參加過在聖戈丹左（San Godenzo）的一個會議，被放逐的白黨與吉伯林斯派在那裡結盟，但是他似乎並沒有參與這兩股勢力在一三〇四年，於拉斯塔展開的戰役。或許他已經將自己與那些同樣被放逐的「邪惡又愚蠢的同伴」區分開來了。「他自成一黨」，而且在威洛納的迪拉斯嘉里找到他的「第一個避難所與公寓」。接下來的幾年，他大約到過波隆那，又去了巴都，據說喬托（Gioto）曾經在這裡招待過他。一三○六年底，他在朗吉阿尼接受馬拉撒皮斯人（Malaspinas）的招待，並擔任他們的大使，與路尼的主教（Bishop of Luni）締結和平。過了一段時間，他到巴黎訪問，並進入當地的大學做研究。

但丁在被放逐的初期，曾經做過一些研究，使他除了詩人以外，也贏得哲學家與神學家的美譽。《饗宴》一書可能寫於一三○五年到一三○八年間，他在書中說明自從碧雅翠絲死了之後，他怎麼開始讀西塞羅的《同盟》（*De Amicitia*）及波西亞斯（Boethius）的《改革哲學》（*Consolatio Philosophiae*），這些書喚醒了他對哲學的喜愛。為了要歌誦這一點，他開始寫《饗宴》。他用詩與長篇敘述的散文，想要讓這本書成為一種世界知識的寶藏。在這同時，他寫了《論本土語言》（*De Vulgari Eloquentia*），這是本拉丁文的著作，他為了將義大利文當作文學的語言而作辯護。

一三○八年，盧森堡的亨利國王被選為神聖羅馬帝國的皇帝，激起了但丁政治上的希望。一三一○年，亨利大帝帶領著軍隊進入義大利時，但丁擔任了傳遞國書的使者，對義大利的君主與人民宣告亨利大帝駕臨的消息。在米蘭，他個人讚揚亨利是至高無上的主宰。而佛羅倫斯與拿波里的羅伯特國王結盟，準備抗拒這個新帝王。但丁第二次擔任使者，斥責他們的頑固，並預言他們的毀滅。在第三次的傳書中，他責怪新帝王的遲緩，催促他趕快來對付佛羅倫斯。大約在這個時期，他寫了《論世界帝國》（*De Monarchia*），鼓吹帝王制度是維持當代秩序的唯一主宰。經歷了一年多毫無作用的戰爭之後，亨利大帝在一三一三年去世了，終於打消了但丁及同黨的政治抱負。佛羅倫斯市在一三一一年及一三一五年兩度重新為他定罪。

亨利大帝去世之後，但丁的餘生在倫巴底、塔斯卡尼及羅馬的幾個君主保護下度過了。依照傳統，他退隱到阿賓尼里斯（Appenines）的聖克斯德迪聖水修道院（Santa Croce di Fonte Avellana），開始寫作《神曲》——這本書的寫作可能最早在一二九九年就計畫了。某段時間他大約在為康葛蘭迪德拉史卡拉郡主工作，因為他將《神曲》的第三部《天堂》（*Paradiso*）獻給了這個人。一三一五年，佛羅倫斯全面特赦放逐犯。但丁拒絕付罰款，「當祭品」，覺得這樣返鄉有損他的名譽與聲望。到他生命終了之前，他似乎一直希望有一天能藉由《神曲》而讓這個城市向他敞開大門。

這位詩人生命中的最後幾年是在拉文納（Ravenna）度過的。他受到貴族圭多狄波蘭塔（Guido da Polenta）的贊助，這人是法蘭西絲卡・狄拉米妮（Framcesca da Rimini）的外甥。但丁的女兒碧雅翠絲在這個城中當修女，他的一個兒子在那兒當牧師，而他的妻子在他被放逐的這些年來似乎一直都住在佛羅倫斯。但丁在拉文納很受敬重，有一群志同道合的朋友。在那裡他完成了《神曲》，並用拉丁文寫了兩首田園詩，對他生命最後一段時光的生活透露出一種滿足的感覺。一三二一年他代表贊助人到威尼斯去了一趟外交任務，在返回途中患上熱病，而於九月十四日去世。他以「詩人及偉大哲學家的習俗」，極盡尊榮地葬在拉文納的大教堂正門前。

現在花十分鐘瀏覽下面系統化的目錄。這份目錄使用的是查爾斯・艾略特・諾頓（Charles Eliot Norton）的翻譯。其他的譯者所譯出來的目錄當然會略有不同。

# 《神曲》目錄

## 地獄卷

第　一　篇：但丁在森林中迷路了，來到一座山腳下，他開始往上攀爬。他被三頭猛獸擋住。他退了回去，碰到維吉爾（Virgil），他提議要引導但丁進入不朽的世界。

第　二　篇：但丁懷疑著自己的能力，一開始很遲疑。維吉爾鼓勵他，告訴他是碧雅翠絲在天堂派他來幫助但丁的，但丁拋掉恐懼，兩位詩人開始前進。

第　三　篇：地獄之門。維吉爾帶但丁進入。這裡懲罰一些活著時候沒有善行也沒有惡行的人。冥界的阿凱隆特。罪人在岸邊。擺渡亡靈的船夫卡隆。地震。但丁昏厥。

第　四　篇：冥河的對岸。維吉爾帶引但丁進入地獄的邊境，這是地獄的第一層，這裡住著一些活著時遵守道德，卻沒有信仰基督的人。維吉爾受到一群詩人的歡迎。他們進入一個城堡，那裡住了一些古代知名人物的鬼魂。見了這些人之後，維吉爾與但丁又啟程了。

第　五　篇：地獄的第二層，住著色欲的罪人。但丁遇到米諾斯。出現了一些古代知名的鬼魂。法蘭切絲卡・達里米妮。

第　六　篇：地獄的第三層，住著貪吃的人。碰到冥府的看門狗。與但丁同一時代，貪婪的人恰科變成一頭豬。

第　七　篇：地獄的第四層，住著貪得無厭的人與揮霍的浪蕩子。冥王。幸運女神。斯提克斯沼澤。地獄的第五層，憤怒之地。

第　八　篇：地獄的第五層。弗列居阿斯與他的船。來自斯提克斯沼澤的旅客。憤怒的富人腓力普•爾詹提。惡魔狄斯之城。惡魔拒絕讓兩個詩人進城。

第　九　篇：狄斯城。女巫艾瑞邱。三個復仇女神。天堂使者。地獄第六層，住著異教徒的罪人。

第　十　篇：地獄第六層。見到法里納塔•德利•烏貝爾帝，他是支持吉伯林斯黨的。另外還有詩人圭多•卡波康提之父，卡波康帖•卡波康提。腓德烈二世。

第十一篇：地獄第六層。教皇阿納斯塔修斯的墳墓。維吉爾談論低層地獄的劃分法。

第十二篇：地獄第七層，暴力之城。第一環是對人施暴的人。見到米諾陀，半人半馬的怪獸、奇隆、涅索斯。罪人沉浮在熱氣沸騰的血河中。

第十三篇：地獄第七層，第二環：住著對自己及身邊物品施暴的人。自殺者的森林。許多鳥身女妖。皮埃爾•德拉•維涅亞。任人宰割的西納富人蘭諾及其他人。

第十四篇：地獄第七層，第三環：對上帝施暴的人。火雨紛飛的沙地。被雷打死的驕傲的卡帕紐斯。克里特島的地獄之河。

第十五篇：地獄第七層，第三環：對自然施暴的人。布魯內托•拉丁尼。預言但丁的不幸。

第十六篇：地獄第七層，第三環：對自然施暴的人。格爾夫斯黨的圭多•格瓦、特基阿育•俄多布蘭地、齊可波•瑞斯提古奇都在其中。火之河發出怒吼，上下翻騰。繩索扔進深谷。

第十七篇：地獄第七層，第三環：對藝術施暴的人。怪獸格呂翁。放高利貸的人。下降到第八層地獄。

第十八篇：地獄第八層，騙子之城。第一囊：淫媒與誘姦者。波隆納的格爾夫斯黨，維內地科・卡恰內米科、尋找金羊毛的伊阿宋都在此地。第二囊：虛假奉承的人，白黨的阿納西歐・因特米里、妓女泰絲都在此地。

第十九篇：地獄第八層，第三囊：買賣聖職的人。教皇尼可拉斯三世。

第二十篇：地獄第八層，第四囊：占卜者、預言者、魔術家。希臘預言家安菲亞諾斯。泰雷希阿斯。曼托。尤瑞波勒斯。另外還有佛羅倫斯市的預言者亞倫斯。蘇格蘭的預言者麥可史考特。製鞋者及天文家亞斯坦提。

第二十一篇：地獄第八層，第五囊：貪官污吏。路西亞的行政官在此。遇見鬼爪怪獸馬拉布蘭卡。與他們談判。

第二十二篇：地獄第八層，第五囊：貪官污吏。法國納瓦爾的康波羅。修道士法・戈明塔。西西里人密歇爾・展區。怪獸馬拉布蘭卡在爭吵。

第二十三篇：地獄第八層，從第五囊逃出。第六囊：偽善者披著外面鍍金的鉛斗篷。兩個享樂修士。大主教開亞伐斯及他的岳父安納斯。又遇見兩個修士之一的法提・康提蘭諾。

第二十四篇：地獄第八層，詩人從第六囊爬出。第七囊：布滿狡猾的蛇，那是盜賊被折磨成的蛇。維尼・富奇在其中。又有預言說但丁將有大難臨頭。

第二十五篇：地獄第八層，第七囊：詐欺的盜賊。卡西斯、安吉羅・伯尼納西斯及其他人。

第二十六篇：地獄第八層，第八囊：陰謀獻計者。尤利西斯及狄奧墨德斯。

第二十七篇：地獄第八層，第八囊：陰謀獻計者。圭多・達・蒙泰菲爾特羅。

第二十八篇：地獄第八層，第九囊：傳播紛爭與分歧的人。穆罕默德與阿里。法・多西諾。皮耶・狄米德西納。克瑞諾。莫斯卡。貝爾特朗・德・鮑恩。

第二十九篇：地獄第八層，第九囊：吉里・德爾・貝諾。第十囊：各種偽造者。煉金術士。阿雷左人。卡普吉諾。

第三十篇：地獄第八層，第十囊：假扮他人者、偽造貨幣者、說假話者。麥斯亞。吉安尼・史奇邱。馬斯特・亞當。特洛伊戰爭中的塞能。

第三十一篇：地獄第八層，三個巨人，尼姆拉、亞西艾爾斯、安提亞斯將詩人拉回了第九囊。

第三十二篇：地獄第九層：背叛者。第一環：該隱環。蒙格納伯爵。那麥西亞諾・狄披撒。第二環：安特諾爾環。波卡・狄吉爾阿貝塔。波索・狄杜耶拉。烏戈尼諾伯爵。

第三十三篇：地獄第九層，第二環：安特諾爾環。烏戈尼諾伯爵。第三環：托勒密環。亞伯戈修士。巴瑞尼西亞・狄歐雷阿。

第三十四篇：地獄第九層，第四環：猶大環。盧奇菲羅。猶大。布魯吐斯與卡修斯。宇宙的中心。走過了地獄。升到南半球的表面。

## 煉獄卷

第一篇：新主題。向繆斯求助。在煉獄的東方岸邊，天剛破曉。四顆星升起。煉獄的看守者卡托。

但丁洗盡因為地獄而染上的一臉污垢。

第二篇：日出，詩人在岸邊。他搭上一艘船。天使在前領路，帶領一些靈魂進入煉獄。他們著陸。佛羅倫斯的音樂家卡塞拉與他的歌。卡托訓斥靈魂趕快上山。

第三篇：煉獄外圍。因為對抗教堂而死的靈魂。西西里人孟非德。

第四篇：煉獄外圍。爬升到山壁的岩石上。漫不經心延遲到生命最後一小時才懺悔的人。貝拉夸出現。

第五篇：煉獄外圍。拖延懺悔，因為橫死而臨終懺悔的靈魂。雅科波・德爾・卡塞羅。達孔特・達・蒙泰菲爾特羅。皮婭。

第六篇：煉獄外圍。更多不肯懺悔，因為橫死才懺悔的靈魂。祈禱的功效。詩人索瑞多羅。對義大利的哀嘆。

第七篇：維吉爾讓他知道索瑞多羅是誰。索瑞多羅帶詩人去見山谷裡的君主，他們疏於拯救百姓而下煉獄。他指出他們的名字。

第八篇：君主之谷。兩個守護天使。因忙於塵事而臨終才懺悔的法官尼洛・維斯康提。巨蛇出現。科瑞多・馬拉斯披納。

第九篇：但丁的睡眠與夢。老鷹。聖路西亞。煉獄之門。守門天使在但丁的前額寫上七死罪。但丁進入了第一崖。

第十篇：煉獄的規矩。第一崖：驕傲。岩石上許多謙卑的範例。

第十一篇：第一崖：驕傲。祈禱者。歐巴托・阿多班德撒奇。奧德里西・達・古比奧。普羅文札諾・薩爾瓦尼。

第十二篇：第一崖：驕傲。地面上刻有犯驕傲罪者受懲罰的事例。遇到一位天使，塗掉了一個死罪。升到第二崖。

第十三篇：第二崖：忌妒。愛的例子。簡陋的粗布所覆蓋的身影，以及被鐵絲穿透縫緊的眼睛。西雅拉的女貴族莎披亞。

第十四篇：第二崖：忌妒。圭多德爾・杜卡。里尼耶里・達・卡爾博利。忌妒被懲罰的例子。

第十五篇：第二崖：忌妒。一位天使擦去但丁頭上的第二項死罪。有關分享仁愛的討論。升到第三崖：易怒。看到自制力的例子。

第十六篇：第三崖：易怒。馬可・倫巴多討論到自由意志與世界的腐化。

第十七篇：第三崖：易怒。煙霧造成的問題。看到天使懲罰憤怒的例子。升到第四崖，怠惰的罪過。在煉獄的第二個黃昏。維吉爾解釋愛如何成為善與惡的根源。

第十八篇：第四崖：怠惰。與維吉爾討論愛與自由意志。許多靈魂急著去贖罪。熱忱的例子。聖左羅修道院長。懲罰怠惰的例子。但丁睡著了。

第十九篇：第四崖。但丁夢到海妖。過去的天使。升到第五崖：貪婪。教皇安德安五世。

第二十篇：第五崖：貪婪。一個靈魂讚美貧困與慷慨的例子。烏哥・卡培托討論他的子孫。懲罰貪婪的例子。山的震動。

第二十一篇：第五崖：詩人史塔提烏斯的影子。山的震動的原因。史塔提烏斯稱讚維吉爾。

第二十二篇：升到第六崖。史塔提烏斯與維吉爾的談論。進入第六崖：貪食。神秘的樹。一些對膳食自制的例子。

第二十三篇：第六崖：貪食。佛雷塞・多納蒂。奈拉。對佛羅倫斯女人們的指責。

第二十四篇：第六崖：貪食。佛雷塞・多納蒂。披卡達。陸西加的波納鐘塔。教皇馬汀四世。波尼法丘。馬爾凱塞爵爺。波納鐘塔關於「珍圖卡」的預言，佛瑞塞關於可索・多納提的預言。第二棵神秘樹。懲罰貪食的例子。節制天使。

第二十五篇：升到第七崖：與史塔提烏斯談論靈魂入一個身體，人死後靈魂的作用。第七崖：貪色。淨化欲望的模式。貞潔的例子。

第二十六篇：第七崖：貪色。罪人在火中，彼此走不同的方向。懲罰貪色的例子。圭多・圭尼采里。阿那爾多・丹尼埃洛。

第二十七篇：第七崖：貪色。走過火牆。岩石中的階梯。夜色攀上了石階。但丁在做夢。早晨。升到伊甸園。維吉爾最後的話。

第二十八篇：伊甸園。森林。一位貴婦人在溪邊採花。與她談論對自然的關懷。

第二十九篇：伊甸園。神秘的隊伍。凱旋車與獅鷹獸。

第三十篇：伊甸園。碧雅翠絲出現了。維吉爾離去。碧雅翠絲責備但丁。

第三十一篇：伊甸園。碧雅翠絲的指責與但丁的懺悔。渡過勒特河。稱頌碧雅翠絲的美德。她顯露真容。

第三十二篇：伊甸園。凱旋隊伍的歸來。凱旋車綁在神秘樹上。但丁入睡。他醒來時發現凱旋隊伍出發。凱旋車的轉變。妓女與巨人。

第三十三篇：伊甸園。碧雅翠絲預言某人將使帝國復興。她與但丁的談話。渡過歐諾埃河。但丁喝了河水，得升天堂。

## 天堂卷

第　一　篇：序詩。祈願。碧雅翠絲與但丁轉變了身形，穿越火焰帶，朝月球前進。碧雅翠絲解釋他們飛升的原因。

第　二　篇：詩。升到月球天。月球上會有污點的原因。天堂的影響。

第　三　篇：月球天。破壞了誓約的靈魂居住在此。皮卡爾達•多納蒂。康斯坦絲女王。

第　四　篇：但丁疑惑天堂的正義與永恆的幸福，碧雅翠絲為他解答。但丁提出疑問，未償的誓願，是否還可以修補回來？

第　五　篇：誓願是神聖的，要立下誓願或改變誓願都是嚴重的事。飛升到水星天。見到朱斯蒂尼亞諾的影子。

第　六　篇：朱斯蒂尼亞諾說出他一生的故事。關於羅馬鷹的故事。住在水星上的靈魂。普羅旺斯伯爵的寵臣羅蜜歐出現了。

第　七　篇：碧雅翠絲的談論。人類的墮落。救贖的計畫。

第　八　篇：飛升到金星天。愛人的靈魂。查爾斯・馬爾泰洛王子談論終有一死的事物之間的秩序與多變化。

第　九　篇：金星。但丁與庫妮札・達・羅馬諾、馬塞的佛爾凱托的談話。妓女喇合。教廷的貪婪。

第　十　篇：升到日球天。學識淵博的靈魂在學習神學。聖・托馬斯・阿奎那在眾人中認出但丁。

第十一篇：貪婪帶來的世界性災難。聖・托馬斯替但丁解決了兩個疑惑。他說出聖方濟的故事。

第十二篇：第二圈學識淵博的宗教人物的靈魂：包括老師與教堂的醫生。聖伯納文圖拉講聖多明尼俄的故事，並叫出身邊的人的名字。

第十三篇：聖・托馬斯・阿奎那再度開口，他比較所羅門王、亞當與耶穌的智慧，並說出世人判斷的虛浮。

第十四篇：碧雅翠絲在祈禱時，所羅門王說出在最後的審判之後，享天福的光芒。升到火星天。基督在一個十字架裡光芒四射。靈魂唱著頌歌。

第十五篇：但丁的祖先卡恰貴達來迎接他。卡恰貴達告訴他家族的故事，及佛羅倫斯過去的單純生活。

第十六篇：家族血統的頌揚。卡恰貴達繼續談到佛羅倫斯的新與舊。

第十七篇：但丁向卡恰貴達問到他的未來。卡恰貴達的回答預言了但丁被放逐，他的詩名顯天下。

第十八篇：火星的十字架靈魂。升到木星天。不同星球的靈魂所說出的話有不同的光澤。譴責教皇的貪婪。

第十九篇：老鷹的聲音，談到上帝的正義、得救之說，以及一些國王的罪惡。

第二十篇：正義之歌。在老鷹眼中，喜愛正義的那些君主。有些靈魂，曾經是異教徒，現在受到了祝福。信仰與救贖。天命。

第二十一篇：升到土星天。這些靈魂讓自己虔誠地冥想。金梯。聖彼特羅・達米亞尼。天命。現代高級教士的奢侈。一個靈魂驚叫著警告但丁。

第二十二篇：碧雅翠絲安慰但丁。聖本篤出現。他說出他如何組織起信徒，又如何分崩離析。碧雅翠絲與但丁飛升到恆星天。雙子星座出現。看到地球。

第二十三篇：基督的勝利。

第二十四篇：聖彼得檢驗但丁的信仰，對他的回答很滿意。

第二十五篇：聖雅各檢驗但丁的希望。聖約翰出現了，閃亮的光芒讓但丁的雙眼一時看不見東西。

第二十六篇：聖約翰檢驗但丁的愛。但丁的雙眼又恢復了視力。亞當出現，回答但丁所提出來關於他的問題。

第二十七篇：聖彼得斥責他的後繼者的墮落。但丁遙望地球。但丁與碧雅翠絲登上原動天。原動天的本質。碧雅翠絲指責凡人的貪求。

第二十八篇：天使的等級。

第二十九篇：碧雅翠絲談到天使的產生與特質。她譴責傳教士的傲慢與愚蠢。

第三十篇：飛升到淨火天。光之河。天國的玫瑰。亨利七世的座位。碧雅翠絲最後的話。

第三十一篇：天堂的玫瑰。聖貝納爾多。向碧雅翠絲的感謝。聖母瑪麗亞的榮耀。

第三十二篇：聖貝納爾多解釋天國玫瑰中的秩序安排，並指出了許多聖者。天國中的孩童。天使的節慶。天國中的貴族。

第三十三篇：向聖母瑪麗亞祈禱。喜悅的景象。最終的救贖。

**測驗三：但丁《神曲》的第一組問題**

(1) 但丁將他的作品分成 (a) 三 (b) 四 (c) 六個主要部分。

(2) 主要部分的名稱為 (a) 地球、月亮、天堂、天使圈 (b) 地獄、煉獄、天堂 (c) 似地獄、似煉獄、似天堂。

(3) 主要部分的段落是用什麼做區分的 (a) 篇（Canto） (b) 章（Chapter） (c) 節（Section）。

(4) 每個主要部分區分出來的段落數目是 (a) 大致相同 (b) 33或34 (c) 從23到44。

(5) 整本書的段落總和為 (a) 99 (b) 100 (a) 101。

(6) 在地獄中進入的主要區域稱作 (a) 層（circle） (b) 崖 (c) 囊（pouch）。

(7) 在煉獄中進入的主要區域稱作 (a) 層 (b) 崖 (c) 囊。

(8) 天堂的主要區域是用什麼來劃分的 (a) 依據美德與惡行 (b) 依據天使的等級 (c) 依據太陽系的行星秩序。

(9) 在地獄，前進時是 (a) 往下走 (b) 往上走。在煉獄中，前進時是 (a) 往下走 (b) 往上走。

(10)但丁創造的伊甸園是在 (a)在煉獄這一部中 (b)在天堂這一部中。

——答案請見本書第四二八頁「測驗三」答案欄。

現在你已經瀏覽完《神曲》的目錄了，也回答了第一部分的問題，再花二十分鐘將目錄再看一遍。

**測驗四：但丁《神曲》的第二組問題**

(1)但丁在地獄中是由誰來引導的 (a)碧雅翠絲 (b)維吉爾 (c)路絲佛。

(2)維吉爾被誰派來幫助但丁 (a)碧雅翠絲 (b)上帝 (c)聖伯納德。

(3)但丁主要關心的是 (a)人死後的生活 (b)人活著的時候 著什麼樣的生活。

(4)《神曲》是 (a)基本上是喜劇的詩 (b)處理道德神學的一種詩意的態度 (c)一個全宇宙的想像架構。

(5)這首詩主要的思想體系與教誨來自 (a)人道主義 (b)希臘與拉丁文化 (c)基督教。

(6)在煉獄卷的第四崖，怠惰要受到懲罰。在離開這一崖之前，但丁睡著了，是否有特殊的意義？(是或否)

(7)在地獄卷的三十四篇，但丁與維吉爾抵達了宇宙的中心，為什麼？

(8)在煉獄卷的第九篇，但丁的前額被寫上了七死罪。他每爬升一崖，就會被擦掉一個死罪。這些死罪有什麼特殊的意義？

(9) 維吉爾陪但丁到達伊甸園（煉獄的第二十八到三十三篇），卻在三十篇時與他分開了，沒有跟他進入天堂，為什麼？

(10) 天堂卷的十一及十二篇，聖・托馬斯・阿奎那說聖方濟的故事，聖伯納文圖拉說聖多明尼俄的故事，這些有什麼特殊的意義？

最後的五個問題，與但丁的《神曲》所象徵的意義有很大的關係。只讀這個目錄，可能很難甚至無法回答這些問題。如果只是這個原因，我們在後面有詳盡的回答。我們會提這些問題有兩個理由。第一，我們並不確定由目錄中是否能回答這些問題。其次，這些問題是用來傳達但丁作品中的主要特質：徹底的象徵手法。幾乎但丁所有的說明，他所形容的每一個人，至少都有兩種意義，甚至三或四種。我們想光是讀目錄就可以相當清楚了，雖然其中並沒有包括太多的細節。因此不論你以前讀沒讀 但丁，試著不用其他幫助就來回答第六到第十個問題，應該是很有意思的事。換句話說，就算你用猜的，也要看看你猜得有多準。

——答案請見本書第四二九頁「測驗四」答案欄。

接下來達爾文的傳記及他的《物種起源》目錄都取材自《西方世界的經典名著》第四十九冊。這一冊除了《物種起源》之外，還包括了《人類始祖》，達爾文用他在《物種起源》中闡述的一般理論，說明人類進化的過程。

跟讀但丁一樣，很快地讀過達爾文的傳記——五、六分鐘——然後瀏覽《物種起源》的目錄，時間不要超過十分鐘。

## 達爾文（Charles Darwin, 1809-1882）

達爾文寫了他謙虛的自傳。他在自傳裡就自己為什麼會有一個「科學人的成就」而分析原因的時候，他說是「因為那可能會讓我的孩子感興趣」而寫的。追溯他早年的記憶，不論他看到什麼，他都會「有很強的好奇心想要去了解與解釋」。他的童年過得精彩，盡情發現自然的歷史。他對同學吹噓說，只要向花朵澆一些不同色彩的液體，同一棵花就會開出不同顏色的花朵。

他的父親，一位非常成功的內科醫生，對於二兒子奇怪的興趣有點困惑，而且也擔心他在巴特爾博士的學校裡成績平平，便決定送他到愛丁堡去學醫。在愛丁堡，達爾文在池塘中收集動物，與紐海文的漁夫一起撈蚵蠣，以取得標本。他把自己兩個小發現寫成了文章，在菲尼納學會（Plinian Society）中報告出來。他並沒有真正的很努力學醫。

無意之中，達爾文博士建議兒子參加一個傳教士的旅程，當作是改變一下環境。鄉間傳教的生活讓年輕的達爾文覺得很有趣，也打消了他對「教堂的教條」的疑慮，之後，他開始在劍橋展開了新生活。然而，他發現無法壓抑自己對科學的興趣，而且慢慢變成了一個熱心的昆蟲學家，尤其喜歡收藏甲蟲，他很高興看到自己收集的珍貴標本刊登在史帝芬的《英國昆蟲圖鑑》（*Illustrations of British Insects*）中。跟在愛丁堡一樣，他很熱心參與許多科學家很有啟發性的活動。後來劍橋一位植物學教授韓斯洛（J. S. Henslow）安排他以博物學家身分加入政府的艦隊「小獵犬號」。

從一八三一年到一八三六年，「小獵犬號」航行在南半球的海域。萊爾（Lyell）研究自然演進的改變而寫成的《地質學的原理》（*Principles of Geology*），給了達爾文一個方向，讓他在觀察偉爾德角群島的地質架構時，有了一些概念。他還對珊瑚礁做了廣泛的研究，注意到大陸與離島之間的生物的關係，也注意到同一種類活著的生物與化石之間的關係。

達爾文形容「小獵犬號」的航行是「至今我一生中最重要的一件事」。除了讓他成為當代首屈一指的博物學家外，還讓他養成「活力充沛的勤奮與專心一致的態度」。在他遠航歸來，達爾文博士第一次見到他時，立刻注意到兒子充滿了意志。這位父親寫道：「奇怪！他的頭型完全改變了！」

達爾文回來之後，便開始在倫敦將他的觀察做整理與記錄。他變成萊爾親近的朋友，萊爾是英國地質學界的領導人物。後來又成為非常出色的植物學家胡克（Hooker）的好友。一八三九年，他娶了表妹艾瑪・威吉伍德。到了一八四二年底，因為達爾文的慢性病，他們搬到唐恩，餘生都在與世隔離中度過。在倫敦的六年當中，他將旅行時的筆記整理出來，出版了一本仔細的研究報告《珊瑚礁脈》（*Coral Reefs*）。

接下來的八年，他把時間花在費力地分類整理甲殼動物，那是他針對自己所記錄的四大冊資料做的研究。「我真的被嚇到了。」他寫給胡克說，「每一個種類都有一些不同的細微變化。」經過這一段針對單一物種的細節研究之後，達爾文準備好要開始修正有關物種的問題了，那是他深思熟慮了很多年的結論。

在「小獵犬號」的旅程中，達爾文看到的一些事情讓他覺得「唯一可能的解釋就是物種在慢慢地調整轉化的推測。」回到英國之後，他收集了所有能找到的資料，「深掘各種家養的動物與植物資料」。

但他很快地意識到雖然「那樣的收集是一個人成功的基石，但是這些收集要如何組織應用在活著的自然生物上，卻是持續不解的謎題。」後來有一天，當他閱讀馬爾薩斯的《人口論》的時候，突然想到，在為生存而掙扎的過程中，「物種有利的變異會保留下來，不利的部分會被摧毀。結果則會產生新的品種。這時我才終於有了一個可以據以工作的理論了。」

他跟胡克及萊爾確認他的理論之後，他們鼓勵他把這些發現寫出來公開發表。達爾文寫得字斟句酌，結果，在一八五八年的夏天，他的書才寫到一半的時候，收到由東印度麋鹿加群島的特蘭提，一個叫華勒斯（A. R. Wallace）的人寫來的一篇文章，其中的概念正好跟他不謀而合。達爾文將他的窘境告訴了胡克與萊爾，他寫道：「你們的話就像是預言成真——我該搶先行動的。」後來他們決定將他前一年所寫的一封信，加上這位華勒斯的文章，合作出版了一份報告：《關於物種變型、永遠變型與自然天擇的傾向》（*On the Tendency of Species to form Varieties and on the Perpetuation of Varieties and Species by Natural Means of Selection*）。

一年後，一八五九年十一月二十四日，《物種起源》問世了。第一版的一千二百五十本在出版當天就銷售一空。環繞著這本書展開了猛烈的論戰，最高層次拉到了牛津的英國學會（British Association），赫胥黎與偉伯佛斯主教展開口頭論戰。達爾文在回應嚴苛的敵手的挑戰之後，無法入睡，於是他接受了萊爾的建議，遠離戰火，以節省「時間與精力」。

然而，在他的工作上，他仍然集中於自己的主題。他將《物種起源》第一章有關物種的資料又延伸為一本書，《家養動物與植物的變異》（*Variation of Plants and Animals under Domestication*, 1868）。

在《人類遺傳與性選擇關係》（*The Descent of Man and Selection in Relation to Sex*, 1871）中，達爾文將《物種起源》論述進一步豐富起來，「將對人類與歷史的起源提供一些新的解釋」。另一本書《情感的表達》（*Expression of the Emotions*, 1872）則就進化的觀點很難解釋的一種現象，做了自然的解釋。他最後的作品則與植物的形狀、演變、受粉有關。

達爾文在唐恩的生活，完全是為了適應他的需要，以保持他的精力，直接支配所有的活動。因為他長期的病痛，他的妻子小心翼翼地「保護他避免任何的干擾」。大約四十年間，他都保持同樣的生活模式。他的一天時間被仔細地區隔出一塊塊運動、輕鬆的閱讀的時間，以便他能集中精力四個小時來投入他的工作。他的科學閱讀與實驗，被安排得極其精簡有效。基本上與他主要工作無關的智力活動，都成了他所謂的「萎縮」狀態，讓他覺得「失去了快樂」。這些非科學的閱讀對他來說，純粹只是為了放鬆自己，因此他認為「應該立法」禁止悲劇結尾的小說。

對於他的妻子與七個孩子，他的態度是異常的「熱情與愉悅」。他的兒子法蘭西斯很驚訝他能保持這樣的態度「跟我們這些沒有示範性的人種在一起」。他在一八八二年四月十九日去世時，他的家族希望他葬在唐恩，大眾卻覺得他應該葬在西敏寺大教堂，結果他就葬在艾塞克・牛頓爵士的旁邊。

## 《物種起源》的目錄⑦

緒　論

第　一　章：家養狀況下的變異。變異性的諸原因／習性和器官的使用和不使用的效果／相關變異／遺傳／家養變種的性狀／區別物種和變種的困難／家養變種起源於一個或一個以上的物種／家鴿的種類，它們的差異和起源／古代所依據的選擇原理及其效果／家養生的未知的起源／有計畫的選擇和無意識的選擇／人工選擇的有利條件。

第　二　章：自然狀況下的變異。變異性／個體差異／可疑的物種／分布廣的、分散大的和普遍的物種變異最多／各地大屬的物種比小屬的物種變異更頻繁／大屬裡許多物種，正如變種那樣，有很密切的、但不均等的相互關係，並且有受到限制的分布區域。

第　三　章：生存鬥爭。生存鬥爭和自然選擇的關係／當作廣義用的生存鬥爭這一名詞／按幾何比率的增加／歸化的動物和植物的迅速增加／抑制個體增加的性質／鬥爭的普遍性／氣候的影響／個體數目的保護／一切動物和植物在自然界裡的複雜關係／同種的個體間和變種間生存鬥爭最劇烈；同屬的物種間的鬥爭也往往劇烈／生物和生物的關係是一切關係中最重要的。

第　四　章：自然選擇；即最適者生存。自然選擇／它的力量和人工選擇力量的比較／它對於不重要性

⑦——譯註：以下目錄引用葉篤莊、周建人、方宗熙譯本／臺灣商務印書館。

狀的力量／它對於各年齡和雌雄兩性的力量／性選擇／論同體的個種間雜交的普遍性／對自然選擇的結果有利和不利的諸條件，即雜交、隔離、個體數目／緩慢的作用／自然選擇所引起的絕滅／性狀的分歧，與任何小地區生物的分歧的關聯以及與歸化的關聯／自然選擇，通過性狀的分歧和絕滅，對於一個共同祖先的後代的作用／一切生物分類的解釋／生物體制的進步／下等類型的保存／性狀的趨同／物種的無限繁生／提要。

第五章：變異的法則。改變了的外界條件的效果／與自然選擇相結合的使用和不使用；飛翔器官和視覺器官／氣候馴化／相關變異／生長的補償和節約／假相關／重複的、殘跡的及低等體制的構造易生變異／發育異常的部分易於高度變異；物種的性狀比屬的性狀更易變異；次級性徵易生變異／同屬的物種以類似的方式發生變異／長久亡失的性狀的重現／提要。

第六章：學說的難點。伴隨著變異的生物由來學說的難點／過渡變種的不存在或稀有／生活習性的過渡／同一物種中的分歧習性／具有與近似物種極其不同習性的物種／極端完善的器官／過渡的方式／難點的事例／自然界沒有飛躍／重要性小的器官／器官並不在一切情形下都是絕對完善的／自然選擇學說所包括的模式統一法則和生存條件法則。

第七章：對於自然選擇學說的種種異議。長壽／變異不一定同時發生／表面上沒有直接用處的變異／進步的發展／機能上不大重要的性狀最穩定／關於所想像的自然選擇無力說明有用構造的初期階段／干涉通過自然選擇獲得有用構造的原因／伴隨著機能變化的構造諸級／同綱成員的大不相同的器官由一個相同的根源發展而來／巨大而突然的變異之不可信的理由。

第八章：本能。本能可以與習性比較，但它們的起源不同／本能的級進／蚜蟲和蟻／本能是變異的／家養的本能，它們的起源／杜鵑、牛鳥、鴕鳥以及寄生蜂的自然本能／養奴隸的蟻／蜜蜂，它營造蜂房的本能／本能和構造的變化不必同時發生／自然選擇學說應用於本能的難點／中性的或不育的昆蟲／提要。

第九章：雜種性質。第一次雜交不育性和雜種不育性的區別／不育性具有種種不同的程度，它不是普遍的，近親交配對於它的影響，家養把它消除／支配雜種不育性的法則／不育性不是一種特別的稟賦，而是伴隨不受自然選擇累積作用的其他差異而起的／第一次雜交不育性和雜種不育性的原因／變化了的生活條件的效果和雜交的效果之間的平行現象／二型性和三型性／變種雜交的能育性及混種後代的能育性不是普遍的／除了能育性以外，雜種和混種的比較／提要。

第十章：論地質紀錄的不完全。今日中間變種的不存在／絕滅的中間變種的性質以及它們的數量／從剝蝕的速率和沉積的速率來推算時間的經過／從年代來估計時間的經過／古生物標本的貧乏／地質層的間斷／花崗岩地域的剝蝕／在任何一個地質層中中間變種的缺乏／物種群的突然出現／物種群在已知的最下化石層中的突然出現／生物可居住的地球的遠古時代。

第十一章：論生物在地質上的演替。新種慢慢地陸續出現／它們的變化的不同速率／物種一旦滅亡即不再出現／在出現和消滅上物種群所遵循的一般規律與單一物種相同／論絕滅／全世界生物類型同時發生變化／絕滅物種相互間以及絕滅物種與現存物種相互間的親緣／古代類型的發展狀況／同一區域內同一模式的演替／前章與本章提要。

第十二章：地理分布。今日的分布不能用物理條件的差別來解釋／障礙物的重要性／同一大陸上的生物的親緣／創造的中心／由於氣候的變化、土地高低的變化、以及偶然原因的散布方法／在冰期中的散布／南方北方的冰期交替。

第十三章：地理分布（續前）。淡水生物的分布／論海洋島上的生物／兩棲類和陸棲哺乳類的不存在／島嶼生物與最近大陸上生物的關係／從最近原產地移來的生物及其以後的變化／前章與本章提要。

第十四章：生物的相互親緣關係：形態學、胚胎學、殘跡器官。分類，群下有群／自然系統／分類中的規則和難點，依據伴隨著變異的生物由來學說來解釋／變種的分類／生物系統常用於分類／同功的或適應的性狀／一般的、複雜的、放射狀的親緣關係／絕滅把生物群分開並決定它們的界限／同綱中諸成員之間的形態學，同一個體各部分之間的形態學／胚胎學的法則，依據不在幼小年齡發生的、而在相應年齡遺傳的變異來解釋／殘跡器官；它們的起源的解釋／提要。

第十五章：複述和結論。對自然選擇學說的異議的複述／支持自然選擇學說的一般情況和特殊情況的複述／一般相信物種不變的原因／自然選擇學說可以引伸到什麼程度／自然選擇學說的採用對於博物學研究的影響／結束語。

## 測驗五：達爾文《物種起源》的問題

(1)達爾文在《物種起源》中主要描述的是人類的原始與進化？（是或否）
(2)這本書區分為 (a) 12 (a) 15 (a) 19 章。
(3)這本書強調在自然選擇中，家養的角色很重要？（是與否）
(4)達爾文堅持在同一種類之間的個體為生存掙扎，比起不同種類之間的個體為生存掙扎是 (a)更困難 (b)比較不困難。
(5)達爾文並沒有說明自己的困難，也沒有回答別人對他理論的反駁。（是或否）
(6)達爾文沒有完成《物種起源》這本書，所以本書缺乏對全書理論的總結與結論？（是或否）
(7)達爾文喜歡爭辯，爭論最後便成為他的作品。（是或否）
(8)在牛津那場有名的論點中，赫胥黎與偉伯佛斯主教，誰在為達爾文的理論做辯論？
(9)達爾文形容那是「一生中最重要的事件」，指的是 (a)他在閱讀馬爾薩斯的《人口論》 (b)年輕時研讀醫學 (c)「小獵犬號」之旅。
(10)達爾文認為應該「立法禁止」 (a)小說 (b)色情小說 (c)以科學家為主角的小說 (d)以悲劇結尾的小說。

——答案請見本書第四三〇頁「測驗五」答案欄。

這些問題都很簡單。現在再花二十分鐘重新瀏覽一次《物種起源》的目錄。然後我們要問一些比較困難的問題。

**測驗六：達爾文《物種起源》進一步的問題**

(1) 達爾文盡量採用地質記錄，他認為那些資料是　(a)完整又令人滿意的　(b)並不完整，但卻是物種源始的珍貴資料。

(2) 動植物的「種」（Species）比「屬」（genus）要　(a)低　(b)高。

(3) 分享相同的特質的同一物種，可以互相雜交，生育出同類的後代？（是或否）

(4) 有相同特質的同一屬的生物，並不必然能雜交，生育出相同的後代？（是或否）

(5) 以下的因素中，哪一個在自然選擇中占有重要角色，哪一個只扮演不重要的角色？

| | | |
|---|---|---|
| (a)生存競爭 | 重要 | 不重要 |
| (b)個體的變異 | 重要 | 不重要 |
| (c)遺傳的特徵 | 重要 | 不重要 |

(6) 達爾文比較自然選擇與人類的選擇。他認為哪一個比較偉大？

(7) 第六章「自然界沒有飛躍」（Natura non facit saltum）這句話，你能解釋意義嗎？你能說明這句話對達爾文的理論有何意義？

(8) 地理的分布與自然的障礙如海洋，對物種的進化有何特殊意義？

(9)在《物種起源》的引言中，達爾文談到物種的起源「曾被我們最偉大的哲學家之一稱為神秘而又神秘」你能清楚說明他的作品想要解決的是什麼問題嗎？你可以用一、兩句話來回答。

(10)達爾文的理論是什麼——簡要說明？你能用一百字的篇幅做說明嗎？

——答案請見本書第四三一頁「測驗六」答案欄。

你已經完成了第二層次閱讀中的兩部分測驗了。跟以前一樣，你可能也注意到了，這些問題不只是從你讀過的文章中出的，也是從歷史或其他資料中出的。事實上，你可能覺得有些問題非常不公平。如果真的是重要的判斷都得靠你自己的能力來下，那是不公平。不過當然並非如此。我們希望你不要為那些你不能回答，或是很難回答的問題而惱怒，相反地應該藉此對全書做進一步的研究，那裡的資料會比我們提供的資料更能回答這些問題。最好的答案就在書的本身。書還能回答更多更有趣的問題，或是我們沒有時間與空間或智慧提出的問題。

## 第三層次閱讀的練習與測驗：分析閱讀

這一部分的練習所使用的文章是這本書。我們情願不是用這本書做例子。有很多書更好也更成功，更可以拿來做分析閱讀之用。但是比起我們的情願，還有一個更重要的考慮：那就是只有這本書是所有參加測驗的人一定都讀過的書。唯一的變更方法是再印一本書，跟著這本書一起發行，不過這用不著談了。

你應該記得一個分析閱讀的讀者不論讀什麼書都要回答的四個問題：(1)整本書在談些什麼？(2)細

節是些什麼？如何說明的？(3)這本書講的有沒有道理？是整本都有？還是部分有？(4)這本書與我何干？本書第十一章結尾附近的分析閱讀十五個規則就是要幫助讀者回答這些問題。你能針對本書回答這些問題嗎？

你自己能判斷自己能不能回答這些問題。對這四個問題，我們在答案欄沒有附上解答。答案在書的本身。

不只是因為我們已經盡力在書中將這些聲明說清楚了，而且更重要的是，我們已經做得夠多了，如果現在還要替你回答這些問題就不太恰當了。這不只是因為分析閱讀是個工作，而且是個很孤獨的工作。讀者是一個人在閱讀一本書，基本上，除了他自己的思想外，沒有其他的幫助資源。除了他自己的頭腦外，他沒有辦法到別處去尋找洞察與理解。

我們已經解釋過為什麼一定要回答這些問題，以及這些規則如何運用在不同種類的書本上。但我們沒法說明這些規則如何運用在某一本書上，那是讀者本身要做的工作。

除此之外，還有些事要做說明，這些說明都還算合情合理，不會太過分。我們並沒有隱瞞說這是一本實用的書，所以應用結構分析的第一條規則應該是很簡單的事。我們認為我們也都把這整本書在談些什麼講得很明白了，現在你應該用比我們簡要許多的話說明一遍。我們希望我們之所以把本書分成四篇二十一章的道理，是很清楚的。然而，在你整理本書綱要的時候，應該針對本書不同閱讀層次的不平均頁數分配，發表一些看法。第一層次的閱讀——基礎閱讀——毫無疑問是很重要的，在本書中談得卻較少。為什麼？第三層次的閱讀——分析閱讀——比任何其他層次都占篇幅，解釋也更詳盡。還是同樣的問題，為什麼？

就結構分析的第四個規則而言，我們要強調的是，我們設定要解決的問題，並不能單純地定義為教別人如何閱讀。譬如說這本書中的建議，對小學一年級或二年級的老師來說就幫助不大。相對地，我們所關注的是某種特定的閱讀，有一定目標的閱讀。為了要能實際應用第四個閱讀規則，這些方法與目標必須說明得格外清楚。

分析閱讀的第二階段——詮釋閱讀——也是一樣的問題。在這個階段中，前三個規則必須要讀者自己去運用，不用我們的幫忙。那就是：要找出作者的關鍵詞義，找出主旨，架構出論述。現在要我們再把我們認為這本書的關鍵詞義列一個表是沒有意義的——如果這本書整體而言是要溝通知識或教導技能的話，我們雙方都必須共同了解那些重要詞義。我們也不會將主旨說出來，因為一個做分析閱讀的人可以用自己的話將主旨說明出來。我們更不會將論述再說一次，如果要這麼做，我們就得把書重寫一次了。

然而，我們還是可以談一下我們解決或未解決的問題。我們相信我們解決了一開始時面對的問題——也就是運用結構分析第四個規則時要認知的問題。我們相信我們並沒有解決今天所有學生或老師所面對的閱讀問題。每個人所面對的問題都各不相同。沒有任何一本一般性的主題書能解決所有這些問題。

你應該還記得，要評論一本傳達知識的書時，要用上七個規則，其中三個是一般的智慧禮節，另外四個是在做評論時需要的特殊條件。我們已經盡量說明有關智慧禮節的事了（在第十章中的討論），因此對這前三個規則我們不再多說。但是對後面的四個規則還有一些必要的提醒——也表示本書的某些分析還不夠完整。

我們要說的是，我們的分析或說明有兩個地方不夠完整。第一個和第一個閱讀層次有關。關於基礎閱讀確實還有很多要談的，但我們想要強調的是這並非我們的首要目標。我們也不會號稱我們在這個題目上所談的就是什麼定論——基礎閱讀也可以用許多十分不同的方式來討論。

另一個不夠完整的地方則更重要一些。關於主題閱讀，我們說的還不夠——甚至可能我們自己的話都還沒全部說完。原因有兩個。

第一，如果沒有不同作者的書籍擺在面前，要說明主題閱讀是非常困難的事。幸好，在附錄的最後一部分，我們有這個機會做有關主題閱讀的練習。不過我們也只能提供兩位作者的兩小段文字。完整的練習牽涉到許多書及作者，還有許多複雜的問題。有限的篇幅不容許我們這麼做。

其次，如果沒有共同分享過做主題閱讀的經驗，真的很難形容那種心智上的興奮與滿足，或是一個人終於達到目標的那種體會。要解開一個重要觀點糾纏討論的話題——很可能糾纏了幾百年——可能需要好幾個月或好幾年的時間。在你真正了解這個主題之前，要走很多冤枉路，要對各種討論做出許多很模糊的分析與架構。我們在這些問題上吃過很多苦頭，知道要做這樣的努力是多麼讓人灰心喪志的事。然而，我們也知道當我們終於解決一個問題時，那種愉快滿足的奇妙感覺。

還有其他我們沒有說明完整的地方嗎？我們還想到了幾個可能的地方。譬如，我們是否可能沒有將第一種企圖的讀者（閱讀一本書），與第二種企圖的讀者（閱讀一本書的導讀）做相當的區分。或者，相對於「經書」之類的作品，如何閱讀相反論點的書，我們談得夠了嗎？或者，就如何超越經書與異端，從一個疏離的立場來閱讀，我們談得夠了嗎？或者，對於一些特殊用詞，尤其科學或數學用詞所引發的問題，我們討論得夠了嗎？（這方面的一般問題在閱讀社會科學作品時談到了一些。）再或者，談閱讀抒情詩的篇幅也不夠多。除此之外，我們也不知道對這最後一部分會獲得什麼樣的評價。不過，如果說有什麼缺失是我們渾然不覺，而讀者你卻看得一清二楚，那也是毫不足為奇的。

## 第四層次閱讀的練習與測驗：主題閱讀

在附錄的最後一部分，要用上兩本書中的文章。其中一部分是由亞里斯多德的《政治學》第一冊前兩章中摘要出來的，其他則是從盧梭的《社約論》第一冊中摘要出來——其中有一些句子是從引言中摘出來，其他則是由第一、二、四、六章摘取的段落。

亞里斯多德的《政治學》出現在《西方世界的經典名著》第九冊。第八、九兩冊談的全是亞里斯多德的作品，除了《政治學》之外，第九冊中還包括了《倫理學》、《修辭學》（*Rhetoric*）與《詩學》，另外還包括了一些生物學的論述。盧梭的《社約論》出現在第三十八冊，其中也包括了盧梭其他的作品——《論不平等的起源》（*On the Origin of Inequality*）及《政治經濟論》（*On Political Economy*）——另外還有一本重要的十八世紀法國政治作品，孟德斯鳩的《論法的精神》（*The Spirit of Laws*）。

你該記得，主題閱讀有兩個步驟。其中一個是準備階段，另一個是恰當地進行主題。以這個練習來說，我們假定你已經完成了第一個步驟——也就是已經準備好要討論的主題是什麼，也決定要閱讀的是哪些文章了。在這裡，這個主題可以定義為「自然與原始的國家」——這是許許多多人思考過也討論過的問題。要讀的兩篇文章則如上面所述。

我們還要進一步假設，如果不是因為篇幅的限制，我們不得不將題目縮小，只能引用兩本書的文章，我們要討論的主題很可能應該陳述如下：國家是一種自然的安排，意含著所有的善意與需要——還是一種**約定俗成**或**人為的**安排？

這就是我們的問題。現在仔細讀這兩段文字，你需要多少時間就用多少時間。主題閱讀的速度並不重要。如果需要，就做些筆記，或劃線，將段落圈出來等等。在思考這些問題時，也可以不時地重新再讀一次。

## 亞里斯多德《政治學》第一卷⑧

第一章：我們看到，所有城邦都是某種共同體，所有共同體都是為著某種善而建立的（因為人的一切行為都是為著他們所認為的善），很顯然，既然所有共同體都在追求某種善，所有共同體中最高的並且包含了一切其他共同體的共同體，所追求的就一定是最高的善。那就是所謂的城邦或政治共同體。……

第二章：家庭是為了滿足人們日常生活需要自然形成的共同體，加隆達斯將家庭成員稱為「食櫥伴侶」，克里特的埃比門尼德則稱其為「食槽伴侶」。當多個家庭為著比生活必需品更多的東西而聯合起來時，村落便產生了。村落最自然的形式似乎是由一個家庭繁衍而來，其中包括孩子和孩子的孩子，所以有人說他們是同乳所哺。所以最早的城邦由君王治理，

⑧——譯註：以下節文引用顏一、秦典華譯本／知書房出版社。

其原因就在於此，現在有些未開化的民族仍然如此。……

當多個村落為了滿足生活需要，以及為了生活得美好結合成一個完全的共同體，大到足以自足或近於自足時，城邦就產生了。如果早期的共同體形式是自然的，那麼城邦也是自然的。因為這就是它們的目的，事物的本性就是目的；每一個事物是什麼，只有當完全生成時，我們才能說出它們每一個的本性，譬如人的、馬的以及家庭的本性。終極原因和目的是至善，自足便是目的和至善。

由此可見，城邦顯然是自然的產物，人天生是一種政治動物……

很顯然，和蜜蜂以及所有其他群居動物比較起來，人更是一種政治動物。自然，就像我們常說的那樣，不會作徒勞無益之事，人是唯一具有語言的動物。聲音可以表達苦樂，其他動物也有聲音（因為動物的本性就是感覺苦樂並相互表達苦樂），而語言則能表達利和弊以及諸如公正或不公正等；和其他動物比較起來，人的獨特之處就在於，他具有善與惡、公正與不公正以及諸如此類的感覺；家庭和城邦乃是這類生物共同體。

城邦在本性上先於家庭和個人。因為整體必然優先於部分；例如，如果整個身體被毀傷，那麼腳或手也就不復存在了，除非是在同音異義的意義上說，猶如我們說石頭手（因為軀體被毀傷則手足也同樣被毀傷），一切事物均從其功能與能力而得名，事物一旦不再具有自身特有的性質，我們就不能說它仍然是同一事物。除非是在同音異義的意義上說。城邦作為自然的產物，並且先於個人，其證據就在此，當個人被隔離開時他就不再是自足的；就像部分之於整體一樣。不能共同生活或因為自足而無此需要者，就不是城邦的一個部分，它要麼是隻野獸，要麼是個神。所有人天性之中就有趨於這種共同生活的本能，最先締造城邦的人乃是給人們最大恩澤的人。人若趨於完善就是最優良的動物，而一旦脫離了法律和公正就會變成最惡劣的動物。

我想就人性所然，法律所能，研究在國家秩序方面，究竟能否訂立些公正確定的政治原則。……

## 盧梭《社約論》第一編⑨

第一章：第一編的問題。人是生而自由的，但到處都受著束縛。好些人自以為是別人的主人，其實比起別人來，還是更大的奴隸。怎麼會變成這樣呢？我不知道。什麼能使之合法呢？這問題，我想我能回答。

第二章：原始的社會。最原始的社會，唯一自然的社會，便是家庭；但兒子依附父親，亦只限於需要他保護的時候。一旦不復有這需要，天然的結合便分解了。兒子不再要服從他們的父親，父親也不再要照料他的兒子；彼此便變為同等獨立的。如果他們仍然結合在一起，這結合也不復是出於天然的，而只是出於同意的；那時家庭本身的維持，全依賴契約。……

家庭可以說是政治社會的雛形：統治者相當於父親，人民相當於兒子；大家都是生而

⑨——譯註：以下節文引用顏一、秦典華譯本／知書房出版社。

自由平等的，只是為著自己的利益，才讓與自由。……

第四章：奴隸。既然人沒有支配他人的天然權力，既然強力不能產生權利，那麼契約便是人與人間合法權力的基礎了。……

第六章：社約（社會契約）。我認定人們曾達到這樣的地步：在自然狀態下，危及他們生存的阻力，比個人為維持生存而作的努力，還要厲害。這樣，這種原始的情況不能繼續存在；人們必須改變其生存的方式，否則便要危亡。

但因人們不能創生新的力，只能結合及引導原有的力，故他們除了結足以克制阻力的力，使受一原動力發動，而一致動作之外，再沒有別的自存的方法。

這種眾力之結合，要好些人合在一起才能辦到。但各人的力和自由既然是他自己求生存的唯一的工具，那他怎麼能把它們提供出來，同時又不致礙及他自己，不致忽略對他自己的關心呢？這種困難應用於我這論題上，可用下面的話來表明：「問題是在找出一種團結，能以社會的全力保護每個分子的生命財產，同時每個分子一方面與全體相結合，一方面仍然可以只服從他自己並仍然和從前一樣自由。」這是社會契約所給予解決的根本問題。……

如果我們刪去了那些不是社會契約要素的各點，我們便可知道社會契約可簡述如下：「我們每個人都把自身和一切權力交給公共，受公意（volontale/general will）之最高的指揮，我們對於每個分子都作為全體之不可分的部分看待。」

這種訂約的行為，立即把訂約的個體結成一種精神的集體。這集體是由所有到會的有發言權的分子組成的，並由是獲得統一性、共同性，及其生命，和意志。這種集體，古代稱為城市國家（cit ?city），現在稱為共和國（r ublique/republic）或政治社會（corps politique/body politic）。這種共和國或政治社會，又由它的分子加以種種的稱號：從其被動方面稱之為「國家」（at/state）；從其主動方面稱之為「主權」（souverain/sovereign）；和類似的團體比較時，又稱之為列強的「強」（puissance/power）。至於結合的分子，集合地說來，稱為「人民」（peuple/people），個別地說來，就參加主權言，稱為「公民」（citoyens/citizens），就受治於國家的法律言，稱為「國民」（sujets/subjects）。但這些名詞常相混雜、誤用。惟加以精確應用時，知道怎麼區別它們便夠了。

請你先根據上面兩篇文章回答兩組問題。

**測驗七：關於亞里斯多德與盧梭的第一組問題**

(1) 亞里斯多德定義出三種不同的人類組織，是哪三種？
(2) 這三種組織有相同之處，卻也有完全不同之處。他們相同的地方是什麼？不同的又是什麼？
(3) 這三種組織因為包含的成員不同而有所差別。你能由少到多，列出先後順序嗎？
(4) 這三種組織都在滿足某種自然的需求——也就是追求某種善。一個家庭追求的善——也就是保護成員的安全與子孫的繁衍——也是村落追求的，只是層次更高一些。那麼，一個城邦想要追求的善，是同樣的善只是層次更高一些呢，還是包容了各種不同的善？

(5)另一個想要區分其中差異的方法是提出另一個問題。對亞里斯多德來說，所有這三種組織都是自然形成的，那麼他們都是由同樣的方式自然形成的嗎？

(6)在進入盧梭的問題之前，我們必須要提出一個由亞里斯多德所提出的問題。亞里斯多德對第一個創造城邦的人十分稱頌，他對第一個創造家庭與村落的人，是否也用了相同的語調？

(7)盧梭談到國家的主要問題是什麼？

(8)盧梭認為家庭也有同樣的問題嗎？

(9)對盧梭而言，什麼與「自然」相對的？

(10)對盧梭而言，讓國家合法的基本協議是些什麼？

——答案請見本書第四三三頁「測驗七」答案欄。

在做完第一組題目之後，我們似乎得到一個看法：這兩位作者對我們所談的主題，意見並不一致。你應該記得，我們的問題是：國家是自然形成的，還是約定或人為的？盧梭似乎認為國家是約定或人為的，而亞里斯多德似乎認為是自然形成的。

現在花幾分鐘想一想這個看法正確與否。我們對亞里斯多德論點的解說是否有些疑點？盧梭所提出來的問題，有些我們還沒有討論過，這會不會讓我們懷疑這樣的解說是否正確？

如果你認為這樣的解說是不正確的，你可能已經知道我們接下來要問的是什麼問題了。

**測驗八：第二組問題**

(1)對盧梭而言，自然形成的國家，是否也是約定而成的國家？

(2)亞里斯多德會同意這一點嗎？

(3)亞里斯多德與盧梭基本上相同的論點，能做更進一步的引申嗎？

(4)在回答上一個問題時，我們談到一個國家追求的「善」，是如果沒有國家的本身就無法完成的目標。這個「善」對盧梭來說，也是像對亞里斯多德同樣的意義嗎？

(5)最後一個問題。我們就最重要的那個問題發現兩個作者相同的觀點，是否表示我們所節錄的這兩篇文章中（雖然短了一點），所有的觀點都意見一致？

——答案請見本書第四三四頁「測驗八」答案欄。

在這個測驗一開始的時候，我們就說過，只要細心讀過這兩篇重要的政治論文，就可以從中得出一些結論。其中之一是：基本上人是政治的動物——如果你想的話也可以用其他的形容詞來代替——這也是人與其他群居的動物不同之處。這也就是說，人是一種理性的社會動物，可以建立一個社會來服務他人，而不只是傳宗接代。從這一點來看，國家既是自然形成的，也是約定而成的——換句話說，比家庭的組成也算自然也算不自然。同時，國家必須要正式地共同結合（Constituted），否則其他形式的社會都不算真正的國家。其次，我們可以合理地得出一個結論：國家只是手段，並非目標。目標，是人類共同的善：一種美好的生活。因此人並非為國家而生，國家卻是為人而設立的。

對我們來說，這樣的結論很合理。我們也相信我們的回答是正確的。但是比感覺或相信更重要的是：真正做一次主題閱讀。我們提過，在這個層次的閱讀中，讀者自己從作者的文字中取得答案或結論永遠是最有意思的。我們在這裡沒法這樣做。你可以試著自己做做看。如果你對我們提供的任何答案有疑問，試試看能不能從亞里斯多德或盧梭中，找到我們提供答案的來源。如果你對任何一個答案或結論覺得有不同意見，試試看能不能由作者自己的文字中找到你需要的答案。

## 答案欄

### 測驗一（見第三七八頁）

(1)(c)。

(2)(b)。如果你選(a)與(d)，並非真的全錯。

(3)(a)與(b)。

(4)(b)。

(5)(c)。這一題說(b)不正確是否太老學究了？如果沒有(c)這個答案，情況是否又不同？

(6)(b)。

(7)(a)與(b)及(d)。文中已經提到邊沁對他的影響力了。

(8)(d)。

(9)(a)與(b)是會，(c)與(d)是不會。

(10)(a)、(b)及(d)。

### 測驗二（見第三八四頁）

(1)(c)。

(2)(c)。

(3) 否。
(4) (b)。
(5) (a)與(b)。
(6) (b)。
(7) (b)。如果第一個答案的說法是「蘋果是如何落下的？」而不是「蘋果為什麼掉下來」，選第一個答案可能是正確的。——雖然《自然哲學的數學原理》中並沒有提及蘋果。重點在這本書描述並說明了萬有引力的運作，卻並沒有說明為什麼會有萬有引力。
(8) (a)。
(9) (b)與(c)。
(10) 這份饒有興味的說明，吸引了好幾代的牛頓迷的興趣。要評論這段文字，你可能會談到牛頓的謙虛。你是否也注意到牛頓所引用的隱喻？這是值得記下的一段話。

**測驗三**（見第四〇一頁）

(1) (a)。
(2) (b)。但丁自己取的書名是(c)，所以如果你選(c)，我們也算你是對的。
(3) (a)。
(4) (a)與(b)。

(5) (b)。當然，這並非偶然，每一個主要的部分包括三十三篇，地獄卷的部分第一篇是全書的引言。

(6) (a)。只有第八層是再區分出「囊」的。

(7) (b)。選 (a) 也並非全錯。

(8) (c) 但 (b) 也對。在但丁的世界裡，天使的九個等級和九個星球是相呼應的。

(9) (a)、(b)。

(10) (a)。

## 測驗四（見第四〇二頁）

(1) (b)。

(2) (a)。碧雅翠絲為上帝所做的事，所以 (b) 也不算錯。

(3) (b)。

(4) (b) 與 (c)。但丁沒有讀過亞里斯多德的《詩學》，但他讀過綱要，知道亞里斯多德對喜劇的定義是結尾要幸福。但丁的詩終結在天堂，是一種幸福，所以他的詩原名為《喜劇》（*The Comedy*），但是當然這不是一部滑稽好笑的詩。

(5) (c)。這部詩三者的觀念都用上了，但以基督教的最重要。

(6) 是。但丁覺得怠惰是他主要的罪惡，在這裡他用入睡做比喻。

(7)在但丁的宇宙中，地球是宇宙的中心，地獄是地球的中心點。
(8)七死罪代表人類的七種罪惡，每免除一種罪惡時，在煉獄中就上升了一級。
(9)在這部詩中，維吉爾代表了所有人類的智慧與美德。但因為他是在基督出世以前就死了的非基督徒，所以不能陪著但丁上天堂。
(10)聖方濟教派與聖多明尼俄教派是中世紀最重要的兩個教派。前者是冥想派，後者是學者及老師。但丁要在天堂中為兩派的不同之處想出解決方案，因此他由聖托馬斯，聖多明尼俄教派的偉大代表，來講述聖方濟教派的創始者的生活。而聖方濟教派的代表人物，聖伯納文圖拉，來說明聖多明尼俄教派創始者聖多尼俄的生活。

測驗五（見第四一二頁）

(1)否。
(2)(b)。
(3)否。事實上，這個說法毫無意義。
(4)(a)。
(5)否。
(6)否。
(7)否。

(8) 赫胥黎為達爾文辯護。

(9) (c)。

(10) (d)。對達爾文迷來說，這是這個人最迷人之處。

**測驗六**（見第四一三頁）

(1) (b)。

(2) (a)。

(3) 是。事實上，這是對物種的一個很接近的定義。

(4) 是。只有當他們是同一種時，同一屬的成員才能雜交與產生同一類的後代。

(5) (a)、(b)與(c)在自然選擇中都占有重要的角色。

(6) 自然選擇。如果達爾文活在今天，看到人類對自然環境的破壞，他會不會改變自己的觀點？或許。但他可能還是會堅持，長期來說，自然比人類更有力量。而人是自然的一部分。

(7) 自然選擇並非跳躍前進的，意思是在自然中，並不會發生突然之間的巨大變異，而是慢慢的小型的變化。就算你原來不懂這句拉丁文，從目錄中是否也能看出其中的意義？這個想法很重要，因為達爾文相信這一點，而且用來解釋這是物種之間大不相同的主要原因。達爾文不是基於上帝創造不同物種之間差異的假設，而是由地質記錄（也就是所謂「失去的連結」）的假設來說明這一點，是很了不起的。

(8) 根據達爾文的說法，如果同一個物種的變異，經過一段相當長的時間分隔而無法彼此雜交，那麼其後代就會變成兩種完全不同的物種——也就是沒有能力再雜交。這是他在「小獵犬號」之旅中，觀察各個海島上完全不同的鳥類時，引發他第一次產生這個重要的觀點。

(9)可能有許多方法可以用來說明這個問題。有一個方法是提出兩個看來簡單的問題：第一，為什麼世上有這麼多種的生物，而不是只有一、兩種？其次，一個物種如何開始生存，又如何消滅——達爾文和他同代的人從地質學上的記錄看出這種情況發生過很多。這個問題值得我們花上時間仔細想一想，以了解這個問題為什麼如此困難又如此神秘——但的確值得想一想。

(10)我們並不確定只閱讀簡短的《物種起源》的目錄，就能恰當地回答這個問題。如果你能以一百字回答這個問題，而且沒有參考其他的書，表示你是一個成功的閱讀者。事實上，這個問題不容易做簡短的回答，就算我們讀過這本書仍然這麼覺得。你可以用第七章的理論來做總結。達爾文本人在他全書的緒論中有一小段話，可以當作是他自己對這個問題的答案。這段話值得我們全部摘錄下來：

每一物種所產生的個體，遠遠超過其可能生存的個體，因而便反覆引起生存鬥爭，於是任何生物所發生的變異，無論多麼微小，只要在複雜而時常變化的生活條件下以任何方式有利於自身，就會有較好的生存機會，這樣便被自然選擇了。根據強有力的遺傳原理，任何被選擇下來的變種都會有繁殖其變異了的新類型的傾向。

測驗七（見第四二三頁）

(1)家庭、村落、國家。⑩

(2)他們相同之處在都是人類社會的模式，都是自然形成的。亞里斯多德對後一個重點說得很清楚：「由此可見，城邦是自然的產物。」無論如何，區分出不同社會之間的差異性是很重要的。如果你還不清楚其間的差異性，也就是還不清楚亞里斯多德的描述，下面的問題能幫助你釐清真相。

(3)家庭是最小的範圍。村落包括了許多家庭，它的範圍便大過家庭。國家包含得更廣，因為國家的存在是由於「當多個村落……結合成一個完全的共同體」。

(4)亞里斯多德說國家的起源是為了「滿足生活需要」，但能持續存在下去則是為了「生活得美好」。「生活得美好」與僅僅「生活」似乎是不同的。事實上，這似乎也是國家與其他兩種型態的社會不同之處。

(5)雖然各種社會的型態是自然形成的，但他們形成的方式並不相同。亞里斯多德觀察到許多動物與人一樣生活在家庭中，他提到蜜蜂的組織就跟人的村落一樣。但是人卻不同，人雖然與其他動物一樣是**社會**的動物，卻也是**政治**的動物。他討論到人類獨有的說話能力，因此只有人是政治的動物。人自然而然就是個政治的動物，因此國家也是自然形成的——因為它滿足人類在這方面的需要。但是，在人類經歷的各種型態的社會中，只有國家能滿足這一點獨特的需求。

⑩——譯註：與「城邦」同一字 State。

(6)顯然亞里斯多德不會像稱頌創造國家的人那樣稱頌創造家庭或村落的人。他的說法造成了一個難題。如果國家是被某個人創造出來的，就可以說國家是被發明出來的，如果是一種發明，豈不就是人為的？而我們卻已經得出國家是自然形成的結論。

(7)盧梭所提出的主要問題是關於國家的合法性。如果這個國家不合法，盧梭認為，這個國家的法律就不值得遵循。

(8)他並沒有對家庭提出相同的問題。他說得很清楚，自然的需要是一個家庭的基礎——這也是亞里斯多德所說的同樣的需要。

(9)約定。對盧梭而言，國家是約定而成的，如果國家跟家庭一樣，就會把父親在家庭裡的那一套規則合法化——一個仁民愛物的專制君主，相當於一個父親在家庭中扮演的角色。權力——這也是父親的力量——不能讓一個國家合法化。只有在相互理解下的同意——共同的約定——才能如此。

(10)對盧梭而言，社會契約就是約定的基石，當一個國家所有成員在意見一致下願意也做出選擇時，這個社會契約就成立了。也是這個契約使國家這個機構合法化的。

**測驗八**（見第四二五頁）

(1)是！他說得很清楚：人對國家的需要是自然形成的。國家之所以成立，是因為人類自然生活的狀態受到了威脅，沒有國家，人類就無法繼續存活。因此，我們必須要下結論說：在盧梭的觀點裡，國家既是自然形成的，也是約定而成的。說它是自然的，因為它滿足了自然的需求；但是它的合法化卻需要約定而成的基礎——社會契約。

(2)會。亞里斯多德與盧梭都同意國家既是自然形成，也是約定而成的。

(3)亞里斯多德與盧梭都同意，國家的自然形成，與其他動物社會的自然形成不同。國家的自然形成來自人類的需要，所追求的「善」是沒有國家就無法達成的。但是雖然國家就一種自然尋求的手段而言是自然形成的——也就是必要的——但國家也是一種理性與意願所形成的結果，要進一步引申這兩位作者之間的共同觀點，是「共同結合」（Constitute）這個關鍵字上。對亞里斯多德來說，第一個讓大家共同結合成一個社會的人，就是「創造」了一個國家。對盧梭而言，當大家達成成立一個政府的約定，或是社會契約的時候，也就是「共同結合」了一個國家。

(4)不同。對盧梭而言，國家所要達到的「善」，與亞里斯多德所說的「善」是不同的。理由很複雜，這裡提供的文章也沒有真正解說這個問題。但是亞里斯多德的「美好生活」，是一個國家的終極目標，這與盧梭觀念中的「公民的生活」是不同的，而他認為那才是國家最終目標。要完全了解這些問題，最好是進一步閱讀《政治學》與《社約論》這兩本書。

(5)很顯然，這兩本書的論點並不完全相同。就算在這短短的摘要中，每個作者所提出的觀點都不是對方在討論的問題。譬如在盧梭的文章中，就沒有提到對亞里斯多德來說顯然很重要的觀點——也就是基本上人是政治的動物，也是社會的動物。「正義」這樣的字眼也沒有出現在盧梭的書中，而對亞里斯多德來說卻是十分重要的關鍵字。從另一個角度來看，在亞里斯多德的書中也沒有社會契約、個人自由、異化的自由、共同意志等這些基本概念或關鍵用語，而對盧梭而言，這些才是最主要的議題。

alinea 03 ——

# 如何閱讀一本書
How to Read a Book


| | |
|---|---|
| 作者 | 莫提默．艾德勒、查理．范多倫 |
| 譯者 | 郝明義、朱衣 |
| 發行人 | 王春申 |
| 編輯指導 | 林明昌 |
| 責任編輯 | 徐平 |
| 校對 | 趙蓓芬 |
| 封面設計 | 陳威伸 |
| 出版發行 | 臺灣商務印書館股份有限公司<br>23141 新北市新店區民權路 108-3 號 5 樓 |
| 電話 | (02)8667-3712 傳真：(02)8667-3709 |
| 讀者服務專線 | 0800056196 郵撥：0000165-1 |
| E-mail | ecptw@cptw.com.tw |
| 網路書店網址 | www.cptw.com.tw |
| 網路書店臉書 | facebook.com.tw/ecptwdoing |
| 臉書 | facebook.com.tw/ecptw |

局版北市業字第 993 號
初版一刷：2003 年 7 月 / 二版一刷：2007 年 5 月 / 三版一刷：2016 年 12 月 /
三版四刷：2018 年 1 月
定價：新台幣 480 元





如何閱讀一本書 / 莫提默．艾德勒，查理．范多倫著；
郝明義，朱衣譯．-- 三版．-- 新北市：臺灣商務，
2016.12
面；　公分．-- (alinea)
譯自：How to read a book
ISBN 978-957-05-3062-9(平裝)

1. 閱讀法

019.1　　　105020011

| 廣 告 回 信 |
| --- |
| 板 橋 郵 局 登 記 證 |
| 板橋廣字第1011號 |

免 貼 郵 票

23150
新北市新店區復興路43號8樓
臺灣商務印書館股份有限公司 收

請對摺寄回，謝謝！

# 傳統現代 並翼而翔

Flying with the wings of tradtion and modernity.

# 讀者回函卡

感謝您對本館的支持，為加強對您的服務，請填妥此卡，免付郵資寄回，可隨時收到本館最新出版訊息，及享受各種優惠。

■ 姓名：＿＿＿＿＿＿＿＿＿＿　性別：□ 男　□ 女

■ 出生日期：＿＿＿＿年＿＿＿＿月＿＿＿＿日

■ 職業：□學生　□公務(含軍警)　□家管　□服務　□金融　□製造
　　　　□資訊　□大眾傳播　□自由業　□農漁牧　□退休　□其他

■ 學歷：□高中以下（含高中）□大專　□研究所（含以上）

■ 地址：＿＿＿＿＿＿＿＿＿＿＿＿＿＿＿＿＿＿＿＿

＿＿＿＿＿＿＿＿＿＿＿＿＿＿＿＿＿＿＿＿

■ 電話：(H) ＿＿＿＿＿＿＿＿＿＿ (O) ＿＿＿＿＿＿＿＿

■ E-mail：＿＿＿＿＿＿＿＿＿＿＿＿＿＿＿＿＿＿＿＿

■ 購買書名：＿＿＿＿＿＿＿＿＿＿＿＿＿＿＿＿＿＿

■ 您從何處得知本書？

□網路　□DM廣告　□報紙廣告　□報紙專欄　□傳單
□書店　□親友介紹　□電視廣播　□雜誌廣告　□其他

■ 您喜歡閱讀哪一類別的書籍？

□哲學・宗教　□藝術・心靈　□人文・科普　□商業・投資
□社會・文化　□親子・學習　□生活・休閒　□醫學・養生
□文學・小說　□歷史・傳記

■ 您對本書的意見？（A/滿意　B/尚可　C/須改進）

內容＿＿＿＿＿編輯＿＿＿＿＿校對＿＿＿＿＿翻譯＿＿＿＿＿
封面設計＿＿＿＿＿價格＿＿＿＿＿其他＿＿＿＿＿＿＿＿

■ 您的建議：＿＿＿＿＿＿＿＿＿＿＿＿＿＿＿＿＿＿＿＿

＿＿＿＿＿＿＿＿＿＿＿＿＿＿＿＿＿＿＿＿＿＿＿＿＿＿

※ 歡迎您隨時至本館網路書店發表書評及留下任何意見

**臺灣商務印書館　The Commercial Press, Ltd.**

23150新北市新店區復興路43號8樓　電話：(02)8667-3712
讀者服務專線：0800-056196　傳真：(02)8667-3709
郵撥：0000165-1號　E-mail：ecptw@cptw.com.tw
網路書店網址：www.cptw.com.tw　網路書店臉書：facebook.com.tw/ecptwdoing
臉書：facebook.com.tw/ecptw　部落格：blog.yam.com/ecptw